马静濛　著

文化理解视域下的大学英语教育研究

WENHUA LIJIE SHIYU XIA DE DAXUE YINGYU JIAOYU YANJIU

華中師範大學出版社

新出图证（鄂）字10号

图书在版编目（CIP）数据

文化理解视域下的大学英语教育研究 /马静濛著. -- 武汉 ：华中师范大学出版社，2025.4. --ISBN 978-7-5769-0777-3

Ⅰ. H319.3

中国国家版本馆CIP数据核字第2025A5L277号

文化理解视域下的大学英语教育研究

© 马静濛 著

编辑室：学术出版分社　　**电话**：027-67867792

责任编辑：王　胜　　**责任校对**：肖　霞　　**封面设计**：胡　灿

出版发行：华中师范大学出版社有限责任公司

社址：湖北省武汉市洪山区珞喻路152号　　**邮编**：430079

销售电话：027-67863426（发行部）

网址：https://press.ccnu.edu.cn　　**电子信箱**：press@mail.ccnu.edu.cn

印刷：湖北恒泰印务有限公司　　**督印**：刘　敏

开本：710mm×1000mm　1/16　　**印张**：12　　**字数**：210千字

版次：2025年6月第1版　　**印次**：2025年6月第1次印刷

定价：60.00元

欢迎上网查询、购书

目　　录

导　论

语言与文化有着天然的紧密联系，任何一种语言都是人类精神的自我显示和自我创造，也是在历史文化的融合与交织中形成的。大学英语作为我国高等院校开设的面向非英语专业大学生的一门外国语言课程，在其学习过程中多元文化的冲突势必在所难免，如何把学生从符号学习中解放出来，如何把学习英语变成理解文化的桥梁，如何帮助学生理解外来文化与母语文化的关系，如何在培养文化敏感性与增强文化包容性中帮助学生树立文化自信，如何帮助学生在英语课程学习中与文化进行对话和互动，这些成为我们必须面对的问题。我们通过对多元文化的理解和诠释，达致对异质文化的宽容和尊重，最终实现自我文化的建构，完成自我发展。因此，探讨大学英语教育中的文化理解，不仅具有重要的理论学术价值，而且对我国的新时期大学英语课程改革具有积极的现实意义。

一、研究缘起

文化理解视域下的大学英语教育研究，既是总结英语课程教学改革的历史经验，也是探究当前的大学英语课程教学深陷符号知识教学的泥淖，英语学科教学系统育人功能结构性沉默的问题。在当前高等教育改革持续推进的大环境下，如何让学习者与英语知识相遇相知？如何让文化浸润学习者的心灵？又如何让生命在文化自信中自由灵动？笔者开始了漫长艰辛又饱含价值的探索。

（一）历史的回眸

回眸语言发展的历史，研究语言的产生、发展和变化，语言和文化有着息息相关的紧密联系。语言承载着文化，也唯有语言才得以表达和传播文化深刻、丰富的内在；文化是语言的木本水源，语言因文化而得以成为某种连续的、每时每刻都向前发展的存在。虽然语言大多以符号为其指代形式，但它绝非一套简单僵化的符号系统。虽然世界上的语言种类繁多、语系复杂，但当我们把孤立分散的语言特点归纳为有机整体，不难发现品类繁多的具体语言有着共同源流——话语表达无一例外地被诸多因素影响和制约着，如所属社区团体的生活方式、价值观念、民族心态、风俗习惯、宗教信仰等。美国著名的语言学家萨丕尔在《语言论：言语研究导论》中调查研究了语言与文化、与民族精神的关系后，发现语言无法脱离文化而单独存在，是以无法脱离社会而独自流传下来，语言的背后并非空无一物，语言无法离开文化而独存①。

德国语言学家洪堡特反复强调语言与民族精神之间密切的同一性，认为民族的语言即民族的精神，每个民族都会以让人无法想象的程度把自身的独特文化带入语言中，而语言绝不是科学的抽象形式，而是一种可以让所依赖的民族通过它来实现自身思维和感知活动的独特追求，并在对独特追求的过程中在自己的语言里形成特殊的语言世界观，他把这种能制约人们的言语活动的语言世界称为思维世界或超物理世界。基于此，洪堡特认为，一方面，语言学研究要考察个人与民族的协同作用，但不能拘泥于个人言语的个体心理，因为个人的活动迟早会中断，还要研究民族语言的民族心理；另一方面，从语言更深刻的本质来看，语言作为一种认识活动来源于某一民族自古以来对思维和感知的代代传承，故由此可确认语言与精神文化、语言与民族思维之间的亲密联系。索绪尔曾说，语言史、种族史、文化史之间存在着一切可能的联系，这些就是语言学与民族学的相遇点，它们总是杂糅于一处且彼此联通。一方面，民族的语言常常能反映其风俗习惯；另一方面，语言则在很大程度上构成了其所属的民族②。经过一个多世纪以来的辩论和研讨，语言和文化相生相成、毗连相通已经成了人们的共识。既然语言和文化紧密相连，那么语言学习的过程必然涉及文化理解，对其文化的理解角度、对其文化的理解程度都对语言学习产生着不容忽视的影响。

温斯顿·布瑞姆拜克是美国著名的外语教学专家，他也曾在论述语言教学和文化的关系时说，采取只知其语言不懂其文化的教法，是培养语言流利的大傻瓜的最好办法③。克拉申也强调了文化意识在形成语言水平、反映语言水平中的重要性，他认为如果将语言视作社会实践，那么文化就是语言教学的核心。我国的英语教育方式主要是学校开设的外国语言课

① 爱德华·萨丕尔. 语言论：言语研究导论 [M]. 商务印书馆，1985.

② 曾晓舸. 文化多样性视域下对外汉语教育的价值取向 [J]. 西华师范大学学报（哲学社会科学版），2009（6）：52-55.

③ 陶晓莉. 大学英语跨文化教学实践探索研究 [M]. 华文出版社，2021.

程，其目的在于以语言为辅助助力科技贸易、工业生产和对外交流等。根据1985年英语世界化理论体系中的“三个同心圈”理论，我国的英语学习在世界英语传播中属于延伸圈的范围①。

可以说，我国的英语课程有其自身的特殊性：首先，英语自身隶属于印欧语系中日耳曼语族下的西日耳曼语支，其漫长的发展历程饱含着丰富的西方文化信息。分属于汉藏语系的汉语与英语的谱系关系较远，且汉民族在远古时期就已经具备独特的语音、特殊的语言结构和对知性的偏爱倾向，因此中文及中华文化展现出与西方民族语言和文化较大的差异性，这给中国大学生的英语语言学习带来了障碍。其次，从英语学习者来看，我国的大学英语学习者是一个特殊的学习群体，在接触英语之前早已经在汉语文化环境中不断进行着本民族的文化体验，并形成了稳定的中国文化心理和中华民族文化行为。在英语学习的过程中，新接触的西方文化势必与母语文化有所差异或冲突，更有延续多时的西方世界文化中心意识在英语文本中以或明或暗的方式时常显露，不断挑战着中国大学生已有的文化立场和对中国文化在世界文化中位置的判断。申小龙认为，应在与其他文化的对话中实现对其他文化和理论的理解与悦纳，并找到更真实、健全的自我。因此，对英语学习中文化问题的研究无法回避。

面对英语学习中异文化的冲击，文化理解是英语学习的改革路向。在多元文化冲突的环境下，来自不同文化群体的人们能否和平共处，共同解决人类生存和发展所面临的一系列问题，很大程度上取决于人们彼此之间是否能有效交往并互相理解。对话是缓解各种复杂关系的有效途径，而人类的对话则是为了彼此理解。亚里士多德曾说口语是内心经验的符号，中国历史上也素有“言为心声”的说法。伽达默尔曾在重新修订《真理与方法》一书时反思批评者给出的建议，发现既有的思路因历史积淀而成，自有其固执性，因此无论如何力争领会，都难以摆脱自身观点一以贯之的主导作用。伽达默尔言简意赅地说出了他对理解、对话、前理解的认识：每个人都有的“一以贯之的观点”即前理解或前见，寓居于个人经验与生活中，是人所无法摆脱的。因此，拥有不同前见的个体之间要达致理解离不开对话沟通，而在对话沟通的过程中需要开放的态度以及悦纳对方观点的心态；对话即在碰撞过后生成新理解的过程，以对话的方式达到多维度、不同视域之间的融合，因为自我与他者只有在碰撞中才能最大限度地调动潜能，只有在相互作用中才能撞击出绚烂的火花，从而让对话成为一种令

① 颜治强. 世界英语概论［M］. 外语教学与研究出版社，2002.

人心旷神怡的趣事。那么，要如何碰撞？如何在合理的范围内将碰撞控制在不涉及冲突的范围之内？伽达默尔给出了答案：“理解即视域的融合过程。”从本质上说，视域属于“处境”的概念，每个解释者所处的视域不同必然会引出不同的理解，各视域之间不断融合之后就会产生更新的理解。

（二）现实的追问

随着全球化的不断深入，加强英语教育成为人们的共识。就其本质而言，英语教育基于语言知识的学习，关乎学生思维能力、价值观念的培养。而在现行的大学英语教育中，人们往往认为英语是一门工具性学科，偏重英语语言知识学习，忽视了语言符号表征下隐含的特定逻辑和思维方式。

由于过分重视英语的语言工具性，把英语视为一种“产品”或“僵死的制成品”，我国的大学英语教育大都过于重视语言知识而常常忽视英语语言素养和语言能力，过分关注英语语言符号形式的传递授受，忽视了大学英语教育的文化价值和育人功能。传统的大学英语教育是以直接面对英语语言符号知识的面目出现的。在大多数情况下，英语教育被处理成语言符号知识学习，表现为三个主要特点：一是语言概念在英语学习中举足轻重；二是在英语教学中“满堂灌”，只听得到英语教师讲解英语符号知识的概念、不同词语的含义、各类句型的使用等，却听不到英语学习者的对话和交流；三是将英语语言文本汉译处理。如此做派的英语教学，只能让英语学习者头脑里充满了破碎为主谓宾和定状补的句子成分；只能让英语学习者迷失于主从、动宾、系表等句型结构；只能将学习者的英语学习兴趣扼杀在英语语法概念与语法条条框框的牢笼里①。建立在英语语言知识领域上的大学英语教育，本质上反映了英语教育者的知识本体论立场——英语知识是以语言符号形式保存下来的前人过往经验和认识成果。站在这样的立场上，大学英语教育者容易把客观的英语语言知识作为英语教学的唯一内容，甚至放大为大学英语教学的全部内容，忽视了对英语学习者——人的关注。

（三）时代的呼唤

人类社会经历了前工业社会、工业社会和后工业社会的三次更迭。在

① 冯燕，刘鸿. 大学英语教学最优策略是语言教学与知识教学合一［J］. 现代大学教育，2014（5）：100-106.

以采集社会、游牧社会和农业社会为主的前工业社会里，由于人类主要从大自然中直接获取生活资料，因此这一阶段人类社会的基本矛盾是人与自然的关系。随着工业革命的浪潮深刻地改变了世界，工业社会中人类通过使用机器来获得生活资料和生产资料，因此这一阶段人与机器的关系是人类社会的基本矛盾。在工业化的演进中后工业社会到来，人与人的关系上升为人类社会的矛盾中心，因此如何寻求人际沟通、如何谋取社会和谐成为中心议题①。在后现代思想的观照下，语言学研究也发生了变革。丹尼尔·贝尔指出，服务是后工业社会的核心，其要旨在于处理人际关系。人际关系的处理依赖语言，人类的沟通与合作是以语言为媒介的，正如哈贝马斯所言，语言沟通是人与人之间交往的最基本形式，实质目的在于通过言语交流而达致理解、形成共识。以往的语言学研究大多将语言看作人们之间互相交流的工具和媒介；传统哲学也倾向于通过语言来理解客观存在的物质世界，认为主体与客体之间、语言与存在之间是二元对立的关系。而现代语言学开始试图超越语言作为人与事物之间的联系媒介这一限度来思考语言问题，认为语言与文化是不可分割的整体。

伽达默尔认为，语言以其虚拟性为人们开启了继续说话和彼此说话的无限性可能，语言不是某种既定的样式，也不是倾倒于人身上的图式化负担，而是不断使一个整体流动起来的创造力。语言不仅仅是一种解读真理的技艺或揭示真理的工具，实际上它开启着对话双方的实体性的存在论的“aletheiologische”（无蔽性）度向。这种对语言的生存论分析继承了海德格尔开创的生存论诠释学，它旗帜鲜明地走出了知识论思维方式的滥觞，淡化了语言的工具性，强调语言理解与个人经验和生活实践的联系，积极主张理解的多元性（历史效果）。这些哲学解释学家的生存论立场表明，语言不只是一种外在于人的存在的工具，而是在其中蕴涵着深刻的情感、精神、风格和文化，包含了人类无穷的智慧，语言是人的存在。因此，人们须超越语义学对语义理解同一性的追求，从“个别到一般”“特殊到普遍”的语言科学认识论模式转化为“一般到个别”“普遍到特殊”的实践哲学模式。

在后工业社会中，作为国际通用语言的英语有着不言而喻的自身价值：顶尖的科学技术成果大多以英文撰写、发表；有英语交际能力的人口占世界总人口的五分之一；跨国界的经济贸易、科技交流、信息储备大都

① 丹尼尔·贝尔. 后工业社会的来临［M］. 江西人民出版社，2018.

采用英语①。从国际政治的角度来看，一个国家的综合国力、国际竞争力的提升少不了英语这一工具，中国也是如此。

中国的大学英语教育成效显著，且与历史发展阶段高度吻合，具体可分为三个阶段：第一个阶段是 1949 年至 1978 年，在这一阶段，大学英语教育以国家政治、经济发展为旨向，大学英语课程只是作为外语课程的一部分，并没有突出的地位，且思想政治教育和意识形态教育始终是这一阶段大学英语教育的重点，强调英语教育的思想教化功能。第二个阶段是改革开放后到 2012 年，在这一阶段大学英语教育已经基本褪去了政治色彩，主要以获取英语语言知识与技能为旨向，侧重对英语文本的语言形式解析，可称为语言科学主义倾向的大学英语教育阶段。第三个阶段开始于 2013 年，在这一阶段语言科学主义倾向逐步上位，倡导在新的历史时期，在世界文化交往思想观照下，以文明互鉴精神帮助英语学习者在关于他者的语言学习中理解多元的文化思想，在与异文化的交流互鉴中寻求精神智慧，汲取心灵营养，滋养自我存在意识。

回顾新中国成立后大学英语教育的历史，想要学生在日后的英语交往中达成理解、形成共识，就必须思考如何在大学英语教育中观照学生的深层次现实生活需要，不仅帮助其掌握必备的英语语言基础知识和基本技能，而且能在英语学习中培养认知能力、合作能力、创新能力和实践能力。

二、研究综述

以文化理解为切入点来探究大学英语教育问题，涉及理解的理论、课程与文化、语言与文化等相关研究，这些相关研究在国内外均有丰富的研究成果。笔者拟从国内、国外两个方面论述已有的研究成果，并以此为本研究的展开奠定理论基础。

（一）国内相关研究

1. 关于理解的理论研究

我国对于理解的相关哲学研究大都建立在西方的解释学基础之上，且受马克思主义实践观的影响，我国学者更偏向于由本体论向生存论转向的伽达默尔哲学解释学。伽达默尔哲学解释学将实践与科学技术的实践应用区分开来，从人的生活形式出发反思和追问对人所生活世界的理解。近年

① RICHARDS J C, RODGERS T S. Approaches and methods in language teaching: subject index [M]. Cambridge University Press, 2001.

来，我国哲学界普遍认同伽达默尔在与哈贝马斯等人辩论之后所确认的实践哲学维度并对此展开了运用①。张能为先生认为，伽达默尔的晚期哲学研究是运用哲学解释学于社会、文化问题之中，锚定实践智慧这一来源于古希腊的哲学传统阐述并实现了哲学解释学与实践哲学的统一②。彭启福则在拜读名作《真理与方法》时体察到伽达默尔不赞同将理解作为一门技艺学，将理解作为一门精神科学，他的旨趣在于将理解归属于效果历史，归属于被理解的物体的存在③。

在对伽达默尔理解理论的深入研究中，我国学者还体察出理解的存在意义在语言领域中的阐发。我国学者发现，不同于语言分析哲学囿于以语言分析活动为手段，拒绝将语言与世界的存在相联系，伽达默尔的语言摹本论被解读为语言能够用以表现事物而得到自己的存在和意义④，这恰与洪堡特语言观即世界观的命题不谋而合，证明了语言并非工具，也不是某种符号，更不仅仅是认识世界的特定手段，而是作为人类的世界经验而存在——这也是语言意义的本体论基础。

成中英先生赞赏伽达默尔晚年哲学解释学研究中的实践哲学气质，认为其理论在这一阶段的实践哲学走向与自己提出的本体诠释学颇有相通之处，它将理解视作生活事件，强调与人沟通和团结协作的实践智慧⑤。有趣的是，成中英先生在2000年世纪之交曾与伽达默尔会晤，他提出作为实践哲学的伽达默尔哲学解释学具有儒家风采，近乎于孔子晚期的哲学，受到了伽达默尔本人的认可。还有的中国学者借哲学解释学的理解理论研究中国文化，如以实践智慧研究孟子的权变思想⑥，以伽达默尔强调的理解的应用性探索陆九渊的发明本心和穷究理会⑦，从伽达默尔的效果历史原则出发，探究中华优秀传统文化。

由于伽达默尔哲学解释学本质上是一种作为实践哲学的诠释学而存在，遵循的是从一般到特殊、从抽象到具体的范式，关注的是个体的经验和生活，指导的是具体的生活事件和行为，所以我国的教育研究者也以哲

---

① 郭夏．解释学的实践内涵［D］．吉林大学博士学位论文，2019．

② 张能为．理解的实践［M］．人民出版社，2002．

③ 彭启福．理解的应用性与伽达默尔的“实践哲学走向”［J］．哲学动态，2005（9）：18-25．

④ 张能为．理解的实践［M］．人民出版社，2002．

⑤ 成中英．本体与诠释［M］．生活·读书·新知三联书店，2000．

⑥ 彭启福．孟子经典诠释方法再思考［J］．江海学刊，2010（6）：48-54．

⑦ 彭启福．陆九渊心学诠释学思想研究［D］．华东师范大学博士学位论文，2011．

学解释学为理论基础探究教学的各个方面。杨明全基于视域融合的观点提出，教师和学生作为教和学的主体，各自都有自己的理解与视域，因此师生的视域融合意味着各自视域下的观点碰撞、思想交流①。

金生鈜以哲学解释学分析受教育者精神的建构，提出受教育者需要在“文化化”过程中尽快扩展人生经验，构建个体精神，追求生活意义②。他还提出教学是过程性的，即教师与学生之间不断创生新的意义的互动过程，在新的意义不断生发的过程里，教师与学生绝不是控制与接受的关系，而是各自作为主体在对话过程中不断经历视域融合③。也有学者以实践的立场、人的立场来理解“什么是知识”这一教育学的经典命题，认为学习者不同生活背景、社会经验和人生履历构筑的特性决定了知识在不同的生命个体前呈现出个性化、主体性的不同意义④。概言之，教育世界对能引导主体间的理解思想有所吁求，以哲学解释学的理解理论为基础，能为教育领域相关研究奠定认识论基础并带来方法论指导。

2. 关于课程与文化的研究

我国学者郑金洲从词源上考察了文化与教育的关系，发现在中西方，“文化”一词都经历了复杂的演变过程，如中方的“善迁教化”、西方的“灵性培养”等，有趣的是无论中西方“文化”一词如何演变，它均与教育有着密切联系。郑金洲继续从课程文化的角度探索教育大类目下课程层面与文化的关系，他认为，课程文化是课程与文化双方互动的产物，因此在考虑课程文化时不仅要认识到它反映一定社群阶层的文化，还要意识到它作为课程本身的文化属性和特征⑤。

郑金洲判断，课程本身就是一种反映主流文化的集萃，这一点在教材文化中反映得淋漓尽致——教材是学科专家从如山似海的人类文化经典中精心摘选、编撰而来的，教材所展示的文化集萃有别于其他文化材料，是需要经历内部决策、编写审查、外部发行、教师选择等各个方面，因此他将教材文化归纳为狭义的课程文化，并认为教材文化集中反映了主流文

---

① 杨明全. 论课程知识的文化本质：基于东西方文化的诠释与比较 [J]. 全球教育展望，2013 (12)：11-19.

② 金生鈜. 理解与教育：走向哲学解释学的教育哲学导论 [M]. 教育科学出版社，1997：62.

③ 金生鈜. 理解与教育：走向哲学解释学的教育哲学导论 [M]. 教育科学出版社，1997：126.

④ 伍远岳. 知识获得及其标准研究 [D]. 华中师范大学博士学位论文，2015.

⑤ 郑金洲. 教育文化学 [M]. 人民教育出版社，2000.

化。郝德永对课程与文化的关系开展研究后发现，现代课程的“工具性”体现于其为文化所驱控与被文化所锁定的机制①之中，且现行的课程以机械化的、固定式的标准把人泥塑为缺乏个性和主动性、无法完成自我建构的工具角色，这与教育通过课程对人进行培养、创造和再生成的真正目的背道而驰。因此在郝德永看来，彻底摒弃现代科技理性思维下的工具意识和工具机制，以新的文化主体形态揭示、诠释与彰显课程自身的文化品性和文化底蕴，是后现代时期课程发展融入未来文化发展和建设的必由之路。靳玉乐教授解析了建设课程所需要的文化基础，他从文化哲学的角度对新一轮高等教育课程改革进行研判，认为新课程改革的目的在于开启课程新的文化空间，在“人”“文化”“课程”三者关系的反思和重构中追问课程的价值追求②。

他还强调了课程文化重建的重要性，认为新课程改革的使命在于重建一种与过往时期科技理性主导下教育改革完全不同的新的课程文化精神，这种精神强调主体的存在、重视学科之间的整合、追求回归生活世界的教育③。黄忠敬在《知识·权力·控制：基础教育课程文化研究》一文中从“斯宾塞问题”和“阿普尔问题”入手，围绕知识、权力与控制的研究线索从本体论、关系论和实践论三方面分析了课程文化的含义。黄忠敬巧妙地从关系论的角度举证了“课程是主流文化的体现者”，这一观点与郑金洲不谋而合。在深入研究课程文化后，黄忠敬从社会文化入手发现课程中隐性存在的各类文化偏见，如性别偏见、阶级偏见、种族偏见等，从文化偏见的角度提出新课程的建设应该克服既有偏见，走向多元的课程文化④。

3. 关于语言与文化的研究

回顾人类的历史并向其纵深之处追溯，我们不难发现人类一代又一代传承的全部材料都以面目模糊的方式自然地融为一体，但语言却以言语、诗歌、文字等活泼热烈的方式传承于各个民族之中。语言与人类的精神文化发展深深地交织在一起，它仿佛孪生兄弟一般伴随着人类文化走过每一个历史阶段，无论是前进抑或是暂时的、局部的倒退，我们都能从语言中

---

① 郝德永. 课程与文化：一个后现代的检视［M］. 教育科学出版社，2002.

② 靳玉乐，陈妙娥. 新课程改革的文化哲学探讨［J］. 教育研究，2003，24（3）：67-71.

③ 靳玉乐. 普通高中课程改革的文化转向［J］. 全球教育展望，2003，32（8）：12-13.

④ 黄忠敬. 知识·权力·控制：基础教育课程文化研究［D］. 华东师范大学博士学位论文，2003.

辨识出文化状态。语言与文化的关系研究是人类思想史上历久弥新的课题，语言既受文化的制约，又反过来影响文化①。申小龙认为，人类几乎从自己诞生之日起就在思考自己与语言的不解之缘，并在语言的规范下创造和传承着不朽的文化。

许国璋先生率先在教育场域下拉开了语言与文化关系的研究序幕，他从英语语言教育的角度建议在英语教学中重视词语的文化内涵，深挖单词背后蕴藏的英语国家文化②。随后，顾曰国③、胡文仲④等学者陆续探究语言与文化之间的关系问题，认为礼貌在语言中起着重要作用。何自然、冉永平⑤则从英汉日常用语入手，并对二者的差异进行了对比分析。张国扬、朱亚夫对语言与文化的关系进行了归纳，他们认为语言是文化的重要构成，语言如明镜，清晰地映照出使用该语言的民族文化，语言与文化相因相生、相辅而行⑥。在学者申小龙看来，文化是一个庞大的系统，而语言则是其中众多子系统之一，且语言子系统具有能反作用于文化大系统的特殊性——它不仅涵盖了文化的方方面面，还因其后天习得性而确保了文化的传播。质言之，文化的传播与继承离不开语言和语言系统，微小如单词、短语或句子，复杂如句型结构、行文手法或谋篇布局，都能反映出文化的踪迹。

这意味着语言与文化两者之间的关系并非单向度的，而是双向奔赴的关系，一方面，语言这项极其古老的遗产是文化产生的基本条件；另一方面，文化对语言起着规约的作用，它在继承中浸透着民族文化精神、观照着民族的文化思维方式⑦，又在传播尤其是异文化传播中吸收新的词语和表达而获得新生。因此，关注跨文化研究的学者指出，不同文化的人群之间要想达成有效交际，必须认识到不同文化对表达所造成的影响，如果理所当然地认为字面翻译就能表达所有的含义，只能换来一场失败的交流⑧。

---

① 裘克安. 英语与英国文化［M］. 湖南教育出版社，1993.

② 许国璋. Culturally loaded words and English language teaching［J］. 现代外语，1980（4）：7.

③ 顾曰国. 礼貌、语用与文化［J］. 外语教学与研究，1992（4）：10-17.

④ 胡文仲. 文化与交际［M］. 外语教学与研究出版社，1994.

⑤ 何自然，冉永平. 语用学概论（修订本）［M］. 湖南教育出版社，2002.

⑥ 张国扬，朱亚夫. 外语教育语言学［M］. 广西教育出版社，1996.

⑦ 申小龙. 文化语言学论纲［M］. 广西教育出版社，1996.

⑧ 拉里·A. 萨默瓦，理查德·E. 波特. 文化模式与传播方式［M］. 北京广播学院出版社，2003.

换言之，语言无一不是民族的语言，一部民族文化的发展史往往就是民族语言的发展史。语言与文化须臾不离，是民族诸多构成要素中最为稳固的因素，它包裹着民族的思想认识、历史变迁、情感价值和审美倾向。正因为语言和文化有着如此特殊的密切联系，我们学习一个民族的语言，也就是理解一种民族文化的过程。

4. 关于英语课程学习的研究

1948 年修订的《高级大学英语课程标准》添加了从英语国家的文化风俗中增加国际了解、激发爱国思想的内容。1949 年到 1978 年的大学英语教育主要基于政治倾向，强调语言教学的思想教化功能。教学大纲曾指出，外国语言学习具有促进国际交往、增进文化交流的重要意义。1979 年到 2012 年的大学英语教育主要基于语言科学主义倾向，立足国家对外开放的大局，侧重英语语言知识的教学目标。

但随着历史的脚步慢慢走进新千年，外部世界文化思潮迭起，我国的学者逐渐意识到文化在语言教学中的重要地位，如 1993 年的《全日制高级大学英语教学大纲（初审稿）》就明确要求处理好文化与语言学习的关系，提出在大学英语学习中熟悉相关的文化知识有助于学生理解和表情达意。自 2013 年以来，大学英语课程的相关研究从文明互鉴的角度对文化的理解进入了新的阶段，不仅明示了大学英语教育应使学生获得文化意识和跨文化交际能力的重要素养，更在 2017 年将文化意识列入英语学科核心素养①。

在文明互鉴理念的观照下，英语教育研究者们分别以质性研究、定量研究等多种研究方法从课程组织建构、课程资源开发、教师教学方法和现阶段学生学情等各个研究领域关注着英语学习中的文化问题。付安权博士在梳理了我国英语课程价值取向现状后提出，将知识性和人文性、工具性和实践性统一于英语课程教学中是即将到来的信息时代的必然要求②。郭宝仙博士对英语课程组织进行了研究，她认为，我国英语课程在课程组织的单一性与各地师资力量水平、学习环境、学习动机等因素的多样性之间存在长期矛盾，这是制约我国英语课程发展的关键。面对这样的现实状

---

① 教育部. 教育部关于印发普通高中课程方案和语文等学科课程标准（2017 年版 2020 年修订）的通知［EB/OL］. http://www.moe.gov.cn/srcsite/A26/s8001/202006/t20200603_462199.html.

② 付安权. 英语文化教学策略研究［J］. 湖南师范大学教育科学学报，2006，5（5）：117-119.

况，她试图从语言与文化的角度重组英语课程，并详细论述了文化内容在英语课程中的地位、如何选择文化内容及文化内容应当在英语课程中如何呈现①。易斌博士在梳理和研究改革开放以来中国高等教育阶段的英语课程变革中发现，我国的英语学习者在经过数年的英语学习后并未取得预期的成效，要改变费时低效的英语教学现状须在英语教学目标的制定、英语教学内容的组织和英语教学策略的调整等方面下功夫，而这一系列的改变都应当以英语语言作为文化载体的人文性特征和价值为基点。

基于此，易斌博士建议从对英语国家的社会文化和基本国情的了解入手，在英语教学过程中逐步培养学生的文化理解能力、提升文化素养水平、提高跨文化交际水平②。李红恩博士在英语课程资源的相关研究中，以后现代理论为基础，将英语课程资源的价值落脚于学生的发展性价值，探讨了课程资源开发的价值在实践领域表现为英语教学效率提升对学生个体发展的促进作用③。胡俊杰聚焦上海地区的小学英语教师群体，在定性与定量研究后发现，学生中心原则是小学英语课程资源开发的出发点和归宿④。邓兆红对高中学生的跨文化交际能力的实际水平和状况进行了实地调查，提出了培养和提高中学生跨文化交际能力的对策⑤。王中文认为学生文化意识培养的关键在于教师，因此英语教师应该有更好的文化储备、更高的文化素养和更强的文化意识⑥。魏斌则以文化哲学为理论观照，以比较研究和文化哲学的分析框架梳理了历次小学英语课程标准的制定，并在此基础上进行了合理的趋势预测。他认为新的小学英语课程标准将具备更加鲜明的人文性、将趋向更多元的文化多样性、将更注重以开发和整合的方式突出英语教学中文化的价值实现⑦。

---

① 郭宝仙. 英语课程组织的研究［D］. 华东师范大学博士学位论文，2004.

② 易斌. 改革开放 30 年中国基础教育英语课程变革研究（1978～2008）［D］. 湖南师范大学博士学位论文，2010.

③ 李红恩. 英语课程资源开发的价值、基础与原则［J］. 新课程研究，2008（8）：7-9.

④ 胡俊杰. 小学英语教师课程资源开发的研究：以上海地区为例［D］. 上海师范大学博士学位论文，2008.

⑤ 邓兆红. 高中英语课程标准视野下学生跨文化交际能力实证研究［D］. 华中师范大学硕士学位论文，2007.

⑥ 王中文. 基于《高中英语课程标准》的文化意识培养［D］. 湖南师范大学硕士学位论文，2005.

⑦ 魏斌. 小学英语课程标准的文化哲学研究［D］. 华南师范大学硕士学位论文，2002.

随着对英语课程教学研究中文化问题研究的深入，许多中国学者逐步意识到以西方文化为主导的“他者文化”和以汉文化为主导的“我文化”之间的相关性及其在英语教育研究中的重要价值。陈桂琴以黑龙江科技大学为个案，研究了我国大学英语教育中存在的问题和基本对策，在实证基础上探究了“中国文化失语症”等问题存在的根源，并明确阐述了其“文化平等观”①。余娟②和何玲梅③都从文化理解的角度谈到了文化缺失带来的理解困境，也分别从“目的语与母语文化并重”和“在坚持主流文化的同时理解他者文化”的角度表达了自己对多元文化共生、各民族文明互鉴的愿景。

5. 关于文化理解的研究

随着国内学者对英语课程学习中文化问题的研究逐渐深入，文化理解因其跨越哲学、社会学、语言学、教育学、心理学等诸多学科领域而引发了学界的关注。笔者在中国知网上以“文化理解”为主题关键词进行搜索，发现近8000篇相关文献，在其搜索结果中继续查找有关英语课程教学的内容，也有近300篇已收录的文章，通过可视化分析可知，其中大部分文章关注英语阅读教学、核心素养、跨文化能力。由此推断，我国擅长教师行为研究的学者们在英语教学实践中发现了 文化理解与英语教育教学的不解之缘，并从提问回答、头脑风暴、启发讨论等不同的角度进行了相关探讨。

也有学者试图从不同角度对文化理解进行本质分析和价值分析。比如从师生关系的角度，有学者认为文化理解即师生之间的双向交流的教学活动④，通过互信互助达到教学相长⑤。同样从师生关系角度，其他学者提出了不同的见解，认为文化理解并非教学活动，而是师生开启平等的教学

---

① 陈桂琴. 大学英语跨文化教学中的问题与对策［D］. 上海外国语大学博士学位论文，2014.

② 余娟. 从语言学习到文化理解：论外语课程教学的文化立场［D］. 华中师范大学博士学位论文，2011.

③ 何玲梅. 文化理解：英语专业教育理据研究［M］. 中南大学出版社，2015.

④ 张莫，朱德全. 基于文化视角论的课程开发、设计与资源整合：评《地域文化·课程开发》［J］. 中国教育学刊，2016（1）：110.

⑤ 拉里·A. 萨默瓦，理查德·E. 波特. 文化模式与传播方式［M］. 北京广播学院出版社，2003.

活动的前提，只有以文化理解为基础，才能实现教师主导下的学生自主学习①。从教学方式上说，有学者对比分析了文化理解教学和独白式传统教学，并得出了文化理解的对话本质②。有学者援引苏格拉底的产婆术和孔子的“不忿不启，不悱不发”，将文化理解归为技术操作的范畴；还有学者从存在论的角度体察文化理解的内涵，认为它是一种精神上的相遇过程，其价值在于人类思想以主动开放、自由包容的方式抵达真知、延伸智慧③。

（二）国外相关研究

1. 关于理解的相关研究

苏联著名学者巴赫金最早提出理解是一个理论概念，他认为理解是一种无所不在的理性思维。此后，马丁·布伯在其哲学思想中以关系本体论明确了“我和你”的理解关系，并将之迁移于教育领域中的师生关系中，倡导教师与学生之间由“我与他”向“我和你”的理解型关系发生转变。继布伯之后，克里夫·贝克在讨论人的价值世界时倡议将过往控制型的师生关系转向为理解型的师生关系，并详细论述了理解的价值及转变方法，他认为传统教育中的各种弊端都能在对话的理解性学习过程中得以克服④。

弗莱雷扩展了理解理论中关于对话的认识，他认为对话不是完全为了沟通与理解，还包含了反思与行动，他认为没有行动的反思是毫无意义的，没有反思的对话是不切实际的，并清晰地阐述了对话、行动与反思三者之间密不可分的关系。奥恩斯坦从批判性思维的角度切入研究教育中的理解，他认为批判性思维方式产生于对认知技能的合理运用，因此在教育中需要培养具有批判性思维的学习者才能让文化理解得以实现，而且这种具有创造性和创新性思维的学习者才是具有划时代意义的人才。一生致力于解释学研究的伽达默尔将理解视作一种具有普遍性的存在方式，他从哲学本体论的高度出发，创造性地以理解本体论这种新的解释理论探究人的经验和生活世界。

---

① 康建琴. 对话教学：内涵、特征与原则［J］. 山西财经大学学报（高等教育版），2004，7（3）：46-48.

② 张增田，靳玉乐. 论解释学视域中的课程实施［J］. 比较教育研究，2004（6）：1- 5.

③ 何小微. 对话教学探析［J］. 上饶师范学院学报，2006（2）：57-61.

④ 克里夫·贝克. 学会过美好生活：人的价值世界［M］. 中央编译出版社，1997.

伽达默尔以艺术的审美为首选领域开始思考，继而通过对语言的分析来说明和解释世界，师承海德格尔的伽达默尔沿袭了海德格尔对先见、先有的态度，认为不同的主体因各有其历史境遇而有着无法摆脱、也不必消除的前见，它是一切理解过程的必然要素，也正因为主体在参与理解的过程中都必然携带着自己的前理解，这决定了主体总在自己的观察区域开启新的理解，伽达默尔称之为视域。他重视理解主体的视域，认为真正的理解发生在不断对话与视域融合中。在伽达默尔那里，这种不断对话、不断视域融合的过程，就是不断地将蕴藏着普遍性、确定性知识的文本应用于理解主体自身所处情境的过程，这个过程是特殊的、变动的，也必然是属于实践的——哲学解释学因此被称为实践哲学的诠释学。将伽达默尔解释学的理解思想运用到教育实践领域中，教师与学生作为理解主体在视域融合中不断体验生活、感受生命，而实现视域融合的根本途径则是对话①。

2. 关于课程与文化的研究

国外学者对课程与文化问题的研究主要表现在以下几个方面：英国学者伯恩斯坦以文化编码理论确立了学校课程的社会本位，揭开了以社会文化视角进行课程研究的新分析框架，他认为，公众对于所处社会的权力分配和社会控制原则的反思体现在社会对知识如何进行选择、分类、分配、传递和评价之中②，因此课程研究应该从属于社会学研究的范畴。法国社会文化学家布迪厄将文化资本③的概念应用于教育领域，认为教育是文化再生产的工具，是通过学校这种特定的场域，在师生授受这样特殊的条件下将文化资本再度转化为经济和社会资本。在布迪厄的理念中，文化作为当今社会影响力最大的资本渗透到了社会的各个方面，甚至在人类毫无察觉的情况下逐步取代政治、经济、宗教等其他因素牢牢占据了社会生活的核心圈层，无论是社会的问题还是教育的问题，都要从文化中去寻找答案。

无论是文化编码理论或文化资本理论，其在课程教学中的应用都带有明显的工具色彩。也有西方学者从课程本体的角度出发，认为文化是描述和理解课程的一面镜子，如布鲁纳在《教育文化》一书中指出，学校课程总受到一些难以表达清晰的文化价值观的影响，这些价值观念和社会阶

① 张天宝. 试论理解的教育过程观［J］. 陕西师范大学学报（哲学社会科学版），2001（4）：160-164.

② 雷晓. 知识的形成、传递与习得：伯恩斯坦教育论述理论研究［D］. 东北师范大学硕士学位论文，2013.

③ BOURDIEU P. Cultural reproduction and social reproduction［M］. Oxford University Press.，2013.

层、性别、社会权力之间有着千丝万缕的关系，他还用举例的方式论证了课程是如何反映民族文化信念的，又是如何被社会价值观影响的，因此在文化的透镜中，课程不再仅仅是学习的对象，更是由信念系统、价值观念、艺术行为、语言表达、权力关系等一系列因素互相交织的动态过程①。人种学也为课程与文化的研究打开了新的视角，其贡献主要在提供了某些克服理解文化障碍的行之有效的方法②。其相关研究还特地针对理解异域文化时产生的文化冲击做出了分析，认为这种足够陌生的异域文化其实能为我们洞察课程文化提供帮助。还有的学者提供了能观察课程、探究课程意义的课程文化理解框架，清晰明了的分析框架既以历史、规划和观点等要素涉及社会与政治，又以学生、教师等分析要素涵盖了教与学的外显性实践③。

随着西方学者对课程与文化研究的逐步深入，他们发现虽然在社会学、心理学、经济学、人种学等诸多领域借用了很多东西来观察和分析课程与文化，却常常因为真实世界是由无数经验、信念和目标构成的，而将研究陷入描绘一个个生活片段的低效模式，无法揭示课程作为观念和信念系统的存在。因此，越是意图更深入地研究课程教学，愈发需要依靠哲学——它不仅能帮助人们理解那些正在发生的事，还能帮助人们去理解是否值得④。

3. 关于语言与文化的研究

作为拥有自身文化价值的符号系统，语言与文化有着紧密联系。从文化的角度看，有学者将文化分为物质文化、社会结构、语言和宗教⑤，也有学者将其分为语音、物质文化和社会制度。从语言的角度看，语言的背后藏着文化且语言无法脱离文化单独存在，可以说两者相互包容，不可分割，是一种你中有我、我中有你的存在关系。西方人的语言研究历史源远流长，他们善用文化的观点阐释语言、研究语言，并在各文化区域及社会历史条件下形成同哲学联系紧密、思辨性强的欧洲语言人文主义和同人类学联系紧密、实践性强的美洲语言人文主义，虽然他们各有不同的理论角

---

① 帕梅拉·博洛廷·约瑟夫等. 课程文化［M］. 浙江教育出版社，2008.

② BLOT R. Doing the ethnography of schooling：educational anthropology in action by George Spindler［J］. American anthropologist，1983，85（1）：186-187.

③ 帕梅拉·博洛廷·约瑟夫等. 课程文化［M］. 浙江教育出版社，2008.

④ PHILIP H W. Complementary methods for research in education［J］. Teaching teacher education，1989（4）：355-357.

⑤ 郑金洲. 文化与教育：两者关系的探讨［J］. 上饶师范学院学报，1996（1）：1-7.

度，但都阐述了语言与文化之间具有深刻的一致性关系。

意大利哲学家维柯在《新科学原理》一书中探讨民族共同性并率先开启了人类语言研究的文化视界，他认为无论何种民族，其词源和字源都在反映人类的心灵和精神，而当人类开始学习一门语言就意味着自己从无到有地进入了语言的“寓所”，语言则事无巨细地以象征的方式反馈出一个民族看待世界的样式①。维柯的这一从发生学看待语言与文化关系的观点，从解释学的角度得到了印证，如海德格尔就曾言语言是存在的家。在维柯之后，醉心于语言结构特征分析的洪堡特从语言哲学和人类学的角度探讨了语言与民族文化的关系，并明确阐述了语言作为一种心流的活动性和创造性，而在语言的内蕴形式之中这些活动与创造也有所体现。

在他看来，语言的语音体系仅仅是语言的外部形式，而语言的内部形式则是能反映使用该语言的民族在表达事物、思想方式和世界认知等方面个性精神的语义结构。洪堡特语言观中的内蕴形式受到康德的理性先验范畴和赫尔德的语言-思维平行观影响，他将二者的思想推进，认为民族精神在其民族语言的根部以深刻的方式互相渗透②。作为新洪堡特主义的代表，魏斯格贝尔以人类的星空世界、人类的植物世界、人类的动物世界为例，从语言的角度进行了全新阐释，并以此力证语言是人与外部世界之间的精神中间世界，而各民族的语言则作为具有极强塑造功能的母语中间世界而存在。因此在他看来，各民族的不同语言既是民族文化的建构主体，也为人类观察世界提供了必然且多样的渠道③。

当欧洲的语言学家们沿着洪堡特的路线深入研究时，美洲的语言学家们则在语言本体论的观照下独立地研究语言与文化的关系，尤其在20世纪中期以后，美洲大陆的语言学研究由于哲学思潮对语言范畴的关注和人类学对语言学的全面介入而发生了明显的转向。在19世纪中叶，古斯塔夫·伯格曼和理查德·罗蒂在哲学和语言学研究中相继使用“语言学转向”这一表达，记录了这一时期理性与经验传统地位的消退与语言研究的全面兴起。同时，索绪尔的研究也推动了这一阶段的语言研究，他以言语和语言的概念区分为研究起点，指出停留于个别词句的语言研究难免流于狭隘，应当关注源于社会、映射自文化的公共规则系统。

---

① 申小龙. 维柯：人类语言文化视界的开启者：论维柯的符号学-文化语言学思想［J］. 复旦学报（社会科学版），1989（4）：52-57.

② 申小龙. 文化语言学论纲［M］. 广西教育出版社，1996.

③ 申小龙. 文化语言学论纲［M］. 广西教育出版社，1996.

萨丕尔通过广泛的人类学调查并在研究非印欧语系材料后提出了语言的人为性和社会性，并在反复论证中认识到理解语言不仅要读懂其词义，更要充分理解其映射的社会现实与文化生活。作为萨丕尔的学生，沃尔夫吸收其思想后加以推进，在对印第安语和霍比语料的分析研究中，他认为语言作为一种文化规定而存在，即便最自由的人在使用语言的时候也被习惯用法和语法结构所强制与支配①。

从西方关于语言与文化研究的漫长历程里，我们既能看到语言对文化的无限涵盖和包容，也能感受到文化对语言无孔不入的渗透与纠缠，二者相生相辅的关系已毋庸置疑。因此，若要开启一门语言的学习，离开了对其文化的理解必然事倍功半。

4．关于语言学习的研究

外语教育研究由来已久，在语言学习领域的研究主要集中于语言学习观和语言学习策略两个方面。Rubin 在“What The Good Language Learners Can Teach Us”② 一文中明确提出学习观念并将其囊括于二语习得的研究领域。1978 年，Ausubel 在 *Educational Psychology：A Cognitive View* 一书中详细论述了学习观念是如何作为学习者原有知识的重要部分③深刻地影响着学习者。西方在语言学习观念的定义中主要分为两派，Flavell④、Wenden⑤、Pfundt 和 Duit⑥、Winne 和 Butler⑦等研究者认为语

① WHORF B L. Language，thought，and reality [J]. Hastings center report，2012 (5)：44-45.

② RUBIN J S. What the good language learners can teach us [J]. TESOL quarterly，1975 (9)：45-51.

③ AUSUBEL D P. Educational psychology：a cognitive view [M]. Holt，Rinehart，and Winston，1978.

④ FLAVELL J H. Metacognition，motivation and understanding [M]. Lawrence Erlbaum，1987.

⑤ WENDEN A. An introduction to metacognitive knowledge and beliefs in language learning：beyond the basics [J]. System，1999：27-48.

⑥ PFUNDT H，DUIT R. Bibliography，students' alternative frameworks and science education [M]. Institute of Science Education，1994.

⑦ WINNE P H，BUTLER D L. Student cognition in learning from teaching [M]. Husen&T H，1994.

言学习观念隶属于元认知的知识范畴，而Hosenfeld①、Abraham和Vann等②、Grotjahn③等语言教育研究者则把语言学习观念视为存在于学习者头脑中的有特点的认知实体。

其中，一些学者以学习观念为核心概念设计了相关的调查表，譬如涉及概念、分类、特点等相关因素的语言学习观念调查表，设计者Horwitz通过实证调查后指出，当语言学习者进入英语课堂时已经夹带了许多关于语言学习的先验观念，其中有些观念来源于学习者个人的语言学习经验，还有一些观念则受学习者所处的社会文化背景影响颇深。Wen和Johnson为测量语言学习者对语言形式观念的态度倾向而设计了语言学习者因素问卷调查表④。Cotterall着力于学习者自身以外的因素设计了学习者观念的调查问卷，希望从教学策略、教师作用、学习经验等外在于学习者自身的因素探究学习观念的本质属性⑤。

语言学习策略方面的研究起步于20世纪60年代Aaron Carton发表的《外语学习中的推理方法》一文，这篇文章引发了国外学者们对外语学习策略的重视。自此在理论研究方面，学者们开始不停尝试对语言学习策略的定义进行确定、对内容的分类进行探索：Stern将语言学习策略定义为学习者采用方法的总倾向和总特征⑥。Rubin把语言学习策略概括为学习者为了获得、贮存、重新获得以及使用语言信息而采取的任何步骤、计划和行为⑦。Oxford则认为，语言学习策略指的是在语言学习过程中学习者

---

① HOSENFELD C. A preliminary investigation of the reading strategies of successful and nonsuccessful second language learners [J]. System，1977，5（2）：110-123.

② ABRAHAM R J，VANN A，RAHIMI A，et al. Relationship between Iranian EFL learners' beliefs about language learning，their language learning strategy use and their language proficiency. [J]. Social and behavioral sciences，2011（28）：1029-1033.

③ GROTJAHN R. Understanding research in second language learning：a teacher's guide to statistics and research design. [M]. Cambridge University Press，1991.

④ WEN Q，JOHNSON R K. L2 learner variables and English achievement：a study of tertiary-level English majors in China [J]. Applied linguistics，1997（1）：27-48.

⑤ COTTERALL S. Readiness for autonomy：investigating learner beliefs [J]. System，1995（5）：195-205.

⑥ STERN H H，Fundamental concepts of language teaching [M]. Oxford University Press，1984.

⑦ RUBIN J，THOMPSON I. How to be a more successful learner [J]. Modern language journal，1982，67（3）：10-15.

采用的诸多具体行为①。

（三）相关研究述评及对本研究的启示

通过对国内外与本研究相关成果的回顾与总结，我们可以发现国内外学者对语言与文化、语言学习、文化理解等问题都进行了广泛的、富有洞见的探讨，为我们认识研究对象提供了一定程度的帮助，也让笔者从相关研究成果的描述中发现了进一步探索的研究焦点。已有的相关研究成果，给了笔者关于文化理解问题研究的诸多启示，也引发了笔者更多的对大学英语教育的思考。

1. 相关研究述评

（1）对英语知识的文化本质及内在规定性有待进一步理解

通过梳理英语课程相关研究、语言与文化相关研究的文献资料，笔者发现，相关学者已经认识到语言课程教学与语言文化之间的关系，并基于此做了一些基础研究和理论探索，如有学者从英语课程与文化入手，试图将课程从忠实取向和调适取向中解放出来，揭示课程的创生取向；还有学者认为课程本身就是一种文化自在物，打破了将英语课程仅仅看作文化传承工具的旧观念等，但大多数学者没有触及英语知识的本质问题。在全面深化高等教育改革，要求在英语学科中发展学生核心素养的新时代背景下，英语知识究竟是什么？如何界定大学英语课程的英语知识？这些是大学英语课程教学中最需要回答的问题，也是一切大学英语教育研究的基础，撇开英语知识的本质去谈英语课程建设、英语教学策略或英语学习方法都无异于舍本逐末，再深入的探讨也只能是空中楼阁。

（2）对英语学习的文化价值缺乏多维度的分析

国内外研究者对英语学习问题的关注，实质上蕴含了某些价值偏见，很多研究者对英语学习的探索与研究都基于英语工具论，即便有些研究提及了英语的社会性和交往性，仔细分析下来仍然是将英语作为某种交往的工具。其论述潜在的假设就是受先入为主的工具理性和科技理性思维方式影响，没有认识到英语知识作为人类的文化现象和文化产品的内在价值，缺乏对英语学习文化价值的深度思考和多维分析。

（3）对英语学习缺乏发生学的审视

英语学习的相关研究成果数量巨大，有的学习者却往往局限于某一个语法知识点，针对阅读、听力或写作等某一个英语学习要素来寻找策略、

---

① OXFORD R L. Employing a questionnaire to assess the use of language learning strategies [J]. Applied language learning，1996（3）：25-45.

方法、路径等，主要特点包括：对立场和事例的阐述多，而对学理的探析少；分散零碎的分析多，而成体系的研究较少；对教师如何教的关注多，而对学习者如何学的关注少。笔者认为英语学习是过程性的，不是简单地对英语语言符号的占有和获得，而是作为一个文化人在探究英语知识的历史发生、语音发生、符号发生和逻辑发生中梳理历史、考察逻辑、体验情感、建构意义，因此对于英语学习的认识需要从发生学的角度进行审视，从内容与条件、过程与方式等方面进行综合考量。

（4）对英语学习中知识的理解与传授缺乏学科育人的考量

在关于课程教学、语言本质、语言学习等丰富成果的影响下，进入新时代后，我们逐步在丰富的理论基础上打开研究视野，比如从研究教师"教"到重视学生"学"，也从翻转课堂、虚拟仿真、人工智能等角度探究英语深度教学的可能。但令人遗憾的是，大部分研究仍然执着于"术"的层面，对英语教学中程序、技术、时间等浅层次的教学考量无法从根本上解决学生的发展性需求。因此，为了满足学生人的发展的本质诉求，我们要强调英语课堂教学的文化育人功能，把问题聚焦于如何在对文化的理解、内化和传承中发展学生的跨文化交往能力、文化自觉意识和文化自信品质。

2. 对本研究的启示

通过参考已有文献，我们可发现相关成果与本研究之间的关系，在继承已有成果的基础上进行补充和发展，是本研究开展的目的，也使本研究的推进有更多的可能性空间。

（1）基于哲学解释学重新界定大学英语教育中英语知识的内涵

语言与文化的相关文献分析结果表明，现代西方语言观经历了从工具论到认识论，从认识论到方法论的转变，而以海德格尔和伽达默尔为代表的解释学家们则将语言本体论提上研究的议程，尤其是伽达默尔，不仅否定了语言工具论，奠定了语言本体论的基础，而且在其学术晚期将哲学解释学归为"作为实践哲学的解释学"范畴。因此，哲学解释学能为大学英语知识的内涵界定奠定认识论基础，一方面，作为实践哲学的解释学强调普遍性知识与具体情境的关系，因此对英语语言知识的理解与界定也需要考虑鲜活、真实的大学英语教育情境；另一方面，以理解为核心的哲学解释学关心人类生活和人的自我认知，因此哲学解释学观照下的大学英语知识的内涵界定问题也要站在大学英语学习者的立场去考虑。

（2）以大学英语的教育价值为线索探讨文化理解的意义

大学英语教育的本质追求是什么？笔者认为是促进英语学习者的个体

发展。因此，无论是探索大学英语教育中文化理解的内容与条件，还是探索其过程与方式，都要遵循教育价值这条线索，这也是关于大学英语教育对学习者的作用、价值、意义的探讨，同时也是从学习者的发展需要来探究在大学英语教育中进行文化理解的可行性和必要性。

（3）从发生学的角度探讨大学英语教育中文化理解的发生过程

著名的分析教育哲学家谢夫勒就曾提出知识的发生学问题，要真正进入具体的英语学习的过程离不开对其历史发生、语音发生、符号发生、逻辑发生的考察，因此笔者拟从发生学的角度探讨文化理解的发生过程：一是从英语知识发生的文化过程和机制去探究英语知识背后漫长的人类文化演进过程，带领学习者走进这个过程并在复盘与重现、联动与演化中帮助学习者实现知识的内化；二是运用英语学习者的个人经验，引导学生学习英语知识，在触及文化价值观、文化思维方式和文化审美方式的知识内核中实现学习者的精神生长。

（4）从学习者的角度探索从符号知识认知走向文化理解实践

哲学解释学是实践的哲学，讲求从“一般到特殊”“引导具体情境下的实践活动”，因此它还为大学英语教育中的文化理解研究提供了方法论基础。无论从哲学解释学对人的存在的重视，还是在教育场域下以学生为主体，学习者都是教育的出发点，学习者的发展则是教育永恒的归宿。然而如何实现英语教学的发展性本质？如何在大学英语教学过程中实现促进学生身心发展的纲领性主张？笔者拟从学习者的立场出发，探索更有针对性和操作性的教学策略，帮助英语学习者摆脱表层符号知识的单向授受与枯燥训练，走向文化理解型的目的性实践。

三、研究意义

在哲学解释学的观照下探究大学英语教育，意在超越以往英语教育中纯粹语言学的立场，转向英语教育中的文化理解，从探源英语知识的内涵出发、抽丝剥茧地还原英语学习“以文化人”的本来面目，打通大学英语教育中学生个人发展与语言文化之间生动的循环，帮助大学生在对异文化的科学理解、价值理解和审美理解中增强跨文化理解能力、涵养文化自觉意识、培养文化自信品格。因此，对文化理解视域下的大学英语教育进行研究具有重要的学术价值。

（一）理论意义

1. 丰富英语知识的认识问题

对英语知识的认识是大学英语教育不可回避的关键问题，在不同的思想观照下，英语知识的界定呈现出不同的表征，这些各有差异的关于英语知识的认识也印证了英语知识研究的丰富性与重要性。在以往的大学英语教育研究中，由于科技理性在包括教育领域在内的社会结构各方面的渗透与支配，英语知识常被窄化为以特定词语、句法、文本为元素构筑的人工符号系统，人们忽略了符号背后潜藏的文化冰山——英语文化的构成逻辑和英语使用者的民族思维方式以及英语语言承载的价值和意义。本研究以哲学解释学为理论基础，从学习者角度，以学习者文化经验的繁衍、文化精神的生长为导向，在真实的大学英语教育情境下回归英语知识本身，重新理解英语知识。

2. 明确大学英语教育的价值问题

教育价值问题一直是教育研究的热点，大学英语教育有何价值？什么样的大学英语教育最有价值？它因何具有教育价值？又具有怎样的教育价值？本研究选择以文化理解为切入点并对其进行价值分析：一方面从满足学习者的发展需要的角度确认大学英语教育中文化理解的价值强度、确认文化理解的必要性；另一方面在哲学解释学的主客体间视域融合的观照下，明确只有引导学生真正进入英语知识负载的文化实践过程，只有帮助学生在对异文化的科学理解中体会“真”，在价值理解中体验“善”，在审美理解中体悟“美”，只有当学生通过英语教育感悟到符号知识背后的理性、智慧与美感，才能让大学英语教育实现其真正价值——成为促进学习者思想、精神和能力发展的终极力量。

3. 明确大学英语教育中文化理解的发生学问题

大学英语教育的价值需要在学习者进入文化理解的过程中才能得以实现，那么文化理解是什么？它是如何发生的？这就涉及文化理解的发生学问题，大学英语教育中的文化理解的内容包括历史发生、符号发生、逻辑发生等，因此依存于特定的背景、特定的逻辑和特定的经验的文化理解需要从英语国家的文化观念、文化生活和文化精神中去寻根探源。人学英语教育中文化理解的发生也是有条件的，它依赖于学习者对异文化的接受、文化认同的产生和文化实践的发生。笔者通过对内容与条件、过程与方式两个方面的具体分析，进一步明确大学英语教育中文化理解的发生机制，进而为指导大学生的英语学习提供依据。

（二）实践意义

1. 有助于提高大学生的知识吸收能力和学习效率

笔者通过对大学英语教育中的文化理解进行研究，明确大学英语教育具有的过程属性和文化实践属性，并通过研究文化理解的发生内容、发生条件、发生过程与发生方式，明确大学生如何在英语学习中摆脱符号积累和机械训练的浅层工具性学习，而在与人类文化的深度理解与融入中展开“以文化人”的生动循环，在理解“他者文化”中理解世界、理解自我，并最终获得生命精神的成长。通过紧扣人的发展这一价值取向，文化理解能让大学英语教育更忠诚于学科教育的本质追求，切实体现学科的教育价值取向和育人本质，完整达成学科教学目标而体现出来的高阶发展品质①。

正如我国近年来所提出的英语学科核心素养，其本质在于通过英语学科教学丰富学生作为人的社会本质、文化本质和精神本质，促进学生由作为自然生命的人向作为社会生命、精神生命的主体的转化②。而在这一转化的过程中，我们会发现人们曾经依赖甚至崇拜的英语语言知识和语言技能根本不是英语学习的目的，它们是纽带和桥梁，帮助人们通过英语语言的学习还原对现实世界的互动体验和认识加工的过程。通过英语语言知识的学习，大学生可以认识、理解自然与社会发展的规律，达致理解文化并进入文化，成为具有文化本质的主体，从而真正成人。理解人类文化、获得文化统一性、具有文化敏感性和包容性，必然会在最大程度上促进大学英语教育的丰富性和关联性，不仅能使大学生的知识储备快速增长，还能使大学生在综合素质的提升中提高知识的吸收能力和学习效率。

2. 有助于促进新时期英语教学改革

英语教学改革一直是英语课程与教学研究的热点，也是至关重要的教学实践问题。我国历史上的英语教学改革大多热闹非凡、参与者众多，但不难发现，很多的英语教学改革都在改形式、改技术，甚至是“套模式”“摆概念”，缺乏对英语学科育人价值的深度思考。大学英语教育要实现其育人功能、实现学生的发展，离不开英语教师自身文化意识的提升，如真正认同英语学习过程与文化内化过程之间的本质联系；主动带领学生探究英语符号表征背后的逻辑形式和意义系统；把学生当作一个个鲜活的既具有文化遗产又身处文化之中，还能发扬和创造个人文化和民族文化的文化人。

英语学习作为一种语言学习实践活动，与其他任何形式的学习一样，都应该着眼于人的培养和发展。英语课程的学习主体是人，他们具有各种

---

① 郭元祥. 课堂教学改革的基础与方向：兼论深度教学［J］. 教育研究与实验，2015（6）：1-6.

② 郭元祥. 论学科育人的逻辑起点、内在条件与实践诉求［J］. 教育研究，2020（4）：4-15.

潜在的能力，其学习的目的在于在学习实践活动中实现作为人的发展。然而，由于英语本身的功能性和市场经济功利原则的导向性，英语课程学习中功利主义学习观盛行。现行的大学英语教育过分注重英语语言形式结构知识，仅简单触及了英语学习者整体精神中的认知图式方面，没有将英语学习与学习者的个体经验和生活世界构建完整的链接，这种符号占有式学习显然是不完整的[①]。大学英语教育如何真正走进学生的精神世界从而引导大学生的精神变革是本研究需要回答的问题，因此，笔者从文化理解的角度对大学英语教育展开调查，考察大学生的语言文化认知、文化思维和文化价值观的表现状况，探究大学生对文化理解的价值认知和学习倾向，并对搜集到的数据和相关信息进行分析与处理，从而厘清大学生在英语学习中存在的现实问题，并基于现实问题提出具体的、操作性强的教学策略。这有助于促进新时期大学英语教学改革。

---

① 金生鈜. 理解与教育：走向哲学解释学的教育哲学导论［M］. 教育科学出版社，1997.

第一章 大学英语教育中的文化理解本质分析

我们说明自然，而我们理解心灵生活。

——狄尔泰

我们在大学英语教育的研究中提出文化理解，实质上就是以一种肯定的语言用潜在的方式认为英语与理解之间有内在关系，且这种英语教育中的理解必然是面向文化的，是对文化的理解。这就表明了本研究的立场：肯定了英语教育与文化理解的相关性。实际上，在诠释学还隶属于逻辑学的时代里，语言和理解之间长达数百年的纠缠就已经悄然拉开序幕，如亚里士多德在《解释篇》中认为，言语是心灵过程的符号和表征，而文字则是言语的符号和表征，如同所有的人的文字符号并不统一，所有的人也并非使用着相同的说话声音，但这些言语和文字所直接意指的心灵过程则对所有人来说都是一样的。

我国古代《礼记·乐记》记载："凡音者，生人心者也，情动于中，故形于声，声成文，谓之音。"随着诠释学的独立发展，它被视作与修辞学具有同一性，能够限制和维护真理的概念。19 世纪哲学解释学出现后，伽达默尔提出的语言本体论将语言从一种工具或手段中解放出来，认为语言展开了世界和自我的现行关系并让二者彼此和谐，人类可以经由语言的理解而参与世界的进程。

一、"理解"与哲学解释学中的"理解"

"理解"是个普普通通的词语，它寓居于人类的日常生活之中，因其频繁使用而为人熟知。那么，如何去理解"理解"？无论是理所当然地从分析归纳等逻辑思维的角度把"理解"等同于"学会""知道""掌握"等认知过程；还是从情感的一致性上将"理解"与情感沟通或同理心的企及画上等号，都无法完整地界定"理解"的内涵。虽说关于"理解"的理解是件浩大的工程，但也不必视若畏途，或许我们可以从哲学解释学中“理解”的变迁史中窥见一二。

(一) 解释学中“理解”的历史变迁

回溯解释学的发展历史，“理解”的内涵从古典解释学起源，而后伴随着人类理性思维的发展走向现代解释学，继而在具有划时代意义的本体论转向中开辟了哲学解释学的新视野。在古典解释学里，解释学（hermeneutics）一词的内涵重在“诠释”和“释义”，是一门对西方经典文献的注释、注解的技术，曾以修辞学和诗学的面目存在于古希腊文化之中。探寻“hermeneutics”的词源，我们会发现它最初来自古希腊神话中带足翼的信使赫尔墨斯（Hermes）。作为奥林匹克山上诸神的信使，他不仅将诸神的神谕带到人间，还担负起了向人类翻译、解释神谕的重要责任，因此至今西方文化仍然信奉赫尔墨斯为字母、数字和天文学的首创之神。

基于这种理解，解释在最初被定义为一种陌生语言的转换和晦涩指令的疏解。圣经作为一种特殊的文献，常人往往无法洞见其真义，而随着基督教在西方世界权威日盛，教会为更好地理解和普及圣经，渐渐将解释学演变成专注于圣经和其他宗教典籍解读的文献学，它格外关注文字考证等解释的方法与技艺。

随着去神话化的科学思维逐渐渗透，解释学在施莱尔马赫等人的努力下逐渐走下神坛，其也不再局限于经典文献，转而成为对世俗领域中一般文献的普遍解释——施莱尔马赫认为其目的在于通过理解原意来避免误解。施莱尔马赫之后，狄尔泰继承并进一步扩充了他的思想。在狄尔泰所处的时代，理性主义、实证主义突飞猛进，精神科学不断受到自然科学的侵袭。狄尔泰则尝试找到属于精神科学的独有方法论，在对这两种学科进行仔细的分析后，狄尔泰认为，理解应是精神科学特有的方法论，解释学应成为精神科学的认识论基础。他强化了解释学与生命哲学的结合，区分了说明与理解的不同：前者是通过实验或观察探求自然规律的方法，而后者则是个体借助生命的表达，是需要重新体验的生命循环。一言以蔽之，狄尔泰认为解释是在此原意基础上进一步理解历史、进行自我认识的过程。

海德格尔和伽达默尔是哲学解释学的代表人物。海德格尔搁置了解释的方法论探究，不再关注理解的方法和技艺，转向研究理解的本体是什么。他在对理解本体入乎其内的体察中意识到理解的目的并非探究文本词句或外在物体的意义，而在于揭示人的存在方式。海德格尔真正实现了理解的本体论意义，存在是其哲学的核心问题，他的研究让解释学发生了根本转折——从方法论到本体论。在他的研究中，理解不是主体对客体的认知，而是构成所有心理活动的基础与本体。

伽达默尔继承了海德格尔解释学的本体论规定，并推动了解释学向着以理解为核心的哲学发展，其名作《真理与方法》反对自然科学独尊、极力维护人文科学的合理性地位，为人文科学奠定了哲学基础。伽达默尔的哲学解释学就是以理解入手来阐释人与语言、与历史、与文化传统的种种可能性关系，他认为理解了这些种种可能性也就理解了人的存在，其理解的条件大致可概括为前理解、时间间距、语言与解释学循环。当伽达默尔的哲学解释学作为存在本体论的解释学确认了当从人的生存经验出发，把理解作为一种本体存在时，就意味着哲学解释学确立了其实践本质。伽达默尔在其中后期的学理研究中紧扣亚里士多德实践智慧的哲学思想，试图用哲学解释学的基本理论对某些社会问题寻根溯源，将学术精力集中于拓展哲学诠释学的实践哲学维度。

他的名言“解释学是哲学，而且是实践哲学”一方面拓宽了以往只将实践看作科学实践或技术实践的狭隘认知，另一方面希望唤醒人们超越虚无和盲目，将解释学意识落实到实践中去。也有学者认为伽达默尔的实践哲学转向也可以看作从本体论到价值论的转向，这种朝向价值伦理的转变在伽达默尔中晚期的学术成果中也有所描述：首先，同实践哲学一样，哲学解释学的理论与实践也是统一的，其普遍性、合法性和有效性就蕴藏于实际运用之中，尤其是用于对实际问题的反思性实践之中；其次，伽达默尔将实践知识和理论知识、技术知识加以区分，认为实践知识会在不同的情境下有不同的展现；最后，最根本的问题仍然是人的问题，哲学解释学关涉人生价值，关心如何在实践反思中确立正确生活方式和生命意义，其本质是人的实践哲学。

（二）理解的语言性

1. 哲学解释学视域下的语言和理解

在哲学解释学视域下，语言问题的研究一直具有非同寻常的重要意义，如伽达默尔在《事物的本质与事物的语言》中所说，语言和事物的相互关联是人们开始思考语言时的一个难题。而对这个问题的解答，通常与诠释学问题中关于“理解”这一概念的思考密切相关。理解与语词用法之间有着直接的联系，正如维特根斯坦对理解与语词关系的判断，理解一个句子意味着理解一种语言。理解一种语言意味着掌握一种技巧。换言之，“理解”即以通晓文字符号而去做某事的能力。譬如说，我们在教孩子学习语言的时候，通常是指着某种东西，同时说出它的名字。例如，如果要孩子理解“blue”这个单词，那么正确的方法是把它运用于包含 blue 的东西或者场景。在此，我们将理解看作一种能力，表明了理解某个符号和正确使用此符号之间有着直接的联系，理解了这个符号就是拥有了正确使用这个符号的能力。在此视域下，理解绝非某种与词语用法割裂的意识状态或内心状态，而是需要在使用符号去做某件事情的时候才能找到的答案。

其实，对于语言与理解之间的复杂关系，人们已经做出过深度研究。柏拉图的《斐多篇》就探究了语言、诠释和事物三者之间的关系。柏拉图把逻各斯的飞跃称作居第二位的方式，他的依据不是在真实中思考存在，而是在逻各斯的反思中思考存在。这就说明，人们是在语言的诠释中展开对存在的思考；而事物的真实存在的可理解性也只存在于语言表现及语言的意义关联之中①。亚里士多德是古希腊最早集中探讨理解问题的哲学家，他认为口语是内心经验的符号，文字是口语的符号②。这是他对语言在理解过程中的地位的见解，而这一经典的见解也同时说明了在诠释学的理解视域下，语言具有工具性和对象性双重意蕴。语言的工具性主要包括两个方面：第一，口语是有声工具，文字则是无声工具，两者都是言说者表达或者记载内心经验的符号；第二，人与人之间的交流都要借助语言这一媒介才得以实现。语言的对象性在于语言就是被诠释、被理解的对象本身。无论在文本阅读抑或言谈对话中，语言都是被人们理解和诠释的对象。当然，这种理解和诠释的过程也并非毫无困难。

理解和语言的亲密关系也蕴藏在语言的对象性和语言的工具性之中。无论诠释学处于知识论阶段还是进阶到生存论阶段，它们都对语言的对象性保持着深刻的关切，知识论诠释学认为对语言的理解能从言语者意图的角度厘清语言与事物之间的关系；而生存论诠释学则强调语言参与人类生活的生成性，且这种生成性来源于理解和诠释语言而形成的一种历史效应。

语言的工具性在早期诠释学思想中就已然受到重视。在神学诠释学中，诠释学作为赫尔墨斯之学，其目的就在于人能准确领会上帝的旨意，语言就是传达、领悟上帝旨意的工具，是保证双方准确沟通的媒介。施莱尔马赫诠释学将语言放置于诠释学的一切前提这样重要的位置上，以其“避免误解的一种技艺”的定义精准定位了理解的语言性，表明语言是人与

① 严平. 伽达默尔集［M］. 上海远东出版社，1997.

② 苗力田. 亚里士多德全集：第一卷［M］. 中国人民大学出版社，1990.

人彼此交流的工具和媒介。按照他的观点，诠释学就是从理解的角度来保证语言的工具性效度。

随着诠释学的发展，洪堡特等人开始超越语言作为器械或者工具这一角度来思考语言的问题，他认为语言并非某种“产品”或某些可以拆卸和传递的“质料”，而是流射于人类精神又能反作用于人类精神的“创造性活动”①。洪堡特的观点引发了伽达默尔的共鸣和思考，伽达默尔以语言为主线呈现其哲学诠释学，认为“理解的过程即语言的过程”。更为有趣的是，他还以语言的“无我性”（“我”即讲话主体）特征描述了讲不同的语言的人之间的理解过程，认为所谓翻译自始至终都是一种解释过程，翻译者需要考虑原本词语的精神和复述对象精神之间的距离——一个语言不通的人之间永远无法克服的距离——这个距离只有翻译者才能穿越，他在一个共同的、相互了解的世界里完成了真正的相遇。至此延伸开来，无论是翻译还是讲话，用到的都应该是合适的词语。质言之，讲述者不仅应关注提到的事情，还应考虑倾听者，讲话并非仅仅属于“我”的私域，而是共属于讲述者和倾听者双方，属于“我们”。语言的精神就是把“我”和“你”统一起来的精神，而能让谈话主体考虑对方，让对方真正陈述观点并将自己置身于对方观点之中，最终通过再创造的方式实现视域融合的就是理解。

2. 教育场域下理解的语言性

约翰·巴斯摩尔认为，形形色色的理解方式既彼此重叠交错，又无法删繁就简，因此世上对理解的认识各自迥异。显然，“理解”这个词有多种不同的意思，换言之，“理解”具有多重属性，它能以不同的证据形式展现方方面面。基于“理解”的复杂和多维，对“理解”的界定势必要从不同侧面来加以区分。格兰特·威金斯和杰伊·麦克泰格在教育场域下对“理解”做出了多侧面视角的分析，即“理解”的六个侧面。他们认为，成熟的、真正的理解能解释、能阐明、能应用、能洞察、能神入、能自知。其中排在最前面的“能解释”和“能阐明”就充分体现了理解的语言性。

解释是指得体地、合理地以理论或图示等方式说明事件、行为或观点。约翰·杜威曾举例：人们看到某个东西在动、猛然听到某个声音、闻到某种怪味道。当他们弄清是一只松鼠在奔跑、两个人在交谈、火药爆炸

① 威廉·冯·洪堡特. 论人类语言结构的差异及其对人类精神发展的影响［M］. 商务印书馆，2009.

散发出味道，我们就说他们理解了。正如杜威所说，对某事物的理解就是在洞察该事物与其相关事物间的联系的基础上，通过归纳和推理等逻辑思维对某些现象、事实或数据给予恰当的解释。基于此，在教育场景中，学生的“能解释”这一层面的理解的达成意味着他们有能力展示他们的工作，这要求学生在独立解释所学内容时，不仅仅能对符号知识进行回忆和复制，而且能在支撑自己结论的语言表达中，通过使用具象化的动词来验证和展现理解程度。

阐明是指演绎、解说和转述，从而提供某种意义。杰罗姆·布鲁纳曾经在《教育文化》（*The Culture of Education*）一书中提出，关于事物的陈述与关于陈述的解释在意义层面上进行转换，而事物的意义永远是多样的。具体到英语教学中，一个学生也许可以翻译出英文句子中的所有单词，但不知道这句话的意思是什么；一个刚刚接触《格列佛游记》经典段落节选的学生只会把它当作童话故事，却无法理解故事背后蕴藏的对英国知识分子生活的讽刺。阐明的对象是意义，而绝不仅仅局限于表面上看似合理的解释、抽象的理论或表层符号的含义，而要通过强有力的故事传递见解——这样的一份理解是建立在一个人能有趣地阐明当前或过去的经历并阐明其中重大意义基础上的。

理解包含了解释和阐明这两个侧面，它们二者都与语言有着直接的联系。比如，阐明这一侧面在课堂中最通常的表现就在于对课本、艺术作品或者对过去和现在的经历本身所包含的意义的讨论。而教学所面临的挑战就是如何通过这些充满了语言符号的讨论将文字带入生活，看看这些文字是如何回应我们对生活的关切的。例如，我们常常挣扎于自身的负面情绪而无法积极生活，但是如果我们能读懂《假如给我三天光明》中善良真诚的语言，就能领悟海伦·凯勒对这个问题的深刻见解。

（三）理解的意义在对话中彰显

意义能够转化为理解，而理解的意义则在一场场由双方完成的对话中彰显。在人类漫长的发展历史中，关于对话的思想源远流长。远在古希腊，苏格拉底就以“启发式对话”引出真理；柏拉图和亚里士多德的多篇著作也均以对话这一体例完成；马丁·布伯研究“我-你”的关系；巴赫金提出“复调”；伽达默尔强调“视域融合”；哈贝马斯提出“交往行动”……在大国关系调整、国际秩序重建、社会思潮杂乱的当下，世界面临着百年未有之大变局，不管是国际政治还是跨境商业，抑或是人际关系、教书育人，“对话”一词遍及社会的方方面面。那么，对话到底是什么？综合国内外学者对于对话的论述，我们不难总结：对话即相遇、对话即理解、对话即创造。

1. 对话哲学

对话最初归属语言学的研究范畴，在语言学的解释中多被归为与独白相对应的某种语言形式。但随着西方文化思潮的发展，西方哲学发生了语言学转向，西方哲学家持续关注对话研究，产生了许多关于对话问题的哲学理论。

受西方社会广泛赞誉和推崇的“伯姆对话”出自20世纪伟大的思想家戴维·伯姆，他基于自身实践为技术社会中人类的沟通问题提出了一种全新的对话理论。伯姆从词源上分析了“dialogue”，即对话的含义。他认为对话就意味着意义的流动，就是要让意义在不同个体之间产生能量流动，并借此萌发出新的理解、达致共识。“伯姆对话”主张对话过程的去领导性、无目的性、无议题化，其目的在于让对话主体之间产生“参与其中”并“分享彼此”的状态，这样产生的共享意识能带领对话群体探索人类思维的方式，检视人类生存的意义，拓展人类发展的空间。

作为20世纪伟大的思想家，巴赫金在哲学、语言学、教育学等领域影响深远，而始终贯穿巴赫金的学术思想的对话理论则是其哲学思想的核心内容。他提出生活的本质在于对话，对话是对人的存在的本体论回答，对话关系则是人与人之间最基本的相互关系。巴赫金认为“外来的死语言”蹩脚地充斥在他所处的时代的课堂里，尤其是在外语的学习过程中，人们每每罗织词语来遣词造句，却从不致力于如何表述自己的整体构思。在巴赫金看来，这样的课堂充满着以设定好的教学目的为对象而精心研究过的“死语言”，这样的课堂语言并非教师的自然表达，只能被称作一种独白，而这样无法表达自身意识形态的独白必然是孤独的、单向的、缺乏对话性的。

巴赫金反对这样的状态，因为在他看来，语言的真正生命在于具有内在对话性的话语。即便文本中的某一段话语近乎独白，但它无法剥离的社会性与历史性将其恒久地置于参差的对话关系之中，因而无论独白或自叙，皆是对他者的作答与回响。此外，世上任何话语都企盼着被人倾听、理解，也渴望得到回应，这既是语言的本性也是人类存在的状态。这也同时回答了人存在的本质特征问题，语言和人的存在本质的同一性，可证明人真正的生命存在于自我和他人的对话关系中，即人类自我存在于他人之中，要通过他人来意识自己，也只有在与他人的关系中才能显示自我存在。正如巴赫金所言，一切都是手段，对话才是目的。两个声音才是生命的最低条件、生存的最低条件。他也由此提出并正式论证了自己的对话哲学思想——复调（有时也被称为双重和声）。“复调”一词源于音乐术语，指的是两条或以上的独立旋律在同一首音乐作品中和谐地结合。

在巴赫金看来，复调是对话的核心概念，他认为“众声喧哗”是语言的本真，所有人的话语阐述都充满着他人的话语，所有人类语言内容的产出都是对他人话语的“吸收”“加工”“再强调”的互动结果，因此他建议通过“狂欢化”的方式打破貌似无法逾越的等级、财富、地位、年龄等壁垒，挣脱在等级世界中被规约和禁锢的束缚，消除话语霸权，让平等的对话带领人们参与真实的生命体验并借此回归自己的生命本身。

马丁·布伯的关系哲学是以本体论为基础对对话哲学进行的阐释，在其名著《我与你》之中，他尝试以“你”世界与“它”世界的对立揭示世界的二重性、以“我-你”人生与“我-它”人生的对立揭示人生的二重性①，并最终得出“我”与“你”相遇、“我”寓居于“你”之世界的结论。因此，真正的对话关系需要在“我”与“你”之相遇中才得以成立，“我”要把“你”看作绝对在者，要以“我”的整个存在和全部生命来接近“你”，陈述“你”。在马丁·布伯看来，这种具有直接性、交互性和相遇性三种特点的精神上的相遇才能完整、真实地体现对话关系的全貌。直接性指的是“我”与“你”之间并无横亘，这打破了传统西方哲学对媒介性手段的迷恋，强调了人与世界之间与生俱来的密切关系。交互性则强调在“我”与“你”之间的关系里，主体不是关系中的唯一，而是关系双方的自我衍生和共同参与。在对话关系里，相遇是交互性的保障，也是互相沟通的大前提。在一刹那的“我-你”相遇中，在者因偶然性产生的差异才能顿然消失，“我”才能以“我”全部的生命与“你”之灵魂全情相遇，沉浸于“你”并与“你”一同步入“之间”的领域，进入无限的关系世界。

伽达默尔继承了老师海德格尔的本体论解释学并完成了解释学向实践哲学的转折，他在研究中发现了传统解释学的局限性，然后颇具新意地提出了对话理论，这一理论不仅倡导了读者主观性，还表达了对文本和作者的理解与尊重。伽达默尔敏锐地察觉到传统解释学中作者与读者之间并未真正发生有意义的交互，他旗帜鲜明地反对这样令人遗憾的关系，认为这将诱发作者与读者之间的不平等：只“听”不“说”的读者将作者捧上神坛，只求理解作者的主观意识而忽略了自己的处境。伽达默尔的对话理论超越了传统解释学方法论下文本的符号化表达，他认为文本的理解和诠释

---

① 孙向晨. 马丁·布伯的“关系本体论”[J]. 复旦学报（社会科学版），1998(4)：91-97.

不是读者尽心竭力地用心理移情的方式理解作者“独白”的过程，而是双主体围绕文本而展开对话的过程。因此，他强调在对文本的理解过程中，耳朵和嘴巴同样重要，因为文本的意义在于理解和诠释的结果，这绝不是对作者原意的简单回溯，而是作者与读者两个主体间交互作用下创生的新产品。

虽然伽达默尔本人不太赞同用“主体间性”概念来谈论他的对话理论，但他的哲学视域的确既重视文本作者和读者的主观性，更看重这两者主观性之间的交互作用。这样的对话理论倡导的是作者与读者之间的平等精神，一方面消解了传统解释学视域下作者先天具备的独白式地位，且在强调任何人无法完全清除自身前见、无法完全变成他者这一必要条件下变独白为对话；另一方面也没有走向读者至上的极端，伽达默尔提出面对事实本身来限制读者主观性的随心所欲。基于此，伽达默尔哲学解释学走向了诠释学与人的经验与生活实践之间的生存论联系，这不仅意味着打破了传统解释学对同一性的理解追求，还暗示着哲学解释学的实践哲学之途。

作为实践哲学的哲学解释学以理解和对话为中心话语，将人与人、人与物、人与世界之间的关系都描述为理解和对话的关系、描述为主体与客体之间的交互过程。他认为真正的语言在对话中展开，在平等的立场上相互交流、接纳，进而产生具有建设性的视域融合式理解。以对话为基点的理解还打破了传统西方哲学思想下的单项理解方式，不同于前辈施莱尔马赫提出的心理移情，伽达默尔重视通过对话的展开使真理得以呈现，而此处呈现的并非复归某种原初的意图，而是主客体双方融合后达致的双向理解，是一种前拓式的，包含着过去、现在与未来的多级理解循环。

2. 对话的基础和条件

伽达默尔在其本体论诠释学体系中颇具新意地提出了对话理论，他认为任何理解和诠释的过程实质上就是由主体双方展开的、能调和双方视域直至视域融合的对话过程。伽达默尔认为每个理解者都拥有先入之见，这样的先入之见实际上就是理解者在展开理解之前已经具备的视域，是站在某个立足点上能见之所有，它与人的主观因素相关却不能完全由人自主加以控制。譬如理解者的文化和传统的历史性与流动性、理解者生活习惯的差异性等都决定了理解者与被理解者之间是彼此差异的个性化存在。因此，理解者的一切新理解只能在已有视域中展开，这样的先入之见并非理解的障碍，反而是新的理解与解释所必需的条件。伽达默尔认为在理解和解释的过程中，双方不同的视域彼此交流、不断创生、不断丰富，彼此都形成了新的自我世界。

伽达默尔基于对传统解释学的质疑否定了心理移情的方法，也不认可传统理解者以此来清除自身前见，完全顺从他者，甚至意图成为他者的做法。他认定理解者的主观性与前见不可以也不应该被清除，并以社会化的烙印比喻理解者的共同感，完整论述了前见作为理解者展开对话构筑新理解的基础和必要条件的合理性。同时，伽达默尔超越客观主义和相对主义，认为解释者无需也不可能丢掉内心已有的前见结构而进入解释过程，他唯一需要明确的就是考察自身前见的运动性和有效性。这说明对话双方本质上完全平等，对话也是谋求对立意见的合理性，要求任何一方都要在自身的诠释学情境的基础上进行有建设性的视域融合，使得双方实现思维性沟通，在体验中彼此相遇、渗透融合、创生相成。

3. 教育学立场下理解与对话的契合

布迪厄认为，根据场域概念，理解就是从关系的角度进行思考[①]。那么，理解与对话是否与教育相关？教育学立场下的理解和对话有什么关系？又是否相互契合呢？

实际上，对话的思想早已渗透人类漫长的教育实践。教育历史的源头，东方有孔子的“不愤不启，不悱不发”，西方亦有著名的苏格拉底“产婆术”，它们都昭示着教育与对话的共生性。语言类的教育更是如此，在英语教学史中，我们不难发现英语语言的源头就来自手工业者师徒间为了达致理解而产生的日常对话。正如哈贝马斯所说，日常语言是用来清晰地表达生活世界的，日常语言就是自然语言，也是交往语言，人们凭借语言的交流建立起理解。哈贝马斯还提出了理想言说环境，他认为要评判言语环境是否合理，必须看参与者是否具备发表赞同或反对意见的权利、提出解释与建议的权利、表达情感和愿望的权利以及为他人辩护的权利。

无论是古代的教育者将对话作为一种教学方法运用于教学实践，还是哈贝马斯提出的理想言说环境，都体现了对平等的追求、体现了自由探索的核心精神。这些都能给出的教育启发是：理想的言语环境需要师生双方的参与；学习者有表达赞同或反对、表达个人情感和愿望的权利；师生双方都是教育实践的平等主体，教育实践的过程就是师生双方相遇的过程，主体间应该彼此尊重对方的前见，努力创造视域融合的可能，以期相互理解、融合创生、教学相长。

---

① 李全生. 布迪厄场域理论简析 [J]. 烟台大学学报（哲学社会科学版），2002 (2)：146-150.

在语言教育的场域中，学生如果达到了理解的程度，就能够向对象说明事件背后的意义、数据的重要性，或者向对方给出扣人心弦的诠释，使对方认可并产生共鸣。比如《我有一个梦想》这篇演讲常常被选编入大学英语的各类教材之中，这是一场马丁·路德·金与听众间层次分明、节奏明快的对话，全篇演讲在句法上大量使用反复、排比和对比，在词法上使用明喻和暗喻的修辞手法，将种族隔离和歧视比喻为枷锁，将物质繁荣比喻为海洋，将黑人的贫穷比喻为孤岛，生动形象地向听众说明了美国黑人斗争的现状，这样一场气势恢宏的对话就恰到好处地传递了隐藏在语言背后的民权观点和文化情感。

在语言课堂里的理解都涉及转化和阐明。因此，无论是刚刚开始接触大学英语的大一新生、准备参加英语等级考试的高年级学生，还是为了准备英文话剧演出而研读莎士比亚作品的学生，都面临着相同的挑战：当他们对整体意思感到困惑或者找不到明显证据时，就需要理解语言材料——文本的意思。在涉及历史和考古的文本中，学生必须根据历史记载提供的线索重建事件和文物的意义；在涉及经济的文本中，学生只有通过解释最重要的指标判断出内隐的经济趋势才能抓住意义；在涉及数据的文本中，学生要从有限的数据中得出结论才能达致理解。因此，语言课堂里的理解还是一场师生与文本之间的对话。

在教师的指导下，学生在文本和自己的个体经验之间不断对接，以便找到合理而不同的阐明内容。不同于科学定义，阐明不仅是可以接受的，而且是有差异性的——个体经验的千差万别让一千个读者拥有一千个哈姆雷特，每个人的诠释都受到各自社会、文化和背景的影响，因此一千次主体与文本间不同的对话也会彰显一千种理解，而这也正是理解的意义。

二、语言知识的文化属性

人是拥有语言的存在个体，语言始终与文化纠缠交织，然而由于语言工具性和语言符号化的工具属性长期占据主导与支配地位，语言的文化属性常常为人们所忽略。从语言教育的立场来看，语言知识长期被窄化为语法知识，语言知识的文化意义迄今尚未在教育场域中触及其本质性和核心性的理解。如何深刻地分析和理解语言的基本属性，如何以教育为立场界定大学英语知识、了解其结构与功能，是大学英语教育的逻辑起点。

（一）语言的属性

亚里士多德曾提到人是有逻各斯（理性）的动物，而逻各斯的本意就是语言[①]。从哲学解释学来看，语言不再只作为工具存在，更是人存在的前提。伽达默尔就曾经指出，语言是我们的世界和存在，语言是人存在的中心。海德格尔更直接地提出了语言是存在的家园。语言对人来说至关重要，人离不开语言也必须学习和使用语言。但是，语言到底是什么？有人将语言视作沟通世界的媒介，也有人将语言等同于艺术的介质，还有人把语言当作一面镜子，精彩纷呈的文化在语言镜像中风姿绰约。人们对语言五花八门的理解主要源于语言本身性质的复杂性，因此除语言学之外，还有很多如哲学、社会学、人类学、心理学、文学、信息科学、计算机科学等其他学科都在研究语言。从不同的学科侧面研究语言，对语言的理解自然各不相同。

要从语言繁复的属性中把握其本质属性，须主要着眼于语言的结构和功能。从结构视角观察语言，我们会发现语言是一套由各个互相关联的符号组成的复杂系统，因此语言既具有符号性，也具有系统性。从功能视角观察语言，我们会发现语言的功能层出不穷，但在这些功能之中核心的功能只有两个——社会交际功能和思维认知功能。称其二者为核心功能，原因在于语言能帮助人类认识世界、思考问题并发展交际，这也是语言得以产生、得以存在的根本原因。

1. 语言的符号性

假设 A 物与 B 物之间没有必然关联，而以人为的方式商定 A 代表 B，则 A 就是指代 B 的符号。其中还涉及能指和所指两个概念，作为形式的 A 即符号的能指，而作为内容的 B 即符号的所指。例如，红牌和黄牌是赛场上的警示牌，红牌代表罚出场外，黄牌则代表警告，两次警告即转为红牌。但是红黄牌与比赛之间的关系实际上是人为约定的，它们本身与罚出场外或者警告之间并没有必然的因果关系。实际上反过来，如果 A 与 B 之间有必然的因果关系，那 A 就不是 B 的符号，而是 B 的征兆。比如西医给病人看病时往往需要病人检查血象，根据血象高低判断病人的疾病，血象与疾病之间有必然的因果关系，因此血象就是某些疾病的征兆，而不是疾病的符号。

依据符号的概念来判断，语言中的词语就是一种符号。语言包括了语音（形式）和语义（内容），虽然人们往往理所当然地认为具体的语音对应着固定的语义，但这种对应关系是由使用该语言的民族和社会成员约定俗成的，并非天然具备的因果关系。语言的符号性具有多种相互关联的特

① 颜一. 亚里士多德选集：政治学卷［M］. 中国人民大学出版社，1999.

征，具体包括语言符号的任意性和理据性、稳固性和渐变性。

语言符号的任意性指的是符号的形式与内容之间不存在必然的关系，即可以自由选择语音形式和语义内容相匹配。因此，任意性也使语言中出现了大量的同音词、多义词，即相同的语音形式可以代表不同的语义内涵；反过来，任意性也使语言中出现了不少同义词，即语音形式不同却有相同语义内容的词语，在不同的语言之间更是如此，譬如英语中的“lamp”、汉语中的“绵羊”。语言符号具有理据性是指人们约定某些语音形式代表某种固定的语义时依赖于一定的缘由。很多初看起来理据不明的词语经过语源学的研究，可以明确其理据和来源。正如现代人给人或物命名都有所理据一样，在语言发源之初古人给事物或现象的命名也是有理据的。作为语言符号的共同特征，任意性和理据性貌似彼此对立，实则不然。任意性是在一定范围内的自由抉择，而理据性则意味着所有的抉择都有着与依存民族或固定群体文化相关的原因。

虽然语言符号具有任意性，可一旦语音和语义之间的关系约定之后就不再随意变更，因此语言符号也具有稳固性的特征，这种无法随心所欲变动的语音语义关系让人与人之间的正常交往得以可能。当然，从长远的时间维度来看，语言符号如同世界上其他的万事万物一样，都是绝对运动而相对静止的，因此语言符号虽然具有稳固性，但绝非一成不变。随着社会本身的不断变换更迭，语言符号也自然随着社会的交往需求而发生缓慢的变化，体现出渐变性。例如在英文中就出现了“Long time no see.”的表达法，其实这种表述“好久不见”的语言源自中文，一开始被看作Chinglish（中式英语），是不正确的表达，但随着这种误用的日益广泛，这种语言符号在漫长的时间里逐步固定，渐渐以正式语言符号的身份进入语言系统。

2. 语言的系统性

语言的系统性是指在语言系统内各个元素之间具备的有机联系性，即语言内部诸多符号之间存在着语音、语义、结构等多种联系。因为语言符号是彼此联系的，所以语言符号的价值和作用取决于它与其他符号之间的关系。比如，英语中的 mutton 一词来源于法语 mouton。但不同的是，在法语中，mouton 既有羊肉的意思也有羊的意思，可在英语当中 mutton 只能指代羊肉。这是因为英语中已有 sheep 一词指代羊，这就是由 mutton 这一符号和其他符号的关系决定的。

复杂的语言系统分为语音系统、语义系统、语汇系统、语法系统等多个子系统，它们彼此之间牵一发而动全身，其中一个语言符号的变动都必然引起相关语言符号的嬗变，这也导致了语言的生成性——有限的语言符号和组合规则能生成无限的句子。语言的生成性主要表现在类推性和递归性两个方面。类推性就是指同类成分之间在遵循一定的结构规则的前提下能彼此替换。许多英文分级阅读的书就是根据语言的类推性编写的，学生学会了“I eat apples.”这句话后，就可以类推出“He eats apples.”“Mum eats apples.”等一系列的句子。递归性即能反复使用的类同规则，可以由最简单的结构依次扩展成重重套叠的复杂结构，这也在英语复杂句中常常见到。当然，语言的类推性和递归性也恰恰使得人们能用有限的语言符号和结构规则派生出无限的话语。

3. 语言的社会性

在自然语言形成、发展、变化和消亡的过程中，社会意志和社会需要贯穿全程，可以说语言无法脱离社会而存在和发展，因此社会性是语言固有的本质属性之一。

从语言的理据性中可知，自然语言由社会群体共同约定而成，其语言符号的创造也有赖于特定的社会群体，因此无论是语言形式、语言意义还是二者之间的关系，都有赖于社会群体共同缔结的约定。以语音、语义为例，最初某一语音与其含义之间的关系也许只因个人的临时起意，但它成为语言符号正式进入语言系统必然需要得到社会群体的共同认可。语言符号的组合规则也是如此，符号的组合方式、组合顺序、组合禁忌等都取决于社会群体在对语言的长期使用中形成的惯例。语言的发展也离不开社会。新词语的产生和旧词语的消亡，语音、语义或语法的变化发展都是为了迎合社会交际的需要而产生的，语言系统的更迭也是取决于集体而非个人意志。

语言的社会性还决定了语言的民族性和生成性。语言具有民族性在于语言是由固定的社会群体积习成俗，不同民族对语言的约定各有差异。语言是社会交际的工具，必须适应社会交际的需要，而不同的民族有着不同的交际需求，因此会形成不同民族交际需要的语言系统，语言往往会成为一个民族的重要标志，成为民族文化的载体，可以说民族的语言即民族的精神，民族的精神即民族的语言①。比如中国是茶的故乡，在历史上，中国茶叶经由陆海两路流传海外：陆路由中国北方流传至俄罗斯、阿拉伯、波斯、罗马尼亚、土耳其等国家，这些国家的语言中的“茶”的读音近似

① 威廉·冯·洪堡特. 论人类语言结构的差异及其对人类精神发展的影响［M］. 商务印书馆，1999.

于中国北方话中的“茶”；海路由南方海上流传至英国、荷兰、法国、德国等国家，这些国家的语言中“茶”的读音则接近中国闽南方言中的“茶”。因此，从语言民族性的角度来说，语言生成于人类的深层本性，它不是民族的产物，而是与民族精神相互交织、互相伴随着走过每一个历史阶段的、来自各民族内在命运的馈赠——这也恰巧暗合了生成性这种人类语言区别于动物语言的重要特性——虽然各民族常用的语言符号是有限的，但却能在人类精神的流射中派生出无限的语句。

4. 语言的文化性

文化是语言最显著的特征，语言本身就具有超自然性和超个人性这两个文化的基本特征。首先，语言具有超自然性，语言是人类创造的，但个人并非天生具有语言能力，而是需要后天习得，没有经过后天学习的个人无法生来就掌握一门语言。教育学中常常提到的狼孩就佐证了这一点：狼孩在襁褓中就被母狼带走同狼崽一起生活在狼群中，他们虽然具备完好的身体条件，但却只会狼群的嚎叫，无法使用人类语言，直到被人类发现后才重回人类社会，在长期的语言训练下才慢慢学会说话。其次，语言具有超个人性。根据语言的性质可知，任何语言要素在纳入语言系统之前都需要社会确认，语言是超个人的社会现象。

从文化外延上看，语言从属于制度文化。语言世代相传，它融于人类生活中，使用者常常忘记了其实语言对人们的言语行为也有着约束力，譬如若某人的语言交际行为不符合社会惯例，则会遭到社会的非议或干涉，这就体现了语言的制度文化特征。除了受制度文化节制以外，语言还受精神文化的制约，具体包括思想观念、思维方式、审美情趣、价值观念和伦理道德。比如在英文中我们通常听到“ladies and gentlemen”，而不说“gentlemen and ladies”，这种语序规则就受到了西方伦理的制约。再如英国畜牧业发达，纺织品类又多以羊毛为主，自中世纪以来的英国大量财富都来源于羊毛，英国上议院院长的职位“woolsack”就反映了其价值观念。

从语言的功能性来看，语言本身的文化镜像功能和文化传承功能使语言成为一种特殊的文化现象。因此，我们可以说语言知识本身就是一种文化，但它同时又是一面反映其他文化的镜子，也在语言知识教学中起到了文化继承和文化传播的作用。语言的文化镜像功能源于作为一种社会现象的文化必须在社会成员中交流，而语言则是社会交际的重要工具，因此，各种由人类创造的灿烂文化都通过语言记录了下来，而语言也就自然而然地成为一面反映文化面貌的镜子。更值得一提的是，语言本身的稳定性使语言被称为历史文化的“活化石”，比如某些文化现象在现实社会中已经销声匿迹，却仍然鲜活地长存于语言文字记录之中。

由于语言具有文化镜像功能，所以语言是探究人类文化发展历史的极大动力，语言和文化密不可分。语言的文化传承功能是指语言在人类文化的发展和传承中有着举足轻重的作用。在晚期智人时期，人类文化发展迅猛，首次出现了建筑、雕刻、绘画等文化载体，而文化的突飞猛进离不开人类有声语言的产生。在这一时期，人类不仅可以通过语言迅速获得积累的经验和知识，还可以通过语言迅速认识世界。

此外，研究发现，语言还促进了这一时期人类的思维发展，大大提高了人类的文化创造力。进入文明社会后，早已获得有声语言的人类在这一时期有了文字和书面语。这一突破使人类不再囿于有声语言的时间和空间的局限性，可以更加快捷方便地获得经验、习得知识、传承文化财富。进入信息化和全球化时期，由于电子通信和计算机网络技术的迅猛发展，人类获取知识的手段再一次升级，可以在全球范围内即时获得大量有效信息，而语言是人类信息交流的主要工具，也是科学文化信息的重要载体，所以掌握语言是学好科学文化知识的前提。

在对人类文化展开研究的过程中，中外人文学者达成了一个共识：语言研究是人文学科的基础和前沿。这种共识达成的原因就在于人文研究者们充分认识了语言的文化阐释功能。语言文化阐释功能的起源可以追溯到古代，古代西方最初是为了对法律文献和圣经篇章进行解释而产生了解释学，这种解释学以寓意解释为核心。无独有偶，我国古代人民在传经诵典时也常常用到微言大义的方法。随着解释学的发展，人们发现文法是语言发挥文化阐释功能的基础。中文积词为句、连句成篇，离开文法则会造成望文生义、穿凿附会等不妥当的理解。这种以文法为本的原则不仅贴合中国传统语言精神结构，也暗合了西方当代语言学和语言哲学的主张。维特根斯坦认为，词语只有在语言使用中方能显示其意义，弗斯也有类似的想法，他认为新的上下文能让每个词获得新生。这些都说明了话语的意义取决于话语行为，而文本中的上下文则因为提供了场合或情境而决定了词义。

语言的发展体现着人类的心灵，因此，语言的阐释功能不仅体现在文字的实际运用形态上，还能解释话语行为中人的动机、意图和一系列相关的社会文化因素。换言之，如果我们沿着语言所给出的线索去理解和阐释表层词语及其文法排列背后蕴藏的丰富内涵，就能总结出使用该语言的民族的文化心理结构，也能描绘出整个语言背后的民俗、社会和历史。

俗话说“言为心声”，语言是反映民俗心理的镜像，在世界各地的语言里都有着吉祥话和禁忌语，这也反映了人类希望以“言”化“物”来趋利避害、趋吉避凶的心理活动。反过来，语言也因此具备了阐释民俗心理的功能。英文中的“May all your wishes come true.”和中文里的“心想事成”就表达了同一种对他人的关爱和祝福；英语中的“grammar”（语法）一词，其词源是“grammaire”，意思是“魔法、巫术”，反映了在西方原始社会里人们膜拜语言并相信语言有分辨善和恶的能力。

语言中的一切都面向人，因此具有社会性并能对社会展开阐释，比如语言能阐释社会关系及社会关系的变迁。英语中的“舅舅”“叔叔”“姑姑”“婶婶”等，都用“uncle”和“aunt”作为指代。这反映了西方社会的亲属系统普遍属于“爱斯基摩型”，其特点在于不区分父系和母系的亲戚，它强调的是“核心家庭”（nuclear family）。汉语的亲属称谓则属于苏丹系统，主要特征是区分父系亲戚和母系亲戚。

语言凝结着人类璀璨的文化，也是追溯历史的草蛇灰线。比如，在印欧语系中，表示“牲畜”的词语就与表示“财宝”的词语从词源上相关，从这个线索中我们不难推断出日耳曼人的祖先以牲畜为财富的历史。再比如，英文中的“education”（教育）一词最初源于由前缀“e”和词根“ducere”合成的拉丁文“educare”。其中前缀“e”的意思是“出”，而词根“ducere”为“引导”，合起来就是“引出”的意思，即借助一定的方法或媒介引导出人身上潜在的东西，这也与苏格拉底主张的以双方交谈、问答的方式揭示对方谈话中的矛盾，从而让对方认识到问题，激发出潜藏于人头脑中的知识与智慧的“产婆术”不谋而合。从对“education”这个词的简单探析中，我们就不难看出，西方历史中的教育活动更倾向于引导儿童主动参与并使其自身固有能力得到发展。

（二）大学英语中的语言知识

1. 何谓语言知识论

语言知识论，英文叫做“epistemology of language”，其中“epistemology”在英文中既有“知识论”又有“认识论”的含义。在我国，学者们更多关注语言研究和知识论研究。事实上，语言研究和知识论研究之间并没有明确的界限划分，从概念的构成来说，语言知识论具有语言研究和知识论研究的交叉属性。从语言研究和知识论研究的具体内容上来看亦是如此，任何一个语言研究的主题最终都能与某一种知识论研究统合路径，并且事实上这种统合也已经使语言研究有了丰富的主题和内容。

虽然语言知识论并未有一个明晰的定义或者确定的外延，但从整个领域的发展来看，语言知识论在不同理论的观照下已经被赋予了如下几重含义：首先，语言传统认识论以语言文字符号为研究对象，人们在语言起源、语言习得、语言沿袭变迁、语言标记性特征等方面做出传统的认识论研究，其具体内容主要包括构词法、词的分类、语音和字母的分类、修辞学、词源学、语法论和句法等，后续英语教学中惯用的语法理论、词语类别和句型成分等大都建立在语言传统认识论的基础之上；其次，语言的当代知识论研究者把语言知识视为人类知识的特殊个例，他们收集数百种语料后对基本词语进行系统比较，确定语言亲缘关系，探讨语言符号的形态和组合，希望通过对语言知识的来源、范围、条件等的阐释来获得一般性知识论并从当代知识论立场构建知识理论；再次，在分析哲学的观照下的语言知识论秉持语言转向的核心精神，认为语言、思想、知识、世界之间有着系统性语义关联，因此人们可以通过分析语言来阐明思想；最后，以乔姆斯基为代表的语言哲学家们探究语言知识的本质，希望以揭示语言知识与语言能力之间的关系来回答“一个能使用语言的人究竟应该理解哪些语言知识”这一问题。

将上述研究并列我们不难发现，虽然它们在研究动机、理论视域和基本路径上大都存在差异，且彼此间也并不存在概念与概念之间的联系，但是这些研究却并非各自独立，其原因有二：一是传统的语言研究论题世代延续，在回答语言知识相关问题时只有对上述研究做出系统性归纳才能描绘出语言知识的完整图景；二是即使各研究路径不同，但在研究伊始总要进行一些关于语言知识的预设性判断，因此上述研究都存有学理上的依赖。总的来说，上述关于语言知识论的研究可以按照 Alex Barber 的理论划分为学科层面和语言使用者层面，在学科层面上关于语言知识的判断都是认识论的，而在语言使用者层面上，关于语言知识的研究是为了回答人类理解语言、交流表达、使用语言进行推理的能力是如何达成的这些问题。

从学科层面转向语言使用者层面探究语言知识也呼应了语言学研究中语言的转向，这也意味着在传统语言文字符号的研究基础上，当代语言学研究发生了质的飞跃，这一飞跃也是受到了同一时期哲学思潮中人本主义的影响，开始对人这一语言使用者加以关注。当代系统功能语言学、认知语言学和社会语言学都是从语言使用者的角度思考语言知识问题。在这一时期，人们开始重视语言表达形式与现实生活世界的联系、语言使用者自身经验与语言概念之间的关联、语言使用者和倾听者的社会身份与言语行为的生发环境，等等。

2. 大学英语中的语言知识界定

虽然对语言知识的界定各有纷说，但大学英语中关于语言知识的问题依然属于教育问题，而知识本就是任何教育问题的逻辑起点。作为一个核心概念，语言知识的界定直接关乎大学英语课程的开发、英语教学过程、大学英语课程的评价等，对大学英语中语言知识的正确认识与界定能最大限度地实现大学英语教育的育人价值。

要对大学英语中的语言知识进行界定，首先要弄清楚是站在什么立场上界定语言知识。“立场”在英文中是“standpoint”，意思是对某问题基于自身环境或信仰而产生的态度，立场决定了人们面对问题时的思维和行为。因此，对英语语言知识的界定首先要明确其立场，不同立场下对英语语言知识的结构、功能和性质的认识也必然各有差异。当我们梳理语言和知识的研究成果时，不难发现语言和知识在不同的场域下各有表征，不同的角度和立场代表了研究者不同的思维与信念。大量的研究结果也说明了对语言知识的界定没有对错之分，只有立场之别：语言传统认识论者关注英语语言知识的缘起、习得条件和沿袭范围；语言当代认识论者关注英语语言知识论性质的阐明；语言哲学家则关注对语言能力的充分描述和解释；分析哲学家关注语言分析对思想和心灵的影响。

从上述对语言知识论的梳理中我们可以看出，迄今为止对语言知识界定的立场包括语言传统认识论立场、语言当代认识论立场、语言哲学立场和分析哲学立场等，然而上述的几种立场下对英语语言知识的界定都缺乏对教育这一特殊场域的观照，缺乏对教育中人的理解。因此，在大学英语这一教育实践的场域下界定英语语言知识，是在鲜活真实的大学英语教育情境下去理解和界定英语语言知识，这就要求我们不仅需要考虑英语语言知识的生成与创生，还要考虑英语学习者对英语语言知识的学习和内化。换句话说，教育的立场就是人的立场，就是人的发展立场，大学英语中的语言知识界定问题也要站在人的立场，大学英语的教育对象是大学生，他们有其自身的特点和需求，因此，我们在对英语语言知识进行界定时不能不站在英语学习者的立场去考虑。

大学英语中的语言知识是和语言知识的学习者——大学生紧密相连的：首先，大学生已经成年或者接近成年，刚刚开始脱离相对封闭的高中生活，并且要在完成大学学习后正式步入社会成为社会的重要组成部分，大学生需要掌握的英语语言知识是人类传承与发展而形成的客观知识；其次，大学英语的教育对象是已经进入高等学府的大学生，他们来自五湖四海，有着不同的兴趣爱好、个性特征、专业偏向、生活经验、社会背景等，在学习大学英语时每个学习者的特征都各不相同，英语语言知识会在不同的个体中折射出不同的意义；最后，大学生处于人生中最活跃的阶段，他们在不断地变化和发展之中，都是有待完善、拥有无尽潜能的个体，在生活和历史中是有精神和意义的。作为发展中的人，大学生的可塑性使他们处于变化之中。

从教育的立场界定大学英语中的语言知识，我们需要考虑以下三点：第一，英语学习者是作为人存在的生命体，英语语言知识不仅仅是一种工具，更是语言学习者精神世界的载体，是滋养语言学习者生命的“精神种子”，作为“精神种子”的英语语言知识是人类文化中思想要素、思维品质和德行涵养的凝结。第二，英语学习者具有发展性，其大学英语学习具有过程性，是一个复杂的生成过程，因此界定英语语言知识需要考虑英语语言知识如何发生，大学英语教育如何在学习者和英语语言知识的相遇中超越表层语言形式符号的占有，在交互作用中达致创造和生成，如何在教育情境中围绕英语语言知识相关主题帮助学生正确认识客观世界、理解自我世界并实现自我反思，第三，从教育的立场来看，对英语语言知识的界定不仅要关注英语词汇、句法、时态等浅层的语言形式内容，还要从语言学习者的角度出发，充分关注英语语言知识文化属性中的善和美。

英语语言知识是一种文化符号，它承载着英语语言使用者对客观世界本质属性的看法、对人与世界关系的理解，它蕴藏着语言使用者的情感观念、思维逻辑和思想方法。同时，英语语言知识具有强烈的文化依存性——英语语言知识既依存于特定的社会文化背景，受观念文化、制度文化和物质文化的制约，又是特定时代的产物，反映了特定人群的思维逻辑、价值观念和审美方式。因此，我们只有充分理解英语语言形式背后的文化，从根本上认识英语语言知识的价值和意义，才能改变当前大学英语教育中偏重英语语言知识工具性的现状，才能在基于文化理解、文化包容和文化自觉的大学英语教育中实现“转识成智”“以文化人”。

3. 大学英语中语言知识的结构、功能与性质

不同于哲学立场或语言学立场下的英语语言知识，教育场域下大学英语中的语言知识具有独特的结构、功能与性质。

（1）大学英语中语言知识的结构

受传统认识论的影响，人们往往把英语语言知识看作一个可以直接由英语教师传递的认识结果，这样的认识将英语语言知识囿于前人积累并以符号形式保存下来的经验产品，没有站在英语学习者的立场上将英语语言知识看作可探寻、可分析、可研讨、可生成的对象。英国的分析教育哲学家 Hirst 在回答“什么知识最有价值”这一经典的教育问题时，超越知识

表层并深入知识的内在结构思考知识、课程与教学之间的关系。在教育场域下，英语语言知识也有其内在结构：符号表征、逻辑形式和意义系统（见图 1-1）。

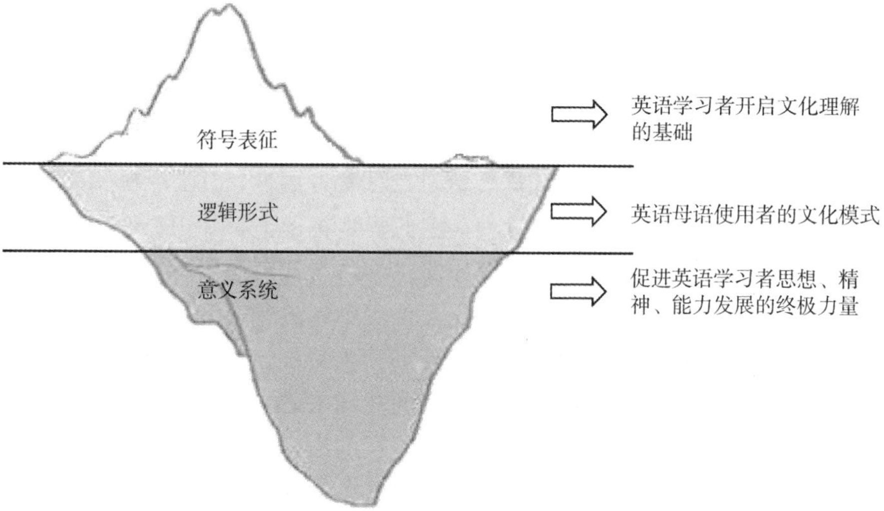

图 1-1　英语语言知识冰山图

符号表征是英语语言知识中最显性的组成部分。作为一套在许多年连续不断的实践中以特定方式积累、修改并最终确定的行之有效的符号体系，英语语言知识是经过西方民族群体共同确认的认识成果。从表现形式上看，大学英语中的语言知识是一个符号世界，它以特定的词汇、句法、文本为基本元素构筑出一套有内在逻辑规则的人工符号系统。这套符号系统精密巧妙得令人赞叹，苏珊·朗格认为，迄今为止，人类创造出的一种最为先进和最令人震惊的符号设计便是语言①。区别于其他的符号，英语语言知识符号是由声音和思想组成的一体两面：索绪尔称之为能指（声音）和所指（思想）；耶尔姆斯列夫称之为表达面和内容面，并认为语言符号就是表达项和内容项构成的符号函数；德里达则从结构主义出发认为这个双面体的独特之处在于其透义性，即在排除了特别难懂的口音和影响判断的特殊音调的交际过程中，人们一般忽略声音而集中于理解语言使用者所传达的思想。

由于英语语言符号是一套复杂的系统，为了能更好地理解语言所传达

① 沙凯. 符号与存在意义阐释：苏珊·朗格符号论哲学思想解读［J］. 外语与外语教学，2013（1）：18-21.

的思想和意义，英语语言经历了被称为语言符号的双层分节机制的两次切分，切分出的两层语言符号分别为由单词或者词素组成的意义单元和由音位组成的无意义单位，这一套机制的形成意味着英语语言只需要为数不多的音位就能构造出数之不尽的有意义的话语。具体来说，词素或者单词是英语语言符号系统中最小的音义结合体，它既能独立使用，又能在其他语言形式中引入意义；句子是能完整表意的基本言语单位，其意义是由组成句子的词的意义和词与词之间的语法意义共同实现的。英文中每一个句子都符合一定的结构规则，人们称之为英语语法，在语法规则下组织的英文句子是英语语言符号系统的核心，但并不能完整地进行意义表达。文本是由句子组成的复合话语单位，具有比句子更复杂的意义层次，如果说判断英语句子的标准是其语法正确与否，那么对于文本的判断就有恰当或者不恰当之分了。虽然词语与句子之间还存在英文短语，句子和文本之间还有英文句群，但总而言之，英语语言的符号表征系统是由词—句—文本三个层次构成的，其中文本承载着最复杂的意义，恰如英文习语中所说“No context，no meaning（没有上下文就没有意义）”。

在大学英语中，英语语言符号之间不同的叙述方式和每个符号之间的不同联系，以及语言学习者背景的差异等都将使英语语言符号的寓意发生改变，也使英语语言知识传递着不同的意义，如谢夫勒在《符号世界》中指出，站在不同的角度看，一个词语在不同语境都有不同的意思，这就是语言符号的模糊性。这种语言符号的模糊性在英文中被称为“ambiguity”，其另一个含义是两可性，从某种意义上看，这种模糊性和两可性预示着在大学英语教学中，作为符号表征的英语语言知识需要进行符号解码，英语语言知识无法被囫囵吞枣或机械接受，只能引导学习者在对英语文本的理解和解释中体验、感悟，最终实现学习者的英语表达。

英语语言知识的第二个组成部分是逻辑形式，具体包括英语语言知识构成的逻辑过程和思维方式。古罗马哲学家 L. A. Seneca 认为人是会思维的动物，具有思维能力使人区别于动物而存在，因此思维是人的基本属性之一。人的思维能力表现为人的大脑反映客观事物的过程，这个过程表现为人类通过判断、归纳、推理等方式来认识和把握客观世界，并基于此决定自己的处世态度和行为。人须凭借诸如词的声音、句子的组织、文本的意义等语言材料才能完成思维过程，因此语言不仅有可感知的声音和文字符号，还隐藏着可以被体悟的精神内容。同时，语言是思想的直接现实，思维结果的表述形式也离不开语言。换言之，语言知识的学习促进思维的发展，思维的发展又反哺语言知识的学习，二者相辅相成不可分离，语言知识中内在的认识世界的逻辑形式暗藏在语言知识的符号表征之中，其逻辑过程和思维方式使英语语言知识有了认知价值和文化价值。

英语语言知识背后隐藏的逻辑过程和思维方式决定了以英语为母语使用者的文化模式。首先，英语语音是语义的载体，是承载英语话语意义的外壳，它的形成看似具有任意性，但其实有其历史文化的必然性因素。语言研究发现，人类的发音器官能发出数百种音素，但为何在漫长的语言发展过程中，人类只选择其中几十个作为英语语言体系的构成要素？究其原因，民族文化特征是重要影响因素。其次，英语词汇也反映了西方文化特点，比如英语词汇的概括程度就反映了西方的思维方式及文化特征。英文中“cousin”一词，概括了“堂兄弟姐妹”和“表兄弟姐妹”的含义，这与中国文化中的分别表述完全不同，表现了西方重视核心家庭的文化观。最后，英语语法的特点也反映了西方人不同的思维方式和逻辑过程。语法是连词成句的规则系统，其意义在于当人在认知过程中产生意念、获得感受时，把这种混沌蒙昧不易为人所知的感觉以条分缕析、容易让他人理解的形式表达出来。

英语语法是西方民族思维长期抽象化的产物，这种集体无意识带上的是西方民族文化思维的烙印。西方民族对形式逻辑的追求始于古希腊时期，这种追求某种纯粹形式的文化特点在英语语法中体现在很多方面，如追求内涵丰富的语法范畴、追求对客观现象的准确描述、语法规则严格，不仅要求性、数、格一致，也要求时态一致，这也体现了西方文化中“法”的精神。

英语语言知识的第三个组成部分是意义系统。符号是英语语言知识的表现形式，作为知识存在于大学英语教育中的英语语言是负载着价值和意义的。对于英语语言知识来说，其意义系统由两部分组成：一是英语语言符号的含义，即符形和对象之间的指称关系，这也是语言符号意义系统中最直接的关系。二是英语语言符号的意指关系，英语语言符号看似冷冰冰的，但其实也有类似生物体的生命过程，其生命就是内隐于语言符号背后的知识的内在要素、价值系统以及在与学习者视域融合后的意义创生。值得注意的是，与英语语言知识的符号表征不同，在大学英语教育场域下，英语语言符号的意义系统是英语文本意义和学习者经验意义的统一。

英语文本意义是指大学英语教学语言材料中英语语言符号的意指，它具有过程性和繁衍性。过程性被理解为促进学习者个体精神力量发展的过程，所学到的英语语言知识不是名词“knowledge”，而是被作为动词形式的“knowing”来让学生体验和经历。繁衍性则指英语语言知识的意义系统并不是静止不变的，而是变化发展的，它有如同生物体一般的繁殖衍生的过程，主要表现为意义的增长、意义的延伸和意义的变异。意义的增长是随着学习者对英语语言符号对象的理解愈发深入，其语言知识的符号意义将会随之丰富并形成意义量的增长，譬如一个英语语言符号的意义由一个含义项增加到多个含义项；意义的延伸是指语言符号意义在增长中出现了延伸，修辞上称为引申义、言外之意；意义的变异是指语言符号在不同的环境场合或不同的认知主体视域下具有多种不同的意义，而这些不同意义与原意之间并无关联性。英语学习者的经验意义意味着英语语言知识的意义隐藏在英语学习者的生活世界之中，当英语语言知识与学习者相遇时，学习者自己的生活世界本身的意义是完整的，因此大学英语教育必须进入学习者的生活世界，才能洞悉其生活世界意义的结构。

在英语语言知识的内在结构中，符号表征是英语语言知识的存在形式，如果英语语言知识是一座冰山，那么符号表征就是展示在海平面之上的四分之一部分，它以有形有声的状态外显于世，是英语学习者进行深度学习和文化理解的基础；逻辑形式则包含了目的语文化构成的逻辑以及英语母语使用者的逻辑思维形式；意义系统则是英语语言知识的核心，它与逻辑形式一起隐藏在海平面之下，是英语语言冰山中最容易被人忽略的四分之三部分，却是促进学习者思想、精神和能力发展的终极力量。

（2）大学英语中语言知识的功能

从对语言知识的文化性分析中我们不难发现，一门语言是构成民族文化的符号系统，可以体现民族的文化模型，英语语言亦是如此。英语语言形式、英语语言结构、英语语言使用和英语语言变迁暗藏着丰富的西方世界文化内蕴。研究文化语言的学派认为文化世界就是语言世界，语言和文化彼此互相塑造、相互作用。因此，在大学英语教育中所说的英语语言知识本身就具有文化符号功能。

英语作为盎克鲁-撒克逊民族的语言图腾，自然是其民族文化的符号指南（symbolic guide to culture），对解读西方民族文化有着意想不到的启发——对于西方民族文化而言，英语语言以符号体系传承并建构西方民族的各种细微思想，这种彼此间相依为命的依存关系使得英语的发生、扩散、流传无论在时间上还是空间上都与其相对应的文化的发生、扩散和流传保持一致，可以说英语语言的兴起或式微也意味着其文化的兴盛或消亡，因此，学习英语就意味着要习得一种文化。

既然学习英语意味着学习文化，那如何在英语学习的过程中开展文化学习则成了新的命题。文化本是一个复杂性整体，它由许多要素整合而成，而能体现这些要素内核并对该领域文化产生关键建构作用的是一些特殊的词语——它们概括了该文化领域内的思想、认识、意义和价值观，这些特殊的词语被统称为文化符号。西方经济社会中的“capitalism”（资本主义）、“financial oligarchy”（金融寡头），英国封建政治伦理中的“constitutional monarchy”（君主立宪制）、“royal household”（皇室），体现西方婚嫁习俗和谱系关系的称谓词“father-in-law”“cousin”“sister-in-law”等，这些文化符号体现了符号化的西方民族智慧，并在对相应的文化观念、文化心理和文化活动的制约与规范中构筑了一个事实和价值并存、时间和空间交织、实践与创造偕行、历史与未来通约的意义世界。

恰似哲学家莱布尼茨所言，人类先学会符号，再形成观念，最后才会触及真理本身。语言包含着大量的文化符号，且在代代相传中人类继承和保护着这些文化符号，人类在学习语言时就在思想观念和自觉行为间一代又一代地传承着文化的指令。这也恰好解释了人们心中自有其文化传统的观念，仿佛这种源远流长的观念自开天辟地以来便是如此。人们认为“天不变，道亦不变”，却从未思考过这种文化代代相传的原因和方式。然而学习另一种语言时，人们会惊讶地发现世界上还有另一套代表着某些文化观念、文化价值、文化准则和文化习俗的文化符号，它们与自己世代相传、自幼习得的文化并不完全相同，甚至大相径庭——这种情况是每一个二语习得的学习者必然会面对的，其原因就在于语言的文化符号功能。

对于中国大学生而言，大学英语的学习就是一个在二语习得过程中慢慢理解其文化的过程，除了英语词汇具有文化符号功能之外，英语语言知识学习中对英语句子的分析也能解构出其民族文化特性。比如，作为思维客体化产物的英语语言用明显的形态标记和严密的句法规则来以形摄神，而汉民族思维偏重整体性和辩证法，与之相应的汉语句子则以神统形，呈现非形态性和灵活性。

因此，大学英语中的英语语言知识绝非一个静止的结构系统，而更偏向于一种永不停顿的创造性运动，它是具有文化符号功能的人类心智活动的成果，是英语语言使用者精神力量的流射。

（3）大学英语中语言知识的性质

当我们提到解释性，往往会想起科学分为描述性科学和解释性科学。描述性科学回答“是什么”和“怎么样”等问题，通过分类、构成等提供客观对象的具象化情态；而解释性科学则回答“为什么”的问题，解答的是客观对象相关各方面的因果关系。在对英语语言知识的分析研究中，传统的结构主义语言学认为英语语言知识是描述性的，而文化语言学家和社会语言学家则认为英语语言知识具有解释性。

英语语言知识的解释性主要体现在语义的阐释性。在对英语语言知识进行的研究中，语义学的重要性毋庸置疑，而语义学和解释学则呈现出一番重要的巧合——它们都以人们阐述自己思想的语言形式为出发点，以语言表述出了人们同世界的全部关系。早在古希腊最早探究解释学问题的《解释篇》中，亚里士多德就一针见血地指出，口语是内心经验的符号，文字是口语的符号①。可见语言就是其使用者表达内心体验的有声工具，是言说者的内心写照，反过来语言本身也是听者或读者施以诠释的对象。无论是在言谈倾听中还是文本阅读里，言语者的主观意识需要通过语言的诠释而得以彰显，语言与事物之间的关系亦需要通过语言的解释而得以澄明。按照施莱尔马赫的观点，语言通过修辞来保证其表达，通过解释来保证其理解。解释不可能从零信息开始，需要在一定数量的英语语言信息的基础上通过解码而达成，而解码的本质就是阐释意义，即从信息码中获取意义。

三、文化理解的本质属性

既然英语语言知识仿若冰山，那么能够通过认识论假设来认知的部分只有浮在海平面之上的英语语言形式知识，而潜藏于海平面之下巨大的板块——那些不受语言认知结构原则支配的、被人们统称为文化的民族精神的流射，只能依靠理解才能抵达。

（一）文化理解的本质

1. 文化的内涵

谈到文化理解，就必然涉及文化的界定问题，虽然学界对文化内涵的定义各有说法且并未达成共识，但它是本研究不可或缺的逻辑前提。

文化含义丰富，仅 1871 年至 1951 年间对文化的定义就多达 164 种，时至今日，文化的定义已逾 300 余种，其复杂多样性让很多人对界定文化的质的规定性失去了信心。文化的外延总随着世界的变化而无休止地扩展，最终大而无当。正如苏联的某些学者在感叹文化概念之广时所言，人类不仅从宗教、哲学、艺术等视域研究文化的概念，还从一切角度乘隙而入研究人类、自然世界和生活世界等相近概念。尽管文化概念的界定让人颇费心思，但研究者们却乐此不疲，只因概念是科学研究的必要条件，只

---

① 苗力田. 亚里士多德全集：第一卷［M］. 中国人民大学出版社，1990.

有确定了文化的内涵才能确定其分支学科的研究范围和系列概念。

虽然关于文化的研究纷繁复杂，从各自哲学土壤中衍生出的界说也各不相同，但无论是文化功能学派、文化进化学派还是文化基本人格学派都揭示出了文化的某些共性特征：第一，文化为人类所特有，是人类区别于动物的特有现象；第二，文化由人类在后天环境和一定社会形态下学习和创造而来；第三，文化由一定社会群体共有，只有被群体接受的思想或观念等才能被称为文化；第四，文化是非混沌的复杂整合体，囊括了宗教、风俗、艺术、伦理等社会要素。基于文化的共性特征，我们可以推导出文化的广义含义，即人类后天对生活环境加工改造所获得的并被社会群体共同认可的，包括物质、制度和精神在内的一切事物。

2. 文化理解的基础

文化理解的本质在于理解，它反映了人类的意识活动，也包含着人类区别于动物的存在方式。在漫长的历史长河里，从认识论到价值论、从价值论到审美论，人类试图以各个层面的意识为对象来把握理解活动。认识论亦被称为近代理解论，由洛克等人提出并最早形成理论体系，其显著特点在于对科学的推崇和仿效。认识论的精髓在于科学主义，其认为理解的范式就是科学认知，理解的原则在于科学方法，理解的目的在于科学真理，因此认识论也被称为科学理解论。现当代许多哲学家反对把理解囿于主客体二元对立关系之中，反对以把握客体现象和本质为理解的目的。人类真正的理解应该从人的角度出发，是发生在主体之间、包括了审美和价值追求的意识活动——这种以人文主义为精神，以追求主体性为目的的理解论被称为人文理解论。不难看出，科学理解论与人文理解论针锋相对，在各自对客体性或主体性的片面追逐中走向对立和分化。

实际上，片面追求客体性或盲目追逐主体性，都无法完整把握理解这一意识活动，因为理解既存在于主体对客体的认识中，也存在于主体之间，是一种需要超越科学理解论或人文理解论的总体性意识活动。人类的理解活动起源于日常理解而升华于人文觉醒，因此，在生产实践与交往实践彼此紧密联系的当下，只有把一切理解都放到实践中才能完成对科学理解论和人文理解论困境的超越。这样的理解论被称为实践理解论，其基础在于实践论，要把事物、现实、感性等当作实践去理解，把主体与客体、事物与现实、精神与物质都当作实践去理解，其中显然也包括文化，因此，文化理解亦是如此，要把文化当作实践去理解、用实践性原则去理解——这也正是文化理解的基础。

把文化当作实践去理解意味着把人类的文化活动当作实践去理解。在实践论看来，由实践展开的现实世界是精神和物质的统一，而文化也包括了物质、制度和精神，可以说实践论世界观内在地包含了把文化活动当作实践去理解。用实践性原则去理解意味着文化理解还应该遵循批判性原则和普遍联系原则，因此文化理解需要坚持对现存文化现象、文化事物、文化精神进行批判，还需要在文化理解活动中通过揭示语言、符号、视域等表层现象之间的联系解读走向关于体验、信仰、理念和意义等的深层理解。

3. 文化理解的基本方式与结构

胡塞尔和海德格尔等人曾明确提出文化理解来源于日常理解，那么依照实践理解论的原则，要探寻文化理解的方式和结构就必须深入日常理解的实践基础，即人类日常生活之中。在有限的时空条件下，人类的日常理解是非规范性的，它的复杂多变和无序性体现了人性的不同方面以及不同的观照对象。随着人们对日常理解认识的不断提升，日常理解在形式上不断分化，在经历取舍与提炼后进入了文化形式的层面——这种有特定对象、特定目的和特定规范的理解完成了日常理解的主体化。日常理解主体化后升入文化形式的层面，日常性丧失而专门性获得，因此在日常现实生活中难以把握的复杂多样的文化理解就可以用真、善、美这三个基本主题来概括，也据此形成了认知（科学理解）、评价（价值理解）和审美（审美理解）三种面向文化理解的基本方式。

既然文化理解的基本方式被确定为科学理解、价值理解和审美理解，那么把握了这三种基本方式的构成和特点就能明确文化理解的结构。众所周知，无论哪一种人类的理解活动的基本关系都是主客体关系与主体之间关系的统一，文化理解亦是如此：文化理解生发于运作于人群的日常理解，包含主体间关系；文化理解有特定的目的和对象，包含主体与客体以及主客体间关系。认知、评价和审美三种基本方式都包含了主体与客体、主体间关系和主客体间关系，且上述结构既是显性的又是隐性的，即在不同场域下呈现或显性或隐性的特征，正如克莱德·克鲁克洪在《文化与个人》中对文化的概念进行的阐述，文化是历史上所创造的生存式样的系统，既包含显型式样又包含隐型式样；它具有为整个群体共享的倾向，或是在一定时期中为群体的特定部分所共享①。

① 克莱德·克鲁克洪等. 文化与个人［M］. 浙江人民出版社，1986.

（二）文化理解的意义

1. 解决多元主体对文化理解的差异性

克莱德·克鲁克洪把文化定义为历史上所创造的生存的式样系统，历史长河浩浩荡荡，其所创造的式样系统也各不相同。在异质文化姿态各异的当下，是选择交流理解还是误解隔阂甚至冲突对撞，成了世界面临的共同问题。

随着自然的更迭、历史的发展，人的机体为了生存也必须在最低限度上随着周遭环境而做出一定的调节，因此文化历史地凝聚于人类对生活环境进行的物质、制度和精神层面的改造过程之中。显然，这个历史过程充满了选择——人类基于天性和周遭环境而做出的各种选择——它们将文化带向了不同的方向。从某种程度上说，任何文化形态都由历史的偶然事件耦合而成，这些耦合成文化形态的事件既可能来源于民族内部的偶发事件也可能产生于与异域民族的交流和接触之中。文化形成的过程告诉我们两个公认的文化理论：第一，不同环境和历史境况下的主体遵从不同的文化模式，这是习俗相袭也是社会生活分工的必然结果。第二，文化是动态的、多变的。文化的内涵伴随着人类的发展而愈发纷繁复杂，这也源于不同文化之间相互的流动和互相的摄取。仅看中华文化的历史，从车同轨、书同文到儒释道的整合，从跋涉西域到天竺取经，从维新变法到共和革命，从马列主义到毛泽东思想，从改革开放到贸易战争，无一不折射出文化间的流动和交往、冲突和碰撞。这些多元主体对文化的不同理解导致了文化在主体间的流淌，在信息技术的加持下，世界上每一种文化都得以快速、广泛地与异质文化相接触。可以说，任何一个人类群体都在面对着姿态各异的异质文化，于是人们开始谈论文化理解与文化融合。

然而，人类精神的脚步远远跟不上科技的步伐，虽然物理世界一派繁华，人与人之间的身体距离因高科技被无限拉近，但身近心远，甚至出现了愈发尖锐复杂的碰撞。科学技术的飞速发展，使人们误以为在物理世界研究中适应性良好的科学方法也能完整地应用于精神世界的探究，人们习惯于把周围的在者——其他文化主体的人——都当作与“我”分离的对象、与“我”对立的客体，这种与他者的不相容性体现在多元主体对文化活动理解的差异上。要顺利地达致理解，首先人类要在社会普遍而永恒的差异性中承认多类性并进行坦率的交流，分享彼此的思想和观点，在“我”与“你”的相遇中流连于唯一性和包容性之间，并在动态的交往中认同、反抗、超越，最终造就新的精神、道德与艺术，成就新的文化符号。

2. 确立平等和实践的世界观

正如罗马剧作家特伦斯所说，人多智多，每个人都有自己的方式，多元主体理解下的文化必然导致文化价值观念的碰撞，那么碰撞之后将走向何方？文化理解的目的是对抗还是融合，是统一还是多元？这些问题早在20世纪90年代就由联合国教科文组织在一篇名为《学会生存：教育世界的今天和明天》的报告中给出了答案：未来的人类不仅要具有人类技巧和人类智慧，还必须拥抱人类和谐①。人类和谐的起点就在于尽管文化为我们提供了一个共同的参照系，但我们并不是文化的俘虏，相反，我们是具有理性和选择潜能的思考个体。

正因为人类有学习能力，所以能不断地发展跨文化所必需的哲学观点，并将它们应用到异质文化的人的交往过程中，适当地修改我们的认知、思维和交际行为，恰如温伯格所说，重视离散的人群，而不考虑种族、宗教、国籍、性别。这样的观念也与21世纪的教育观不谋而合，《教育：财富蕴藏其中》提出期待能设计出一种能使人们通过扩大对其他人及其文化和精神价值的认识，来避免冲突或以和平方式解决冲突的教育②。

要实现这样的教育，关键在确立平等和实践的世界观。Hoebel 和 Frost 认为，世界观是人类对事物如何根据个人的文化先入观进行着色、塑造和安排的内在看法。世界观通过影响人类感知的方方面面来影响人们的信念、价值体系以及思维方式，世界观无处不在，人们都会选择符合其思维和偏好的方式。因此，要在文化差异性中消弭冲突、求同存异，答案无可避免地走向平等和实践的世界观的确立。平等是人在实践领域中对自身的意识，也就是人意识到别人是和自己平等的人，把别人当作和自己平等的人对待。平等是指一切人类文化群体在人格本质上无高下、尊卑之别，这是文化多样性的基础，也是异文化间和平共存的基石。实践的世界观认为，在现实世界里主体与客体、物质与精神、人与自然、人与人相互作用，在这个过程中包括文化碰撞与冲突在内的一切矛盾，都在人类文化活动实践的过程中不断产生并不断解决。

---

① 联合国教科文组织国际教育发展委员会. 学会生存：教育世界的今天和明天[M]. 教育科学出版社，1996.

② 联合国教科文组织. 教育：财富蕴藏其中[M]. 教育科学出版社，2014.

第二章　大学英语学习中文化理解的价值分析

能被理解的存在就是语言。

——伽达默尔

英语是西方文化的重要组成部分，它是西方民族文化系统的典型形式，想学好英语必然要理解其蕴藏的西方文化。大学阶段的英语学习不再是在英语语言形式上对符号表征的浅层学习，而是在探究英语语言的逻辑形式和意义系统中对文化思维方式、文化价值观、文化审美方式的深度学习。

一、文化理解在文化相遇中的价值凸显

随着近几十年全球化进程的推进，世界各国家、地区之间交往日益频繁，各种不同类型文化在不断地接触、冲突、调适和反馈。人类语言和文化的研究也随之由对少数国家和民族的定向研究转向多元、多向的研究。

（一）多元文化的来源

事实上月球是一个围绕地球运行的岩石状物理球体，然而每个人描述月亮时却常常各不相同：美国人通常会说月亮上住着一个人；印第安人认为月亮上有一只兔子；中国人会说月亮上有位叫嫦娥的仙女；而萨摩耶人则相信月亮里有一位织布的妇女。无独有偶，对美国人来说，用两只手指比出“V”的手势通常代表胜利，而澳大利亚人却认为这是粗鲁的手势；大多数亚洲人看到白色的花朵通常会联想到死亡，而对秘鲁人、伊朗人和墨西哥人来说，黄色的花朵代表着死亡。从上述的例子当中，我们不难看出同样的外部客体（如月亮、手势、花朵等）所代表的含义截然不同，人们对它们的反应也各不相同。其原因在于人们的不同理解赋予了外在世界不同的含义。正如德国小说家赫尔曼·黑塞所说，除了我们内心的现实，没有其他的现实。我们的内心现实包括符号、事物、人、想法、意识形

态，甚至信仰。

1. 来源于感知

世界上所有的人都用着同一套机制感受物理世界，眼睛、耳朵、鼻子等感知周围的环境，并将接收到的感觉通过神经系统传达给大脑，在那里它们被解释并按照两个阶段的顺序来赋予意义：第一个阶段是识别（identification），主要是声光电的识别，比如通过声音或光线识别音乐或者汽车。第二个阶段是对已识别的物体进行解读（interpretation）或者评价（evaluation），这一阶段的特殊性在于解读或评价的结果因人而异，因为结论受到每个人不同经历的影响。这一事实也使得人与人之间的沟通变得愈发困难，即使两个人有着相似的背景也依旧难逃理解的困境。正如我们经常所说的，文化为我们提供了一个个体，它极大地影响了我们如何解读和评估由大脑感知的外部世界。

我们吃牛肉、猪肉、狗肉或者蛇肉时，会高兴还是不高兴，就取决于文化对我们关于食物的教导。有人看到公牛被利剑或者长矛刺杀时会感到厌恶，有人却将其看作一项富有诗意的运动，而这往往取决于文化——通过让一大群人接触类似的经历（如事物或者运动），文化会产生相似的含义或者行为。一项经典的研究说明了这个道理：白人母亲倾向于将孩子话语和行为中反映出自信、兴奋的那方面解读为积极信号，但观察到孩子有同样言语或行为的纳瓦霍母亲却声称自己的孩子淘气、以自我为中心且缺乏纪律。

这样的例子还有很多，比如个人信誉就是另一种受文化影响的感知特性。值得信赖的人会激发他人的信任感，他们知道自己在说些什么，也善于表达良好的意图。在美国人看来，尽可能公开而有力地表达自己的观点是一种令人钦佩的品质，因此如果一个人口齿伶俐、直言不讳，他在美国人心中可信度就高。对日本人来说却恰恰相反，他们认为一个安静且愿意花时间倾听而不是说话的人更加值得信赖，因为他们认为夸夸其谈是肤浅的表现。在美国人看来，可信的人似乎都直接、果断、自信，而日本人认为可信的人含蓄、谨慎、谦逊。

2. 来源于信仰

信仰体系对于多元文化研究具有重要意义，因为信仰体系是人类思想和行为的核心。它们是人类对真理或某事的信念，告诉了人类世界是如何运转的。正如西班牙诗人安东尼奥·马查多提醒我们的那样，在我们思考的一切之下，生活着我们所相信的一切，就像透过我们精神的终极面纱。

信仰体系恰到好处地说明了文化的解释性和多样性。有的人会接受

《纽约时报》或哥伦比亚公司《晚间新闻》，并把它们当作真理或者可以信赖的资讯来源，因为这些人尊重它们；有的人高度重视伊斯兰传统，他们相信《古兰经》是知识的可靠来源，从而相信它所提出的承诺……我们必须认识到，不同的文化有着不同的现实和信仰体系。来自朝鲜、古巴的人可能认为，商业和生产资料应该属于国家集体，而美国或加拿大的人则认为生产资料应该属于个人独资或合伙人企业；在基督教占主导的地区长大的人通常认为，只有通过基督才能实现救赎，而信仰其他宗教的人却不同意这样的说法，他们有自己的信仰，对救赎或者灵魂的归处则各执己见。信仰的迷人之处也在于此，它是文化的重要组成部分，是多元文化的来源之一。

信仰在多元文化中是一个很有影响力的因素，因为它不仅能影响人的意识和潜意识，还能影响人类彼此间的交流方式。人类的信仰也源于人类在各自的文化中成长，人在年幼时不会质疑自己所处的家庭、教堂、学校等社会机构，会自由地接受这些机构所教授的真理并据此在社会中生活。因为在大多数文化中，在如何着装、如何与长辈交谈、如何吃饭、如何谋生以及什么是恰当的社会结构等问题上人们存在共识，因此，人在成长过程中会坚定地相信这些。换句话说，当人在成长时，文化现实会让人相信当下所提倡的是真实且有价值的。

3. 来源于价值观

信仰体系最仰仗的功能之一就在于它是价值观的基础。从形式上来说，一种价值观会被定义为持久的信仰，即某种特定的模式、行为或存在的最终状态在个人或者社会看来更加可取，即罗基奇描述的经过学习和重组后的一套做出选择和解决冲突的规则，这些规则都是规范性的，它们告诉人们什么是有用的、好的、对的、错的，告诉人们应该追求什么、如何生活，甚至会告诉人们应该为什么而死。正如阿尔伯特所说，一个价值体系代表着人们所期待的、所希望的、所要求的和所禁止的。

虽然我们每个人都有一套独特的个人价值观，但是也有一些价值观会渗透文化，最终被称为文化价值观。正如前文所述，文化价值观通过家庭、媒体、学校、教会等广泛、稳定而持久地传播，它和文化信仰一样，指导着人们的认知和交流。也就是说，人们的价值感被转化为行为，对文化价值的理解有助于欣赏他人的行为。例如，如果我们知道日本人看重细节和礼貌，我们也许就会像日本人一样，仔细查看对方递来的名片，而不是立即把名片放到外套口袋或者钱包中。

一个人的认知结构由许多的价值观组成，这些价值观按照高度组织化的等级顺序排列。罗基奇认为，这些价值观伴随相对重要的统一体存在，并明确指出什么是值得牺牲生命的。

4. 来源于文化模式

人类感知世界的方式不仅仅取决于信仰和价值观。文化是极其复杂的，它由信仰和价值观背后无数相互关联的文化取向组成，其中包括态度观念、规范意识和物质欲望等方面。文化模式是一个有用的概括性术语，它使我们能够共同地而不是分别地来谈论这些取向，它既指有助于人们感知和思考世界的方式与条件，也指他们在那个世界中生活的方式。

文化模式在多元主体交际中常常遭遇一个容易被忽视的缺陷，即文化的价值不一定是该文化中所有个体的全部。人类如何看待这个世界，以及如何在这个世界中交流，都受到不同因素的影响，如年龄、性别、地位、职业、群体和共同文化背景等。有研究显示，尽管美国人有许多共同的价值观、信仰和沟通方式，但地区差异会影响人们的看法和沟通。然而，尽管我们承认人类行为的复杂性，但我们也绝对有理由相信文化对多元主体间的交流有很大影响。在研究文化时，我们不难发现每一种文化都有数以百计的模式，而随着文化的变化，文化模式也在不断变迁更迭，这是由文化的动态性决定的。

（二）相遇的历史事实

多元文化间的相遇和交流并不是一个新鲜的话题，自古以来，流浪的游牧民、虔诚的传教士和骁勇的战士们都和与自己不同的人相遇过，这些相遇经常使人困惑，甚至还会产生敌意。在古代，对外来文化的认识缺乏相应的文化知识，常常会导致人们倾向于对这些差异做出带有恶意的反应。希腊剧作家埃斯库罗斯就曾持有这样的观点，他认为每个人都急于指责外星人。时至今日，现代文明改造后的社会中依然不乏这样的观点。

尽管这样的观念一直存在，但今天跨文化间的交流已经与以前的相遇大不相同，它们已然更加丰富，也因为世界的相互联系而变得愈发重要。我们现在可以登上飞机或高铁在较短时间内到达世界上的任何地方，全球经济一体化的现实也让相遇这一事实比历史上任何一个时期都更司空见惯。此外，信息时代的出现也让人类有机会扩展自己的知识，这样的条件下对文化差异的认识也就不会太过敌对。想想美国和俄罗斯的宇航员，几十年前还是太空竞赛中的宿敌，如今已经参与联合太空项目——这样的例子也许有些讽刺和幽默，但确实反映了一种新的世界秩序。总的来说，这样的新秩序的出现主要是新技术和信息系统的出现、世界人口的变化和世界经济中心的变化三个原因造成的。

首先，新技术通过促进交通系统和通信系统的发展加速了跨文化的接触。现在世界上每个国家的人们都把远程旅行当作一种体验其他文化的方式。事实上，度假的游客并不是唯一享受交通系统技术进步带来的流动性增加的人，企业高管和政府官员亦是如此，他们如今可以在同一天参加在旧金山举行的早餐会议和在巴黎举行的晚宴。这样带来的一个结果是，人们有时候会遇到一些奇怪甚至神秘的文化。

如今文化差异的来源已经远远超出了餐具、传统服装等，人们被暴露在不同的文化特质中，如对时间和空间的感知、做生意的方式和手段、对妇女老人的态度、对真理的发现等。在过去的几十年间，不断更新的信息技术也同样促进了文化的交流，从通信卫星到电视传输设备，从互联网的兴起到 5G 技术的应用，先进的传输设备和数字交换网络使得全世界的人们能够同时分享信息和思想。

其次，世界人口的迅速增长是推动世界跨文化交流的第二个因素。联合国秘书处在 2019 年的报告中指出，尽管许多发达国家正在人口增速放缓中进入老龄化阶段，但世界总人口仍然持续增长，预计将在 10 年间新增 8 亿人口，30 年间共计新增 33 亿人口。新的人口预测表明，从现在到 2050 年，人口数量增长的一半将集中在 9 个国家，且不发达地区人口增长较多。在撒哈拉以南的非洲，预计到 2050 年，人口将增加近一倍。一位负责经济和社会事务的联合国前副秘书长在一份声明中指出，人口增长最快的地方大部分都在贫穷国家，因此，人口增长给消除贫困、促进两性平等、改善医疗保健和提升教育质量带来了额外的挑战。这也正如历史学家林登所指出的，随着全球人口以每年近 1 亿的速度增长，更严峻的极限正在显现，冲突和混乱的可能性也在上升。随着世界人口尤其是贫困地区人口的增加，在全球紧张局势和冲突中保持独立变得更加困难，因为任何地方的敌意都可能变成所有地方的敌意。如何使世界变得更安全、更理智、更和谐，如何跨越这些界限、避免这些冲突和混乱是跨文化理解与交流的重要议题。

最后，世界经济中心的变化是推动世界跨文化交流的另一个影响因素。当我们探究近年来全球发展问题，不难发现虽然发展问题纷繁复杂、牵涉甚广，但绝大多数研究者都会将经济意义上的发展放在核心位置。经济合作与发展组织（OECD）发布的报告指出，在过去的 20 年里，全球经济经历了结构性的变化，经济中心由 OECD 国家转向各种新兴经济体，全球经济重心也正在加速东移。新兴大国正在重塑全球宏观经济环境，发展中国家参与全球经济治理的意识逐渐增强，而伴随新兴大国在全球的互动与参与中越来越多地表达自身立场的关注和诉求，以美国为首的发达国家不得不面对多极化的世界新格局①。

具体来说，新形势下守成大国一味固守把持主导地位的代价日益提高，因为随着新兴大国的崛起，对立、冲突的成本可能大到难以承受。事实上，发达国家与发展中国家在可持续发展等经济合作领域中都存在理念和主张的分歧，这也折射出双方对议题结构的不同理解。对发展中国家尤其是中国这样的新兴大国而言，世界经济舞台中心的变化昭示着前所未有的机遇，与之对应的是发展中国家参与全球治理的意识和主张。但与此同时，理念变迁的另一面是持久的竞争甚至冲突，表现为体量的起伏消长、政策的改弦更张、主导规范的更迭②。

（三）文化理解方案的胜出

虽然在现实中，往往一种文化的成员对另一种文化的成员有微妙的敌意或者矛盾的情绪，但这种消极的行为显然违背了全球化的理想，也削弱了广大为此付出努力者的行为。无论是中国人与美国人洽谈一个重大项目、日本人与德国人讨论成立合资企业，还是中国人去非洲参与基础工程建设，或者是印度籍高管为一个新职位面试来自不同文化背景的求职者，我们都会遇到与自己背景不同的人。然而，语言、食物、穿着、对时间的态度、工作习惯、社会行为等方面的差异会导致我们的许多接触令人沮丧甚至失败。当这样的冲突不断上演，我们不难发现人类之间巨大分歧和冲突的根源在于文化：不同的人们对神明与人类的关系、个人和群体的关系、公民与国家的关系、父子关系、夫妻关系，以及相对重要的权利与责任、自由与权威、平等与等级的关系都有着不同的看法——这也正是文化的深层结构所在。

因此，为了更好地理解某一种文化，人们需要了解它的结构。事实上，大多数误解都超出了表层的差异，因为文化的深层结构往往取决于人对于事件或者文化的回应。一个特定文化成员的文化价值观比起他们用筷子或叉子、使用陶瓷还是金属器皿重要得多。恰如彭宁顿所说，如果人们理解一种文化的世界观和宇宙学，那么在预测其他维度的行为和动机方面就可以获得合理的准确性。

---

① 杨洁篪. 新时期中国与世界的互动：写在《国际问题研究》改版之际 [J]. 国际问题研究，2011（5）：1-6.

② HALABI Y. The expansion of global governance into the third world: altruism, realism, or constructivism? [J]. International studies review, 2010, 6 (1): 21-48.

既然多元文化相遇的事实已经在世界范围内进行并与每个国家的发展息息相关，那么对异文化的理解毋庸置疑地成为富有现实意义的紧迫问题，也是当今教育应当作答的问题。作为面对教育中的文化差异而产生的概念，教育中的文化理解是建立在下列共识基础之上的：第一，以教育中存在的文化多样性为起点，依照学习者自身的文化背景和文化特征开展教育；第二，文化理解是一种以学习者为中心的教育活动，它体现在整个教育中的各个环节和阶段中，具有过程性；第三，倡导尊重世界文化的多样性与差异性，提倡母语文化和异文化的有机统一。简言之，文化理解既关注人类彼此的相同之处，也对彼此的差异保持着同样的关切。

二、大学英语学习中文化理解的必要性

各个民族的语言及文化的独特样态呈现在世界语言、文化之林中，伴随着人类社会而生的语言被深深地打上了民族的烙印，它在缓慢而稳固的发展变化中浸透民族精神、观照民族思维、通约民族艺术、镜像民族历史。因此，在英语语言学习中进行文化理解不仅是学习者自我发展的需要，也是在中西方文化激烈碰撞的新的历史时期探寻与异文化相处之道的时代需求。

（一）内在因素——学习者自我发展对文化理解的需求

文化存在于个体之中，每一种文化中的每一个成员都像是万花筒里的一个微小的图案，这些图案折射出文化中共同的彩色光芒，通过这样的光芒，学习者在语言学习中可以识别出相似之处，也毫无疑问地能辨别出不同之处。绝大多数的文化理解与学习依赖自我意识，因此在英语学习中我们往往会发现许多要求学习者反思自身的语言和文化学习经验的语言作业，如时间轴、家族树或关键事件等，而这些作业都会伴随学习者的小组讨论。通过对这些内容的阅读、反思、写作和交谈，学习者将会把自己的存在作为文化起源的一部分。

学习者自我发展对文化理解的需要首先在于对身份（identity）的需求。文化的个体成员有自己独特的身份，一部分来源于他们独有的特征、经验和观点，另一部分来源于他们在特定群体和社区中的成员身份。在英语语言的学习中，学生需要先意识到自己的身份才能够走出自己的文化去探索另一种看待世界的方式。令人惋惜的是，大多数学生没有意识到自身文化的重要性，他们常常把自己的文化抛诸脑后，直到远离本土去了其他国家才慢慢意识到自身文化。

Friederike Weiss 是一位来自德国的英语教师，她就这样描述过自己在

英语国家学习的经历："直到我来到美国我才发现自己是个'德国人'，然而就算如此我也并没有去发掘和探索自己的德国特质，直到我在蒙大拿大学密苏拉分校上了一门文化课。在这门课上，与其他国际学生和美国学生的对话和讨论使我意识到，我不能仅仅吸收来自英语的新文化，还需要看看我是谁以及我的德国性（Germanness）是如何塑造和定义自我的。"Friederike Weiss 的例子中提到的"德国性"，英文是"Germanness"，我们可以在自己的民族文化或起源文化之后加上"-ness"来描述自己的文化身份——这也被称为文化身份（cultural identity）。当一个人进入其他文化并学习其他语言时，对身份或文化身份的需求会增长。他们整合新的思维方式、行为方式和互动方式以及整合的程度都会影响语言的学习以及文化的认同。

寻求文化身份是因为人类对认识自我的需要，这是人类对思想的最高追求、是人类思想的高地。卡西尔在《人论》中认为，自意识萌发之初，人类就发现一种对生活的内向观察伴随着并补充着那种外向观察。人类文化越往后发展，这种内向观察就变得越加显著。人的天生的好奇心慢慢地开始改变了它的方向，我们几乎可以在人的文化生活的一切形式中看到这种过程①。令人赞叹的是，人类不仅有卡西尔所说的好奇心，还拥有创造精神和顽强意志；不仅有理性的思维，还有生动的实践；不仅试图占有自然，还尝试拥抱自我，也正是在这个流动着的发展过程中，人类改造了自然环境、创造了灿烂文化、生成了新的自我。显然，人类的文化与人类自身的历史发展密切相关。文化按其定义是由人自己自由的首创精神所创造的，在创造文化的过程中，人创造了自己②。

人类生活的历史一去不回返，只凝结在人类创造出的灿烂文化中，因此当学习者以理性的目光审视自己的现在和过去时必须进行文化理解，而人类生活的真正价值就存在于这种审视中③。学习者就是这样在文化理解中不断从历史深处走来，又向未来走去；在文化理解中不断审视人类的价值和人类的现实；在文化理解中切实面对实践的生活世界并孜孜不倦地进行认识和创造。归根结底，对于学习者而言，文化理解探求的并非客观的形式知识，而在于"我"之存在的意义，质言之，自我理解是文化理解的目的，人类的生活与实践是文化理解的坐标。

---

① 恩斯特·卡西尔．人论：人类文化哲学导引［M］．上海译文出版社，2013．

② M．兰德曼．哲学人类学［M］．贵州人民出版社，2006．

③ 恩斯特·卡西尔．人论：人类文化哲学导引［M］．上海译文出版社，2013．

（二）外在因素——新时期对文化理解的需求

新千年以来，包括各国政府、主要国际组织等在内的诸多国际行为体就全球发展问题频繁磋商、争论，作为世界上最大的发展中国家，中国应该如何在新时期参与、影响乃至塑造发展议程，已是不容回避的问题。中国参与、影响乃至推进世界发展议程的方式将深刻影响自身硬实力与软实力的消长变动，就软实力而言，根据约瑟夫·奈的看法，其主要来源是文化、政治价值观和外交政策。因此，在全球经济依存度不断增长的新时期，世界贸易、跨国交流、能源危机等的影响无远弗届地投射到相关行为体，在不同程度上左右着其行为与决策。

正如联合国前秘书长潘基文所言，新时期的经济依存性渐强，科学技术飞速发展，地缘政治也发生着巨大改变。如何有效应对时代的威胁和挑战？如何实现人人共享的发展与安全？唯有世界各国开始全方位的广泛、深入、持续的合作才能找到答案。显然，能推进符合各国发展利益、满足各国人民安全与发展需求的全方面合作需要文化理解。

进入新时期后的中国以更积极的姿态参与国际议程，这种外交姿态转变的根源，在珍妮·克莱格看来是为了塑造有利于自身发展的和平环境。国内完整工业链的建立、经济多年的持续增长和成功的经验让中国不仅有意愿，更有能力在多边关系中施加影响。当今世界正经历百年未有之大变局，中国作为具有与西方各国不同历史文化、不同社会制度、不同发展阶段的新兴大国，正进入新一轮与传统西方国家相互发现、彼此认知和摩擦调和中，从而寻求新时代彼此相处之道。在全球性的对话中，各行为体在不同领域内有着彼此各异的利益及观念，如何在关键问题上避免分歧，如何妥善表述具有重要价值的内容成为世界公认的议题。总体来看，新时期中国在世界舞台上呈现的别具一格的特征不仅要求我们在新形势下以文载道、以文传声、以文化人，向世界阐释并推介更多具有中国特色、体现中国精神、蕴藏中国智慧的优秀文化，还要求我们依托中国发展的生动实践，立足五千年中华文明，构建对外话语体系，采用贴近不同区域、不同国家、不同受众群体的精准对话方式讲好中国故事，展示真实、立体、全面的中国。

在大学英语学习中，一方面，大学生要认真研读英语语言文本的原义，并在打上了时代烙印的、充满了文本作者前见的字里行间以语言为棱镜窥探出所属地区的文化观念、文化个体、文化社群、文化产品与文化实践；另一方面，大学生要用实践的观点认识新时代背景下读者（学习者）与作者之间视域融合后形成的新理解，要认识到人类历史的延绵、生活的价值和意义都来自主体间视域的不断融合和新理解的不断产生。因此，大学英语学习者除了要基于英语语言文本中作者的前见来把握多样化的世界，还要学会跳出纯西方语言范畴的偏狭视域，以本民族文化为前见，以中华民族文化为立场开启中西方文化的对话。

三、大学英语学习中文化理解的可行性

大学英语学习作为学校教育场域下的特定活动，本就要与社会文化生活紧密结合，在将学习者本就熟悉的生活以各种形式的呈现中帮助学习者了解语言符号的意义、社会生活的意义。由于英语学习涉及与学生个人经验差异较大甚至背道而驰的西方文化，英语教师绝不能让学生在混乱的异文化冲击中放任自流，而要借英语语言学习培养学生的洞察力和理解力，让教育进入学习者的内心。

（一）文化理解与教育意义的生成

人们常基于认知意义而将学生接受教育指导与学习画上等号，这就将原本复杂的学习过程简单化为学生的认知学习，将教育窄化为提供教材化了的知识和指导课程化了的学习过程。如此视域下的课程教学重心偏向于学生认知水平的发展，教师教学的目的在于通过知性教育帮助学生丰富已有的知识结构和提高认知能力。由于知识结构的丰富程度较之认知能力的提升高度更易于检测，因此只注重知识结构深度与广度的功利性教学比比皆是，甚至造成课程学习的繁、难、偏、重。在以英语为代表的人文类课程学习中，因过于注重单词、句型、语法等浅层符号知识，学生无法真正领会语言类人文课程所包含的丰富意义，缺乏生机和意蕴的英语学习在语言形式知识的小天地里兜兜转转，却浑然不知尚未触及学生的经验与生活，更遑论学生精神的完整性建构。可见，将学生接受教育的方式简单等同于认知学习显然难以实现学生个体全面发展的教育目标。反之，只有当教育进入学生的真实生活并关联个体经验，才能由此及彼地丰富学生的精神世界。

那么，如何让教育关联学生的精神、如何让学科教学与学生的人生经验产生真正的联系呢？答案需要从知识这一课程教学的逻辑起点中寻找，当知识进入学生的精神世界并指导学生更新生活经验和生成人生智慧时，教育才对学生的精神发展具有意义。就大学英语学科而言，仅对英语语言符号知识采取认知式学习离这一任务的达成相差甚远。一方面，学生能在以理解为基础的英语学习中理解语言材料的原意、理解语言活动的情境、

理解自我对英语语言表达出的西方民族文化心理结构和世界观的情感与态度；另一方面，英语学习也能在以理解为基础的学习过程中生发意义，如学生学习一篇英语课文，要理解整篇课文作为文本的意义，要理解课文与生活及生活经验发生何种关联，对他的生活有什么启迪，包含着怎样的感情、思想和价值。

从个体发生学的角度来看，语言是人类感知、体认和理解世界的通道，而大学英语作为负载着多种文化的语言教学，实际上是一种能让学习者透过英语语言棱镜看到不同民族中不同样式世界的文化教学。因此，学习者需要在文思焕然的传世佳作中开启对特定文化和一般文化的完整理解，在融合文本视域和个人视域的学习过程中感受人类生活的美好与善意、人类社会的意义价值、人类世界的气象万千。

（二）语言、文化与理解

美国诗人拉尔夫·沃尔多·爱默生的那句“语言是历史的档案”充分说明了语言对文化理解研究的重要性。当我们意识到我们作为人类的主要特征之一是使用语言的能力时，爱默生的话就显得更有意义了。保罗·蒂利希发现，人们用“loneliness”来表达独处时的痛苦，而用“solitude”表达独处时的快乐，这就揭示了语言的丰富性和表现力的多样性。可以说，经过数百万年的变化，人类不仅进化出了能够发出声音的解剖学结构，还发展出一整套以声音代表意义的文化系统，它们可以代表事物、感情或想法。这种进化和文化的结合导致了人类的发展并使人类能够彼此间分享各种信息。

具体来说，我们可以通过接收、存储、操作和生成符号来代表自身个性化的现实。因此，虽然我们常常由于说话和写作的司空见惯而忽视语言对行为的重大影响，但无法否认，我们通过对声音和符号的使用而赋予思想以生命，我们的一切都在我们的身体里。如果没有语言这种非凡的天赋，驻留在我们大脑中的大部分只能是电化学混合物，我们的信仰、态度、情感、价值观、世界观以及无数其他方面的自我和个性也都将被封锁在内心深处，而有了语言，我们则用之来交换思想、表达观点、寻求信息和抒发情感。雅典诗人阿里斯托芬认为，文字使心灵长上翅膀，又如亨利·沃德·比彻曾经所说的，思想是花朵，语言是开放的蓓蕾，行动成就果实。

1. 语言与文化的关联

从语言的角度来看，语言的使用与文化是不可分割的。从本质上说，语言是一组被广大群体所使用和理解的符号以及将这些符号组合在一起的规则。当我们学习另一种语言时，我们会很快发现不仅这些符号（单词）和这些符号的声音有所不同，而且这些符号和声音的使用规则，如语法、句法和语调等也各不相同。很明显，不同的语言中单词是不一样的：在英国人们居住的房子叫“house”，在西班牙叫“casa”，在泰国则被称为“ban”。英语有 28 个辅音和 20 个元音，构成 48 个音素；越南语有 34 个音位，由元音和半元音组成；菲律宾语有 16 个辅音和 10 个元音，形成 26 个音素；葡萄牙语有 21 个辅音和 13 个元音，构成 34 个基本音素。

无独有偶，在时态上，英语中动词的时态表达过去、现在和将来行为之间的对比，但在中文里同一个动词可以反映这三种行为，动作的时间是从上下文推断而出的。同样，句法，即句子的词序和结构亦因语言的不同而各不相同。这些例子表明，如果我们想要用另一种语言交流，不仅要知道该语言的符号（单词），还要知道使用这些符号的规则。因为语言不仅仅是一种让我们与他人交流的符号和规则系统，它还塑造了人们被引入物质世界和社会环境的有序过程。就像南达所说的，语言似乎对个体感知和概念化的方式有重大影响。语言及其文化的影响在一个名为“萨丕尔-沃尔夫假说”的理论表述中得到了验证，这一理论从本质上说明了语言是通向社会现实的向导。

这一理论表明，语言不仅仅是一种报告经验的手段，更重要的是，它是一种定义经验的方式。萨丕尔认为，人类并非孤独地在客观世界里生活，也并非像通常所理解的那样孤立地生活在社会中，而是在很大程度上受特定群体语言的浇筑与支配。虽然不能说语言创造了现实，但现实世界中的现实事物在很大程度上都是人类对世界加以规定的语言范畴，换言之，当人类体验的世界无意识地建立在群体的语言习惯之上，每一种语言都进入了其使用民族本身的经验结构，一个民族的现实就是他们的语言范畴。从语言对现实世界的模铸作用来看，世上不存在两种语言能代表完全相同的社会现实，不同社会所存在的世界是截然不同的世界，而不仅仅是贴上不同标签的同一个世界。

从文化的角度来看，语言在文化中无处不在，任何一个沉浸在文化中的人都能看到或听到周围的语言。在这样的环境下，语言和文化被清晰地融合在一起，彼此映射。20 世纪 90 年代的时候，语言学家试图创造新词来反映这种融合，比如 Agar ①在 1994 年、Fantini 在 1995 年相继在文章

① AGAR M. The intercultural frame [J]. International journal of intercultural relations, 1994, 18 (2): 221-237.

中使用“linguaculture ”一词，而 Byram 和 Morgan 则使用了“language-and-culture”一词，它们翻译成中文都表示语言文化的意思。语言和文化既统一又分离，语言体现了一种文化的产品、实践、观念、群体和个人。因此，为充分揭示文化，我们必须研究语言。

语言是文化的产物，它发挥着独特的作用：文化的成员创造了语言来执行他们所有的文化实践，使用语言来识别和组织他们的文化产品，并以语言在文化社群里命名底层文化观念——这一切反过来又组成文化。正如文化产品和文化实践反映语言一样，语言的词语、表达、结构、声音和文字都反映着文化，语言是文化的窗口。文化实践也需要语言，我们需要能够表达自己并与文化成员交流，我们还需要根据文化成员的期望，以正确的方式使用恰当的语言。这种正确而恰当的语言是一种包括了自我表达、沟通交流和社会互动的语言，它基于对文化的直接经验和与文化成员的互动，并涵盖了由此而来的一切复杂性。表 2-1 总结了语言与文化在文化的五个维度中的本质。

表 2-1　语言与文化

文化维度	语言与文化的本质
产品	用来描述和操纵文化产品的语言。
实践	用于参与文化实践的语言。
观念	用来确定、解释和证明文化观点的语言。
社群	用于恰当地参与特定文化群体的语言。
个人	个体用来表达其在文化中独特身份的语言。

文化产品的范围极广，从孤立的物品、手工艺品或工具到复杂的社会机构、建筑、文学和音乐，文化成员使用语言来操纵或使用这些不同的产品。在另一些看似不需要语言就能完成的产品中，语言也依旧扮演着关键的角色，比如人们可以沉默地驾驶汽车，但他们也是通过语言才学会使用这一类产品的，更何况，在谈及这些产品时，更是需要用语言来进行描述和比较。还有一点值得我们注意，语言本身就是一种文化产品，因此单词、短语和结构才会随着文化的变迁而不断增加或删减。在说和写的过程中，语言呈现有形和可感知的形式，因此我们能看到书面语言，能听到口头语言。这些有形的形式，如同任何一个文化产品一样，都可以通过语言来描述。语言学家和语法学家已经发明了一整套描述语言及语言如何工作的术语，如名词、动词、状语、字母、音素、音节、限定词、关系从句，等等。从英语教师的角度来看就更加有趣了，用这样的术语来描述语言是他们的家常便饭，他们经常使用元语言来讨论语言本身。

也许语言在文化中最明显的应用发生在文化实践中。当人们聚在一起进行文化实践时他们会交谈，因此文化的实践几乎总是需要语言，特别是参与性的语言，比如文化成员之间的活动和互动需要说和听，而在读写文化中则需要读和写。也正因如此，社会环境、参与者、话题等相关因素都会影响所使用语言的性质。语言可以是简单的，也可以非常复杂，这取决于所讨论的实践的性质。譬如结婚典礼，这种社会场景就包含了诸多使用语言的文化实践，如撰写和分发请帖、迎宾、赠送和接收礼物、参与仪式、吃饭、交谈，等等。很明显，一个人若想能够得体地参与结婚典礼这项文化实践活动，就需要学会在正确的时间以正确的方式说正确的话。

语言也反映和体现观点，我们用语言来命名并理解那些支配我们生活方式的感知、价值、态度和信仰。通过语言，我们让隐性的观点变得明确；通过语言，我们与文化成员彼此交换观点。在语言教学中更是如此，无论是单词、短语、习语或是句子，当我们在考究它们的意思时就是在揭示其背后文化所固有的价值观、态度和信仰。比如“parasite”这个词的意思是“寄生虫”，它起源于古希腊贵族家里豢养的食客，这些人专靠溜须拍马讨得主人欢心为生，古希腊语称其为“parasitos”，它由“para”（旁边）和“sitos”（食物）组成，意思是“在他人的饭桌上吃喝”。

到了 16 世纪，源自拉丁文“parasitus”的英语“parasite”一词出现，指代“借谄媚他人而获得利益的人”，18 世纪后，这个词开始渐渐被生物学用来指“寄生虫”，也被引申为“依赖他人生活的人”。此外，随着社会科学领域学科的发展，大量被文化征询和解释的词语阐明了文化观点的本质，也因此产生了不少文化术语，如文化模式、个人主义、集体主义等。当我们将语言定位于特定的社群时，我们会发现根据物理环境和社会环境的不同，语言在形式、意义和用法上也会发生变化。社群会开发独特的语言来描述和执行与他们小组及活动相关的特定文化产品与文化实践，比如他们会考虑职业生涯中会使用的专业词汇和互动语言，装修工人、驯兽师、木匠到农民、律师和程序员都有他们专门的语言来描述自己所从事的工作，并以此在工作中适应与他人的互动。

语言教学也是如此，比如商务英语、旅游英语、法律英语等英语课程的出现就是顺应了这一情况。当与文化实践相结合时，文化群体还定义了语言的使用规范。在特定群体中，角色、关系和其他的社会因素决定着谁来说、说什么以及怎么说——语言的恰当使用显得至关重要。因此，即便传达相似的意思，我们在特定的社会群体中使用的语言，其形式也不一定是我们在其他社会环境中使用的语言形式。

语言和文化一样，不仅是群体的也是个人的。我们在文化中与他人分享语言，我们也在以个体的独特方式使用语言，这是基于我们的背景、经历、所属群体、个人观点和身份而形成的。每个人都有着独特的语言表达方式，独特的音色、独特的音调、独特的发音方式、独特的口音、独特的文笔、独特的交流风格、独特的对单词和习语的偏好等。我们用自己的语言来描述、理解和回应自己的经历与自我。

综上所述，从文化本身来看，语言与文化根植于文化产品、文化实践、文化观点、文化群体和文化个人之中，它们彼此联系、互为映射。

2. 用于理解文化的语言

小孩子通常会问父母："这个词是什么意思?"这个司空见惯的问题反映了我们看待语言的方式——我们倾向于从词语本身寻找意义。但如果我们认为词语本身代表意义，那就错了，准确地说，是人拥有意义，而词语只不过是引出了这些意义。因此，在日常生活中我们常常发现同一个词有不同的意思，比如 grass 这个词，对于有的人来说是大房子门口那片绿油油需要浇水和修剪的草地，而对另一些人来说却是用纸卷起来抽的大麻。所有的人都是基于自己的背景经验来理解一个词的意思，人们只有在经历过或者能够预见到类似经历的情况下才会产生相似的意义。

如果我们接触过棒球运动，那我们才会将 rope（通常是绳索的意思）这个词理解为线驱动。如果我们了解爵士乐，我们才会在看到 ax 这个词的时候想到乐器而不是砍柴的斧头。普通人和医学生对 cancer 一词的反应也大相径庭，普通人会理解为"巨蟹座"而医学生往往想到某种恶性疾病。语言学家曾做过统计，英语中 100 个最常用的单词每一个都能产生 14 个以上的意思。然而即便如此，人类想要表达的思想、情感和事物仍然远比能用语言表达的要多。正如英国诗人丁尼生在诗中所吟唱的，人就像自然，一半显露，一半隐藏内心的灵魂。

当我们在理解的过程中把文化当作一个变量时，关于如何用语言来进行理解的问题就会更加突出了，因为文化教会我们符号以及符号所代表的意义。当我们与有相同文化背景的人交流的时候，用语言来表达自身经历的过程会容易许多，这是因为在同一个文化背景中，人们有很多相似的经历。与之相反，来自不同文化背景的人进行交流必然涉及不同的经历，理解的过程势必会变得比较复杂。物体、事件、经历或感觉都有各自的标签（label）或者是名字（name），这是因为同一群体里的人们决定用某一语言来称呼它们。如果我们把这一概念迁移到跨文化理解中，不难发现不同的文化既有不同的文化象征，也有不同的文化回应。

语言本就是学习文化的核心手段，在语言教室里更是如此，语言无处不在。课本、音频、视频、书籍、报刊或师生交流，到处都是语言的痕迹。同样，文化也存在于这些材料中，尤其是当这些材料取材于该语言文化成员的真实语言材料时更是如此。虽然文化和语言往往鱼水交融，密不可分，但在语言课堂这一特殊的社会场景中，它们也可以在某些条件下做出有益于教学的短暂分离。教学的分离有两个原因：第一，在语言学习的初级阶段，只专注于掌握语言形式确实对学习者有所助益；第二，学习者使用专门的语言来理解文化，这种专门的语言是课堂上的语言，而文化则以不同话题（topic）的形式呈现出来，因此语言是理解、分析和回应文化的手段。要实现这一目标，语言需要在教与学中完成四个功能：参与、描述、解释和回应，相应的，文化体验循环包括参与、描述、解释和回应这个四个阶段（见表 2-2）。

表 2-2　文化体验循环的四个阶段

阶段	每个阶段语言的本质
参与	参与文化体验的语言。
描述	用来描述文化体验的语言。
解释	用于认同、解释和证明文化观点，并将这些观点与个体自身文化、异文化的观点进行对比和比较的语言。
回应	个人用来表达自己关于文化体验的想法、感受、问题、决定、策略和计划的语言。

用语言来进行文化理解建立在功能语言观的基础上，也就是说，语言是以交流和表达为目的的。这种语言通过文化体验在课堂中展现出来。而文化体验则是语言学习者通过听、说、读、写和观察等方式呈现出来的文化产品、文化实践、文化观点、文化群体或文化个人。笔者将在后续表述中用文化文本（cultural text）这个术语来定义英语语言课堂中呈现的任何文化表现形式，包括阅读文章、观看视频、演唱歌曲、参与角色扮演、撰写语言日志等。

首先，在参与阶段，实践被视作一种文化文本。只要人们需要在文化实践中表达自己、产生交流，就会形成参与文化实践所需要的语言和文化。在大多数实际情况下，参与文化体验的语言是经过修改以适应课堂的，是根据课程设置、学生背景知识和数量程度等因素量身定制的。因此，这种语言是浓缩的、简化的，是修改调适过以便于学生掌握的。这种修改和调适是通过在课堂的活动中复制社交活动来完成的，学习者从真实的文化成员的角度展开对话、角色扮演、模拟、访谈、游戏等以语言交流为重心的活动。除了这种类型的课堂活动之外，诸如提问、回答、讨论等使用语言进行自我表达或交流的活动都包含了语言的参与。无论上述哪种活动，学习者都要通过语言形式的练习来掌握语言。

其次，在文化体验的参与阶段之后便是对该体验的描述阶段。文化描述的语言功能包括：引出或者提供有关文化现象的相关信息，这些信息具体而言可以包括文化产品、文化实践、文化个人或者文化群体。这种语言的基本特征是描述观察到的东西，无论是直接目睹的抑或是通过文本而来的。它的功能范围很广，演讲、撰写一份正式报告、回答文化文本的相关事实性问题都涵盖其中。但值得我们注意的是，为了描述的语言（language of description）和为了解释的语言（language of interpretation）是有差异的，在这里，描述语言是描述“是谁”“是什么”“在哪里”“何时”“如何”“多少”等在文本中已经明确出现的事实性问题。

再次，用语言来解释文化现象。这一阶段的功能包括用来发展和从事文化解释，这些解释都基于在描述阶段引出或呈现的文化信息。这一阶段的语言从具体描述发展为抽象的解释，从有形的文化进阶为无形的文化，从文化产品和文化实践转向文化观念，故其语言功能包括推理、假设、证明、比较和对比等能连接具体与抽象的语言形式。在具体的英语语言课堂中，这一阶段的文化体验要求学生从自己的经验和一般的文化知识中解释某一个文化实践并附上自己的文化态度、感知、信仰或者价值观。

最后，用语言来回应文化现象。这一阶段所涉及的语言都是为了帮助学习者表达他们对眼前文化现象的反应。其重点在于反求诸己，因此课堂讨论的主题要从文化本身转移到学习者身上，让学习者真实的生活世界成为主题。学习者的回应不仅包括其感觉、观点、信念、价值观、问题、忧虑，还包括其意识、策略、决策或为了进一步参与该文化现象而制订的可执行的计划等。从本质上来说，这些回应需要学习者自我表达，其重点在于自我认知和自我意识。

总而言之，语言的参与、描述、解释和回应这四种功能不仅指向文化的内容领域，也指向语言的内容领域。参与的语言要求参与文化实践的参与者在社会互动中进行交流和表达；描述的语言需要文学性的描述性的词语和语言形式；解释的语言包括与批判性思维或逻辑征询相关的词语与表达；回应的语言包括表达个人观点所需的词语和表达方式。

第三章　新中国成立以来大学英语教学的价值取向及文化理解困境

我们愈是充分地认识现在的自己，我们就愈是对未来充满信心。

——雅斯贝尔斯

从1949年新中国成立至今，中国的大学英语教学历史已逾70年，在这段生动而曲折的发展岁月里，大学英语教学经历了以下几个时期：1949年至1977年的规划调整时期、1978年至2012年的恢复发展时期、2013年至今的全面发展时期。

以史为鉴，可以知兴替，对教学历史的回溯就是人们在对教育教学的认识过程中，不断地更新教育观念和分析价值取向。以史为鉴，可以创未来，人们能够在历史过程所产生的模糊意识中预料事情的结果，改造自己过去的观念并调整自己的价值取向。

一、新中国成立以来大学英语教学的价值取向

沿着时间的走廊回望过去，我们的视野往往被复杂繁多又含混不清的史料所模糊。因此，笔者选择新中国成立以来的大学英语教学价值取向，从思想政治取向、实用主义取向和人本主义取向三个方面，回顾新中国成立以来的大学英语教学之路。

（一）1949年至1977年：强调思想政治取向的大学英语教学

1949年新中国成立，刚刚从战乱中走出，满目疮痍、百废待兴的新中国面对着西方敌对势力的围堵与攻击，国家的首要任务就是在捍卫主权独立和保卫人民安全的同时尽快克服困难恢复国民经济建设。正如毛主席在《论人民民主专政》中所说："我们必须学会自己不懂的东西。"在这一阶段，为了向已经建立起社会主义国家的苏联学习，新中国对旧中国原有的教育体系进行了大刀阔斧的改革，在除旧立新中规划了全面而宏大的新教育体系，并强调了外语教育尤其是俄语教育对于国家的重要作用。

这一时期由于俄语教育一枝独秀，大学英语教学呈现萎缩下行的态势。1956 年起，我国在经济发展上找到了一条自力更生的道路，中共中央也预见到第一个五年计划将提前超额完成，为迎接大规模社会主义建设，周恩来总理在《关于知识分子问题的报告》中提出了向科学进军，扩大外国语的教学，扩大外国重要书籍的翻译工作①。毛泽东主席在著名的《论十大关系》讲话中也提到一切民族、一切国家的长处都要学，并指出学英文的也不研究英文了，学术论文也不译成英文、法文、德文、日文同人家交换了。这也是一种迷信②。

毛泽东主席和周恩来总理的重要论述指明了彼时外语教育的发展方向，纠正了全面向苏联学习时期过度发展俄语教育、过多压缩西方语言教育，尤其是忽视英语教学的倾向。在这一时期，国家创办了以上海外国语大学为代表的多所外语院校，大学英语教育也恢复了生机，为国家经济建设和社会发展培养了大量外事、经贸等方面的国际性、应用型人才。

这一时期的大学英语教育虽历经全面学习苏联时期的萎缩、建设时期的恢复与“文化大革命”时期的中断，在具体时期内的教学方法和教学内容都有些差异，但总体而言，这一阶段的英语教学都以国家政治和经济发展为目标，强调英语教学的思想教化功能。

1. 以“能阅读专业英语书刊”为教学目标

在“以俄为师”全面学习苏联的成功建国经验和先进科学成就的时代背景下，我国外语教育界人士认为俄文是伟大的共产主义的语言，是打开社会主义大门的钥匙，因此国家不仅制定了学习俄文的教育方针，而且把学习俄文当作一项迫切需要完成的政治任务。随着国家陆续颁布一系列发展俄语教育的政策，如设立俄文专科学校、召开全国俄文教学工作会议、创办俄文杂志等，高等院校也在系科调整中突出俄文教育，完成了对大学英语教育的压缩和边缘化处理。

在这一时期，由于高校中主流的公共外语课是俄语，且有大量的英语教师临时参加俄语培训班转行教授俄文，所以处于边缘地带、长期没有得到应有重视的大学英语教学只能以能维持开课为原则，其教学目标处于无人关心的不明确状态，在授课时基本参照当时的俄文教学，始终把阅读教学放在第一位，加上新中国成立初期的外语教学大都是以服务于经济建设为旨归，因此“能阅读专业英语书刊”成为当时大学英语教学的具体教学

① 周恩来. 关于知识分子问题的报告［M］. 人民出版社，1956.

② 毛泽东. 毛泽东文集：第七卷［M］. 人民出版社，1999.

目标。

决定以“能阅读专业英语书刊”为教学目标始于1953年，当时中国人民大学发布的《关于改进本科各系（俄文系除外）俄文教学的决定》提出，俄文教学的目的在于培养阅读能力，并从第二学年起将俄文与各专业结合起来进行教学，各高校大学英语教学参照这一教学目标，力求学生在修完大学英语后能够用词典阅读以英文撰写的本专业的书籍。1962年颁布的《英语教学大纲（试行草案）（高等工业学校本科五年制各类专业试用）》设置了“能阅读专业英语书刊”的教学目标，这一由上海交通大学外语教研室编撰的大纲，规定学生要为今后阅读专业英语书刊打下较扎实的语言基础，并掌握阅读一般科学技术书籍所必需的语法知识，能借助词典不很困难地独立地阅读内容为学生所能理解的一般科学技术书籍，并能正确地翻译成汉语。

总而言之，这一时期的大学英语教学在新中国成立初期思想政治教育总目的的引领下，以“能阅读专业英语书刊”为教学目标，服务于国家经济、政治发展的总体需要，因此，学生在大学英语课程学习中需要理解的重点是词语的翻译和以句子为单位的互译。

2.“红”与“专”相结合的教学内容

在全面学习苏联的时期，由于俄文教育的影响，大学英语教学仅仅以维持开课为目标，并没有全国范围内统一的教材。新中国成立伊始，学校在选择大学英语教学内容时完全遵从苏联的做法，直接采用了苏联的*Advanced English*作为基本材料。后来随着我国高等教育的发展，大学英语课堂上的教学内容往往都是由各个学校的英语教师基于不同专业的学生而编写的讲义。由于大学英语的教学对象是各个学校非英语专业的学生，所以在讲义的编写中往往基于专业特点采用“选”“编”“借”的办法先解决有无，再逐步提高。在这一时期的教学内容选择上，面向文科学生的大学英语教学内容偏“红”，以政治性为主，较多选择有强烈政治倾向性的社会文化类文章；面向理工科学生的大学英语教学内容则偏“专”，以专业性为主，较多选择科普类和科技类的文章。然而，在这一阶段的教学内容选择时，即便是科普或科技类文本，也会带有一定的政治倾向性和阶级意识，体现了大学英语教学服务于社会主义国家建设的宗旨。

可以说，这一阶段的大学英语教学在教学内容选择上秉持“红专结合”的思想，这里“红”与“专”的关系实际上就是政治和业务的关系，只有同时提升学习者的政治素质和业务素质才能真正实现青年人的成长，才能为新中国培养可靠的合格的建设人才。在这样的理论指导下，《英语》

(高等工业学校用)、《理科英语》、《医学英语》等教材在新中国成立后的十年里陆续问世。虽然起步阶段的大学英语教学并未受到应有的关注，且因受到重理轻文思想的影响，这一阶段大多只是为理工科大学生较为规范化地选择教学内容并编写教材，但这一时期所总结出的如政治性和科学性相结合、保持教学内容观点的一贯性等大学英语教学内容选择的原则却影响深远。

3. *以英语教师讲述为主的语法-翻译法教学方式*

18 世纪官能心理学在德国兴起。官能心理学认为人类的心灵具有不同的官能，即能力，这些能力是使得人类产生心理活动的心灵力量，并且这种力量可以在彼此分离时孤立地被训练。在官能心理学的影响下，形式训练说出现在教育学中，该学说认为以语言为代表的某些具有严密性和逻辑性的学科具有训练人类官能的特殊价值。基于此，英语语言教学在这一阶段极其重视语法体系，教师在教学中着重训练学生的语法能力，语法-翻译法随着现代语言学的发展进入了学校课程，并逐渐成为第一个在世界范围内有影响力的外语教学方式。苏联的英语教学继承了欧洲 18 世纪的语言教学法特点，而中国在学习苏联时也全面照搬了这样的教学方法并运用到新中国的大学英语课堂教学中。

语法-翻译法在教学方法上有以下特点：第一，语法-翻译法重视书面语而轻视口语，它在英语教学中把口语和书面语相互分离并仅仅将阅读能力的培养当作唯一的教学目标。在这一时期，由于过于重视书面语的学习而忽略了口语能力的培养，大学英语的口语教学被局限于单词发音的掌握，大学英语课堂也充斥着大量的汉语，以汉语来组织课堂教学、以书面形式举例和练习的教学方法导致了英语学习者基础听、说能力的缺失，这也是后来“哑巴英语”出现的原因。第二，过于重视英语的语法教学，把英语语法视作英语语言的核心，把语法的掌握当作英语教学的法宝和核心任务。由于这一时期的大量教材都是各大院校英语教师自己编撰的英语课堂讲义，在编写时受到语法-翻译法的影响，英语教师往往按照英语的语法体系来编撰，以便于在教学中详细、系统地向学生进行语法讲授，基本上每一个课时都安排了一到两个语言点。不论是偏向科普或科技类的文本或者是偏向政治思想类的文本，英语教师在大学英语课堂中均以课时内语法知识的掌握为目的，大多采用演绎法，先讲解、分析语法规则，再指导学生在语言练习中使用并巩固语法规则。第三，在大学英语课堂教学中，英语教师大多使用汉语来组织课堂教学，并以教师为主进行讲解，主要通过对语法的分析、句子的互译来巩固英语语言学习效果。

在这种偏重语法的教学方式下，学生对英语语篇的理解单一化、程式化，简单地将英语等同于英文词汇和英语语法，一方面看不到语言背后隐藏着的丰富的文化意蕴，另一方面也无法在文化的迁移中获得兴趣和经验，大学英语学习变成重复和烦琐的练习。

4. 侧重英语文本思想性与政治性的教学过程

由于这一阶段的大学英语教学有且只有阅读这唯一的目标，因此在此时期内大学英语的教学过程也围绕着阅读教学展开。从某种程度来说，大学英语教学几乎等同于英语阅读教学，而紧紧围绕阅读展开的大学英语教学过程又凸显侧重英语文本思想性和政治性的特征。

各高校通过向苏联学习新的教学体系和教学秩序，制定了以阅读教学为中心的教学计划和教学大纲，大学英语课程教学偏重语言教学而忽视相关文化知识的讲授，且为了实现学生自主阅读的教学目标而把教学过程硬性分割为词汇、语法、精读等部分。在 20 世纪 60 年代文科一年级的大学英语教学中，教师在每一个教学单元里重点讲解英语语法，如在第一学期第一单元即准备单元里，教师重点讲述英语句子的基本类型和时态、语态的基本形式；在第二单元里教师重点讲解基本词序和形容词、副词的级；第三单元的重点是动词非人称形式的最基本用法。整个大学阶段英语教学过程的安排都是从学生已经掌握的语法知识点出发，用转义释意、句子分析、英汉互译、填充联句等练习形式培养学生英语语言文本的阅读能力。

在对大学生阅读能力的培养过程中，英语教师以文理科分类教学，虽然理工科大学生的英语教学更偏向于选择科普和科技类文章，但在教学过程中也尽可能融合思想性，且编选的文献都是彼时我国所短缺的科技内容或匮乏的科普知识。在针对文科大学生的英语教学过程中，教师更是在广泛的体裁和题材里选择语言内涵丰富且生动有趣的教学内容加以阐述，并且教师的讲述内容浸润着时代的政治色彩。

以当时文科英语教学中常常用来练习“be”动词用法的练习题“China ________ weak before liberation, but now it ________ one of the strongest countries in the world.”为例。练习句中提到了新中国成立前中国的积贫积弱，也说明了新中国成立后新中国变得强大。这样的爱国主义思想教育在文科的英语教学过程中俯拾皆是，比如在练习情态动词时，英语教师会让学生翻译“这位革命者是在解放前被反动派杀害的”，其中“革命者”（revolutionary）和“反动派”（reactionary）就体现了鲜明的时代特点和政治色彩；又如在讲述特殊疑问句及其回答时，英语教师会以“Why has his hometown become a much better place?”（为什么他的家乡变成了一个比原来好得多的地方？）“It has become a much better place because of the people’s commune.”（它由于人民公社的缘故而变成了一个比原来好得多的地方。）为例来讲解原因状语从句。在这一时期的英语教学过程中，诸如这样的例子还有很多，如“model worker”（劳动模范）、“People’s Square”（人民广场）、“Political power grows out of the barrel of a gun.”（枪杆子里出政权。）等内容频繁地出现在大学英语教学过程中，为了更好地达到思想政治教育的目的，英语教师也往往在教学过程中倾向于采用语法-翻译法教学。

在这一时期，大学英语教学侧重于在忠于阅读的教学过程中不断地挖掘文本叙述中的思想性和政治性，为立国安民做好思想准备。然而，不可否认的是，因过于偏重英语文本阅读的思想性和政治性，这一时期的大学英语教学既忽略了听、说、写等能力的培养，也轻视了学生英语思维能力的培养。

5. 学习者没有学到“活”的语言

新中国成立初期，在以教育为无产阶级政治服务为指导方针，教学内容红专结合且偏向思想政治性的大学英语教学影响下，英语学习者的确在政治立场、思想观念和意识形态方面能与中央政府保持高度一致，但是过于偏重阅读、侧重思政教育、依赖语法-翻译教学法的大学英语教学也让英语学习者在过于追逐政治思想意义和意识形态价值中失去了真实的英语语境，远离了英语学科的本真特点。

首先，一味地强调阅读能力的培养，人为地割裂英语学习中不可分割的听、说、读、写并局限于读，导致了大量英语学习者下笔千言却无法开口，这种“哑巴英语”的学习结果缘于对阅读能力的过于偏重。

其次，以语法为纲的英语教学内容在编排上不合理。一是词语选择不符合彼时大学生的实际情况，且为充分体现思想性而选择了大量脱离生活的政治化词语；二是以语法难易为编排顺序，使得课文内容被严重限制，影响了英语文本的质量；三是由于包括讲义在内的教学内容虽然部分脱胎于英文经典原文，但由于在改写中更看重政治化因素，改写出来的文本与原文差距较大，无论是在词语控制还是在结构控制上都不令人满意。

最后，语法-翻译法充斥英语课堂，对翻译手段的过分依赖不仅无法全面地反映英语学习者的阅读能力，还容易在英语教学中起负面作用：一方面，教师在使用语法-翻译法教学时，往往因强势母语的影响而难以做到用英语教英语，用大量的汉语来解释英语语法导致了大学英语课堂教学内容和形式的割裂，这样不真实的英语课自然无英语气氛可言，也就更谈不上让学生保持浓厚的英语学习兴趣；另一方面，语法-翻译法是中英语言之间的互译，这样的教学法时时刻刻提醒学生用中文去想英文，而不是用英语想英语，用英语想英语是指学习者具有英语思维，能够尽可能多地减小心译这一多余活动的介入程度，并在反复大量的实践中培养用英文思考的能力，训练英语表达习惯。

（二）1978 年至 2012 年：强调实用主义取向的大学英语教学

党的十一届三中全会召开的前两年，在党和国家的严肃整顿和及时调整之下，教育科学文化工作也逐渐走向正轨，在经历过十年动荡后的中国要实现现代化，关键得从科学和教育着手，1978 年 3 月至 4 月全国科学大会和全国教育大会连续召开。为贯彻大会精神，1978 年 8 月至 9 月全国外语教育座谈会召开，大会总结了新中国成立以来外语教育的成功经验和失败教训，确立了为加速实现四个现代化、加强我国与世界各国人民的友好往来、加强反帝反殖反霸斗争培养又红又专外语人才的外语教学目标。

1978 年底召开的党的十一届三中全会吹响了改革开放的号角，这一时期的中国坚持以经济建设为中心，坚持四项基本原则，坚持改革开放。随着改革开放的不断深入，外资企业大量涌入，就业市场对英语人才的需求量激增，我国日益深度参与国际事务，大学英语教学进入一个新的阶段——这一时期的英语教学须立足国家对外开放的大局，推动社会主义事业加快发展。

1. 侧重英语语言知识的教学目标

在这一时期，受到国家教育方针和相关政策的影响，为了向国家输送外语人才，大学英语教学大纲指出，语言不能脱离结构形式而独立存在，教授学生英语语言知识是首要任务。

以语言知识为导向的大学英语教学沿袭了新中国成立初期以培养学生英语阅读能力为主的教学目标，重视大学生英语阅读能力的发展，换言之，这一阶段的英语教学实际上成了英语阅读教学。1985 年至 1986 年，大学英语教学目标较之前稍微发生变化，教学大纲首次提及兼顾其他，至此，虽然阅读始终作为主线贯穿大学英语教学，但也开启了听、说、读、写四个方面能力平衡发展的新格局。这一新要求的出现也与彼时我国经济建设如火如荼，改革开放后涉外行业的迅猛发展对从业者的听、说、写、译提出了新的要求有关。为了回应这一要求，我国在 1999 年再次修订了大学英语教学大纲，修订版大纲明确提出大学英语教学应培养学生一定的听、说、读、写能力和较强的英语阅读能力。这一版的大纲虽然仍旧把阅读能力作为首要的教学目标，但是已经开始重视学习者其他能力的发展。

从上述大学英语教学目标的变化中，我们不难看出，这一阶段的大学英语教学已经基本褪去了政治色彩，而将教学目标转向大学生对英语语言知识和相关阅读能力的获取。由于这一时期对语言知识和阅读能力的偏重，大学英语教学重语言而轻言语，重视大学生对语音、语法和词汇的系统掌握，而忽视用语言进行的听、说、译等言语交际活动。

2. 统合科技与经济特色的英语教学内容

在改革开放之后，由于国家的工作重心由政治事务转移到经济建设，科技与经济受到了高度重视，“科学技术是第一生产力”“以经济建设为中心”，这种重视也在大学英语教学内容中体现出来。

由于十年动乱期间大学英语教学遭到了严重破坏，所以 20 世纪 70 年代中期进入大学的学生几乎没有英语基础，只能从认识字母开始学习英语，这一时期的大学英语教学内容选择处于混乱的状态。随着全国教育工作会议的召开，教育部着手进行包括大学英语在内的基础课程教材建设工作，1978 年至 1979 年，大连海运学院、上海交通大学和天津大学陆续编写三套工科学生英语教材，北京大学、南开大学和复旦大学编写了三套理科学生英语教材。这几套教材中的教学内容均从字母开始，180 学时后安排与机械动力、电力、土建、冶金、化工、地质、数学、物理、生物等十余个专业相关的内容。

1980 年至 1982 年，以上海交通大学吴银庚为代表的英语学者撰写了以七百个英语常用词为起点的四册英语教材，后被称为“高起点”教材，总计划教学时长为 320 学时。在这套教材中，教学内容无论从编排还是目的都侧重英语语言技能特别是阅读技能的培养，同时也安排了听、说、写的相关语言训练项目，呈现训练交际能力的趋势。从历史反馈来看，这套“高起点”教材在教学内容选择上满足了当时大学生英语水平的需要，受到了大众的欢迎。值得注意的是，由于改革开放时期国家需要大量科技人才，这一时期还出版了与科技相关的选修教材，如《科技英语翻译教程》① 和《科技英语写作》②，这两本教材与彼时常用的大学英语教材相配套，丰富了大学生的英语学习内容。

1985 年教育部修订了新的《大学英语教学大纲》③，新的大纲对英语教学内容做出了新的要求，学校开始选用适合大学新生已日益提高的英语

① 凌渭民. 科技英语翻译教程 [M]. 人民教育出版社，1982.

② 俞天民. 科技英语写作 [M]. 高等教育出版社，1983.

③ 本书修订工作组. 大学英语教学大纲 [M]. 上海外语教育出版社，1985.

水平的教材。在这一新的形势下，有的学校开始平行使用两种教材，即选用一本国内编写的教材，再辅以另一本国外编写的教材，一般以国内编写的教材为精读教学内容的来源，再以国外编写的教材作为听说和泛读的补充材料。当时比较流行的外国教材主要包括：*New Concept English*（《新概念英语》），*Advanced English Vocabulary*（《高级英语词汇》），*English for Today*（《今日英语》），*A Course in Basic Scientific English*（《基础科技英语教程》）。

总的来说，这一阶段大学英语教学内容主要呈现以下特点：一是在教材上理工科英语教学内容大都选用科技类文章，文科类英语教学内容百花齐放，涵盖了包括教育、历史、生活、社会等各种主题在内的文本，且这一时期阅读材料数量有所增加；二是语法部分重点明确且与课文配合紧密，词汇包括常用词汇和科技词汇，保证大学生书刊阅读的需要；三是练习量较大，配合使用的国外编写的教材也为学生提供了形式多样的题型。但是，在以掌握英语语言形式为目的的教学统筹下，这一阶段的大学英语教学内容只考虑语言、词汇、语法的语言系统，而忽略了使用语言进行理解和表达的话语活动，也忽视了英语作为一种语言所固有的个人差异性，忽略了英语在言语层次上的实践性。

3. 语法-翻译法、直接法和听说法并存的教学方式

改革开放带来了经济繁荣，打开国门拥抱世界的中国与世界其他国家之间的交流日益频繁。在这种背景下，英语学习不再是脱离现实社会需要的一门学校课程，也不再仅仅作为国家战略发展需要而存在，而是成为一种基于社会需要的实际需求，且在这一阶段对英语口语的需求直线上升。

在这一阶段，语法-翻译法因其便利易行而仍然在英语课堂教学中占有重要地位，并且因为上一阶段的大力发展，英语教学中的语法-翻译法已经趋于成熟、稳定，成为彼时中国大学英语课堂中的主要教学方法。但与此同时，语法-翻译法的缺点也逐渐暴露，比如它过于强调语言规则的记忆和背诵，使得学生负担过重、英语学习过程艰辛；又如它过度依赖本族语进行教学，口语和书面语分离并且练习形式极度单一，导致英语教学无法有效培养学生的口语能力。在这一时期，社会的变革让学习者产生了新的英语学习需要，加上语法-翻译法存在显而易见且难以规避的缺点。这些是大学英语教学方法发生变革的动因。

直接法是指不依赖于学生本族语，通过思想与外语的直接联系来学习外语的方法，这个教学法的外延不明确但是具有一些共同的教学主张，如英语教学应该从语音训练开始，而语音训练则应该充分利用音标；口语训

练是英语教学的主要方法，其语言材料以日常口语材料为主，活动形式主要有朗读、问答、复述等；英语教学的基本单位是课文，教师应该在句子里教授词语，在语段中教授句子；尽量避免使用本族语来教授英语。

为尽快消除前一阶段语法-翻译法带来的教学弊端，适应彼时学习者对于英语语言学习的需要，我国外语界还引入了听说法。听说法的诞生受到结构主义语言学和行为主义心理学的影响，这些理论认为语言是说出来的话而不是写出来的文字，且语言是一整套社会约定俗成的习惯，因此教英语应该是教语言而不是教有关语言的知识。根据这一基本观点，听说法遵循偏重听说兼顾读写的方法，以刺激-反馈为原则反复训练英语句型结构。在这种教学方法的引导下，大学英语教学中教师与学生把听说能力设置为主要学习目标，在语言材料的选择和使用中也按照由耳听到口语再到笔头的顺序过渡，而且在这种强调大量操练的教学方法运用中，大学生通过反复的操练达到对外语基本句型的高度熟悉，从而在归纳和抽象化的句子模式中体会英语语言遣词造句的规律，培养对新句子的类推能力。

总的来说，这一时期的英语教学方法受到语言学和心理学理论的影响，顺应了新时期大学生的学习需要，也对英语教师的英语水平和课堂教学组织能力提出了新的要求。但是直接法和听说法在实际英语教学中仍然暴露出诸如脱离语言内容和社会语境，不利于学生运用合适的英语语言形式合理交际等问题。

4. 侧重英语语言形式解析的英语教学过程

在改革开放之后，受工具论的影响，英语被认为是学习和工作的一种工具，在这种理念下，英语教学过程只见语言（language）不见言语（parol），也就是只关注英语中的语音、词汇和语法系统的解析而忽视了使用英语进行理解和表达的话语活动——这种割裂了语言的形式和内容意义，认为只要掌握了英语语法就等于掌握了英语语言的教学方法被朗格和罗宾逊称为关注语言形式的教学。

侧重英语语言形式解析的大学英语在教学过程中被人为地分裂为听、说、读、写训练，不同于侧重言语实践的连贯性、情景性交际活动，这里的训练大多是以字母、单词、单句为单位的纯练习活动，比如填充、造句、改错、选择、识别、翻译、词形变化、划分句子成分等，凡此种种仅仅着眼于大学生对语音、词汇和语法知识的掌握，主要是为了解决知与不知、少知与多知、记忆与忘却的矛盾。虽然这样的教学无论在口头或笔头上都能因分属脑力劳动训练而收到一定效果，但其过程既没有考虑学生英语语言能力的培养，也忽视了学生文化素养的提高，另外，过分纠缠于语法规则的英语教学过程还忽略了英语语言本身其实也处于时刻变化和发展之中，尤其是英语作为一门国际通用语言，世界其他语言对其的反拨作用也让英语产生了多样且被大众接受的变体。

不可否认的是，对英语语言形式的认识和分析的确是进入语言文本深度意义的基础，也是在英语学习之路上无法规避也无须避免的步骤，但正确与适度处理句型、功能与文本之间的关系也是英语教学过程中需要考量的重点。因为句型和功能都只代表了英语语言的某一个方面，过度地强调语言形式解析只会让英语教师和学生忽略篇章文本或话语段落的完整性，轻视作为完整交际单位的语言中蕴藏的生活主题、历史背景、逻辑关系等丰富内容。

总而言之，这一时期的大学英语教学过程着眼于概括性的、社会共同性的语言，以教授英语语法规则为基础，以形式结构为主，以分析为纲，以英语教师为中心。这种侧重英语语言形式解析的教学过程形成了一个封闭的教学系统，以模式化的教学方法设计统一且缺乏弹性的教学程序。

5. 英语学习者主体性缺失的教学结果

在技术理性的统御下，工具技术的进步成为衡量一切的尺度。这一时期的大学英语教学也受到了工具理性和技术理性扩张的影响。技术理性在人类教育实践中的僭越模糊了人的生活、压抑了人的精神、抽象掉了人的主体、湮没了人在实践中负载的一切文化特征，也造成了一系列人们未曾预料到的反主体效应。在这样的价值导向下，英语学习者的精神仿佛被泥塑模铸，英语教育也缺乏对学习者处境的深切关怀。

在技术理性和工具理性合理化的教学实践中，所有的关系都建立在计算与被计算的原则之中，这种所谓的“形式理性”和“科学理性”使得大学英语教学中教师与学生的关系、教学目的和教学内容的选择等都发生了异化。学习者的主体地位逐步消失，英语教学成为一种机械化和合理化的工具，而英语教学过程中的人——教师与学生则被放置于一种已被合理化和机械化的过程之中。他们会发现这个过程是早已存在的封闭过程，没有自己也能正常运行，而自己完完全全只是封闭运行过程中的一个零件罢了。在以语法-翻译法和直接法为主的教学方法引导下，大学英语教育被卷入了直接性的迷思中，这种直接性将生活世界撕得粉碎，让美好的整体世界消失于英语课堂教学。

最终，这种以技术理性统摄灵魂的教学会在无形之中导致英语学习者丧失独立的人格和思想，让学习者不由自主地期待自己成为一个仿佛流水线生产出来的具有同一性和标准化的产物；在片面性和专门化的英语教学中让物化意识结构深入地沉浸在英语学习者的潜意识里，使学习者的一切个性化和差异性情感被钝化、一切思想和才华被当作不合时宜之物而被清除；在机械刻板的技术规范中学习者个体生命活动被压制、创新精神被扼杀、美好憧憬被窒息，留下的只能是一个个无差别可置换、自我消解且主体性缺失的“文化工业”怪物。

可以说，随着科技和理性成为工业化人类社会的新图腾，在日益膨胀、显得无所不能的“工具”面前，人却变得越来越渺小和虚弱无力，这种工业社会的价值映射在教育场域里，笼罩着包括大学英语教学在内的一切教育实践。

这种带有征服、支配和控制的强力让大学英语教育高速片面发展，一方面确实提高了这一时期英语学习者的英语语言能力，在某种程度上为彼时经济社会发展输送了大量的英语人才，另一方面英语教学中人的主体地位、情感和价值被严重忽视，这主要表现在以下几个方面：其一，技术和效率支配着大学英语教学过程，英语课堂充斥各种技巧和模式，而英语教学中的情感维度却被无限降低，英语教师专注于对英语语言形式的“最佳解析”，这种技术至上的大学英语教学牺牲了丰富语言背后蕴藏的可对话与交流的复杂生命情境；其二，对效率的追求导致功利化的英语教学，高强度的应试训练让大学英语教学成了一台生产证书和资格的考试机器，让大学英语课堂成为一个没有硝烟的训练场，在这个简单的、工具化的、受功利主义统御的训练场上只看得到合格与不合格，而放弃了对语言文本中深刻意义问题的讨论；其三，在技术化、理性化、功利化和片面化的大学英语教学中，人与人之间的关系变得紧张对立，师生之间呈现约束与被约束的对立关系，生生之间也呈现比较与竞争的关系。在陷入工具生存和被动生存的大学英语教学过程中，承受着沉重应试负荷的学习者的主体性退化，成为无激情的被动生存者和无情感的工具生存者，只会按照一套标准流程来展开与真实生活彻底疏离的英语学习行为，在精心设计的演出式情绪、态度、语言、姿势中失去自由独立的主体意识和自我思考、判断选择的能力。

（三）2013 年至今：强调人本主义取向的大学英语教学

自 2012 年党的十八大召开以来，我国进入全面建设社会主义现代化强国，迈向民族复兴和共同富裕的时代。这一时期的世界和中国都发生着广泛而深刻的变革，这一阶段的中国以发展中国家和新兴大国的双重身份成为世界各国的沟通桥梁，也在持续的经济增长中走向了世界舞台的中心，同时外部世界对中国的期待日益增多，也施加了许多显而易见的压力。面对新时代的新问题，中国给出了以文明交流互鉴应对新时期挑战的答案。人本主义是马克思主义的核心概念。在人本主义思想观照下，文明互鉴意味着在确认文明平等性、维护文化多样性、增强文明包容性的交流互鉴中寻求精神智慧、汲取心灵营养、携手共建人类命运共同体。

显然，这种有利于己亦有利于人的思想与上一阶段在工具理性支配下人与人之间紧张冲突的理念格格不入，因此在期待对话交流中发掘人类一切优秀文化思想，期待在一切各美其美的人类文明中学习借鉴异文化的长处和精华，期待在取长补短、兼收并蓄、择善而从中实现共同发展的新背景下，大学英语教学也迎来了新时期的新目标和新要求。在新的形势下，以获取英语语言形式知识为取向的传统大学英语教学既无法契合学生的本性和发展着的生活本性，也不利于中国的英语学习者在与异文化的交流交融和互学互鉴中找到实现更好生活的方法，因此，新一轮的大学英语教育改革要关注人的生命、生存和生长，从承认人的自主性出发，把英语学习者拉回鲜活多样的生活世界，让英语学习者从由语音、词汇和语法等碎片化形式组成的应试环境走向一个由鲜活经验与生活片段组成的人类共有的经验世界。

1. 以培养全面发展的人作为大学英语教学目标

随着英语课程标准的修订，大学英语教学的目的被界定为在学习英语语言技能的同时通过英语学习和对外国文化的了解来促进自身价值观、人生观的发展与综合人文素质的提高。这次修订顺应了时代发展的新形势，也呼应了党的十八大倡导的教育为人民服务，其根本任务在于立德树人，培养全面发展的社会主义建设者和接班人。

以培养全面发展的人为目标的大学英语教学有其时代特征。21 世纪是新科技革命的时代，有别于传统工业的机械化和流程化，在新科技革命下世界迎来了全球化、移动化和智能化，大量传统岗位消失而智能化生产岗位则批量涌现，这个时代需要的人才是未来世界的创造者。如何培养和储备人类物质文明与精神文明的贡献者、享用者是新时期教育需要回答的问题，传统的传道授业显然无法满足新时期对人才转识为智的要求，新时期需要的是自主发展的、有社会参与感和文化修养的全面发展的人才。大学英语教学应顺应新时期的要求，把英语教育回归到人这个原点上。《国家中长期教育改革和发展规划纲要（2010—2020 年）》提出要培养具有国际视野、通晓国际规则、能够参与国际事务与国际竞争的国际化人才。我们应将英语语言知识和英语语言技能整合为语言能力，将家国情怀和审美情感等融入文化素养，将主动进取与合作探究等纳入学习能力，从语言、文化、思维和学习四个维度培养全面发展的英语学习者。

在新的教学目标导向下，新时期的大学英语教学的核心任务是立德树人，在英语语言知识基础上以英语语言为载体，把思维品质、文化意识、学习能力融入英语教学过程，培养能宣传中国主张、提出中国方案、拥有中国智慧的英语人才。

2. 文学性和生活性题材相结合的大学英语教学内容

无论是文字材料还是非文字材料，教学内容都集中体现并传递着课程的价值。广义的教学内容应该包括大学英语课堂内外英语教师和学生使用的所有材料，从文字性的课本、练习册、自学手册、报纸杂志，到非文字性的图片、幻灯片、电视节目等。然而，我国幅员辽阔、高校众多，师资水平、教学条件、生源情况大不相同，为了能尽量保证各高校大学英语教学实现预想的效果并达到公认的标准，教学内容的选择非常重要。在这一阶段，根据教育行政部门颁布的大学英语教学大纲或者大学英语课程标准的要求，针对非英语专业大学生群体需要而编写的教学用书受到了广泛的欢迎。这一批教学用书俗称教科书或者教材，这些教材具有合理性和有效性。绝大多数教材贴合这一时期大学英语学习者的实际需要，以有利于大学英语教师在选择教学内容时做出正确的决策。

我国的大学因各校差异较大，且各个专业学生的英语基础水平也参差不齐，因此没有选择全国统一的教材，但同一时期内各高校所选择的教学内容来源相对统一，主要采用由知名出版社出版的基于大学英语课程教学大纲所编写的教材，其中最受欢迎的教材有以下几种：1999 年浙江大学出版社出版的《新编大学英语》，此套教材于 2012 年再版；1999 年由翟象俊等主编的《21 世纪大学英语》；2002 年由季佩英、吴晓真主编，上海外语教育出版社出版的《大学英语》(全新版)，此套教材于 2004 年进行了第二次修订；2001 年由郑树棠总主编、外语教学与研究出版社出版的《新视野大学英语》。

这一时期涌现的广受欢迎的教材都很明显地体现了时代特点，《新编大学英语》首次提出了以学生为中心的教学模式，注重在英语语言样本中培养学生的语言技能与综合应用能力①；《21 世纪大学英语》采用精读与泛读相结合的方式，每个单元围绕同一个话题从不同文学体裁、不同思想角度进行阐述，且课文大多选自英美报刊或者文学书籍，富有 20 世纪八九

① 应惠兰. 新编大学英语 [M]. 浙江大学出版社，1999.

十年代的西方现代生活气息①；《大学英语》（全新版）在英语教学内容编排上注重学习者之间的互动和激发学习者的参与意识，力图在语言规范、题材丰富、体裁多样的基础上，从趣味性、知识性和思想性三方面激发大学英语学习者的兴趣②；《新视野大学英语》紧跟网络时代步伐，将光盘（CD-ROM）和网络课程（on-line course）与课本（textbook）同步，以便于英语教师和学生灵活按照学习起点和学习进度安排学习③。

总的来说，这一时期的大学英语教材属于第四代教材，即 20 世纪 90 年代后期至今编写的教材。这一时期全国各高校和各大专业外语出版机构对英语教材的研发得到了空前的关注和大力的支持，因此第四代大学英语教材进入了迅速发展的快车道。在以重视学生的发展、强调以学生为中心的新理念和丰富多彩、富有生活气息与时代感的新素材的支持下，第四代大学英语教材在教材内容选择上迈出了可喜的一步，尤其是选材的丰富性得到了很大的提升。与上一阶段重点选择科普科技类和经济类英文文章作为教学内容不同，这一时期的选材题材广泛、体裁多样，语体上也不再局限于书面语体，而是兼顾了文学性的书面语表达和日常生活的口语表达。课文也按照一单元一主题的形式设计，开始从文学艺术、习俗民风、信息科学、社会热点等多维度引导学生面向世界。

3. 交际法和任务型教学法并行的大学英语教学方式

随着对英语学习者本体及其现实需求的关注度越来越高，大学英语教育在教学法上也做出了大量调整，传统的以英语教师串讲为主的语法-翻译法和直接法已经无法满足彼时大学生的英语能力水平要求。在国际英语教学思想影响下，交际法最初于 20 世纪八九十年代进入我国，并于新千年后后来居上，得到了我国英语教育界人士的追捧。

在这一时期内，交际法受到欢迎有其内在原因：首先，传统的英语教学法以大学英语教师为中心，大量的英语学习者只能在沉默中被逐渐边缘化，而交际法则关注英语学习者，这种符合以学生为中心教学思想的教学方法着力分析英语学习者的需要，分析大学生学习大学英语的原因和他们将来使用英语的相关情景，并根据需要来确定应该掌握的语言功能、语言文本和语言形式；其次，以语法为纲的传统教学方法忽视了学生的交际需求，而交际法则以意念或功能为纲，即以大学英语学习者通过使用语言来

---

① 翟象俊等. 21 世纪大学英语［M］. 高等教育出版社，复旦大学出版社，1999.

② 季佩英，吴晓真. 大学英语（全新版）［M］. 上海外语教育出版社，2002.

③ 郑树棠. 新视野大学英语听说教程［M］. 外语教学与研究出版社，2001.

实现的交际功能为线索，实现包括传递和获取事实信息、表达或了解理智性态度、表达或了解情感性态度、表达或了解道德态度、做人做事和社交六部分在内的语言交际功能；最后，交际法看重大学英语课堂教学过程的交际化，如以真实自然的英语语段作为教学的基本单位，英语学习者是课堂的中心，英语教师则为学生提供和组织内容丰富的英语学习活动，在英语课堂教学过程中宽容学生出现的语言错误，让学生连续地说下去，而不是频繁地进行语法纠错。

英语语言教学中交际法的产生得益于语言研究重心的转移，英语语言形式及语言内部要素的结构关系不再作为研究重点，研究者们更关心语义认知、语言释义、语义生成等与社会相关的功能。此外，同一时期社会语言学派倡导的交际能力和功能语言学派以交际环境为重心的语言解构、认知语境的提出及语义变体等研究都促进了交际法的生成与应用。但是在我国大学英语教学中，交际法虽被广泛使用却往往流于形式，受到师道尊严的传统观念、考试的反拨作用、生源素质和招生体制等现实条件的限制，在我国大学英语交际教学法的实际运用中，英语教师仍然作为支配者和控制者，而学生虽然从表面上看有更多进行英语语言实践的机会，却仍然是按照英语教师的意图和设计来完成语言技能训练，英语学习者对于怎么学英语、为什么学英语、学习英语的价值和目的是什么以及这些与自己成人成才有什么样的关系都没有进行深度的思考。交际法在我国大学英语课堂上的水土不服使英语教育界开始反思并重新寻找能触及学生自身情感、态度和价值观的新方法。

在 21 世纪高校全面改革的背景下，新的大学英语课程标准提出，大学生要适应我国经济、社会、科学发展并为国际交往做好准备，大学英语教学要以提升学习者整体素养为目标。此时，脱胎于西方职业教育的任务型语言教学法继承了交际法的优点，因其提倡以学习者为中心、学习者以任务为中心在“做中学”而登上我国大学英语教学的历史舞台。在任务型语言教学法中，任务是一项项涉及语言学习者理解和意义达成的课堂活动，其目的是完成完整的交际活动。

这种教学法使大学英语教学从语言形式走向语言意义，大学生经历高考后步入高等学府，面临完成从以语言知识为基础的任务到以语言意义为基础的任务的转变，后者在关注语言准确性的同时注重激发英语学习者使用英语的积极性和英语交际能力的培养。任务型英语教学法把英语教师定位为英语学习者的合作者和达成意义建构的促进者，英语学习者作为整个教学实践活动的中心需要主动习得知识、构建意义。

4. 统合语言形式系统与内容的大学英语教学

这一时期的大学英语教学试图走出过分注重对英语语言形式进行解析的泥淖，在新的大学英语课程教学要求指导下培养英语学习者综合语言运用的能力。以交际法和任务型教学法为代表的教学方法被各高校广泛使用，它们在教学过程中强调英语学习者的主体地位，倡导以富有人文精神的课堂氛围影响学习者的内在精神世界。

具体的英语教学过程往往以活动或者任务为教学的焦点与核心，其目的在于摒除为语言而练习语言（usage of language），而达到语言的使用（use of language）。任务型教学法以真实性原则、形式-功能性原则、任务相依性原则、做中学原则和脚手架原则为基点，大学英语教学过程被划分为前任务（pre-task）、任务环节（task session）和语言焦点（language focus）三个阶段。在前任务阶段，英语教师和学生共同就某一个与单元主题相关的话题进行探讨，教师通过提供与话题相关的英语词汇和短语等方式帮助学生熟悉话题、激活头脑中已有的背景知识，学生则在这一环节充分做好对任务指令的准备工作。

任务环节主要是学生采取两两结对活动（pair-work）或者小组活动（group-work），英语教师不干涉或直接指导学生的活动，学生则以口头表述或书面撰写的形式向其他人汇报自己完成了什么任务、完成的过程以及完成任务过程中的体会和发现。语言焦点阶段则重在分析英语文本内容中出现的语言难点，并对新的词汇和语法进行归纳与操练，与语法-翻译法不同的是，此时归纳和操练的目的在于引导英语学习者观察并总结英语语言特征，以及在对话操练等交际过程中体会英语语言中的传情达意。

总的来说，这一时期的大学英语教学开始统合语言形式系统与语言内容，教材编写与课程设计都开始把教学决策建立在内容的选择和排序上，即开始逐渐放弃以语言形式标准作为教学出发点，转而走向了把内容作为选择和排序的依据。在这个基础上，大学英语教学开始整合听、说、读、写技能，把上一阶段语法课、听说课、写作课等分离的、具体的技能课程形式整合进包含四项基本技能训练的统一的教学过程之中。此外，这一阶段的大学英语教学要求学生积极主动地参与活动或任务，强调英语学习者在过程中进行探索性学习和发现性学习。而在语言形式的学习方面，英语文本形式、英语教师的课堂语言输入、同伴学习的语言输出都是学习语言形式的来源，取代语言形式分析的是在模拟的活动和任务中产生的可理解性输入。

5. 学习者人文精神体验不足的大学英语教学结果

从新时期大学英语教育在教学方法上的探索和变革上，我们可以看出英语教育界对真正促进英语学习者发展的美好愿景，但实际上，即便运用了不同的教学方法、更新了语言材料和教学内容，英语教学却依然无法摆脱语言符号和语言技能的训练。虽然交际教学法的出现让学习者开始探索在课堂中使用语言表情达意，还原英语语言社会交际功能的可能性，但是在真实的英语教学中，交际教学法仍然在围绕着交际功能训练英语学习者的语言技能，其延伸出的任务型教学法也在句型操练中进行了语法解释和母语翻译，这样的教学结果显然与教学改革的初衷相行渐远。

始终无法摆脱语音、词汇、语法和句型操练的大学英语教学在语言形式结构的桎梏中忽视了英语语言文本本身具有的话语内涵——虽然英语文本由一个个英文符号组成，但这些符号组合成文本内容之后所具备的含义远超单独一个个符号所指代的事物概念——这些包含着逻辑与理性、历史与文化、德行与智慧、情感与审美、社会与生活的精神内涵是大学英语教学必须触及的深层内蕴。遗憾的是，在大学英语教学这个复杂的系统工程里，师生双方往往因涉及汉语与英语、英美文化与本土文化、听说能力与读写能力等矛盾而“只在此山中，云深不知处”，更加容易在处理这些矛盾时简单采用对立的方式从一个极端走向另一个极端。

比如，在处理英语和汉语之间的关系时，要么陷入全盘用汉语串讲英语语法的误区，要么又过于夸大汉语对英语学习的干扰，过分强调汉语作为母语在英语学习中会造成的负迁移而忽略了英汉两种语言之间其实有着很多吻合或者相似之处，而这些都是有利于中国学生的英语语言学习的，是可以促进正迁移发生的。

又如，在新中国成立初期因为全面学习苏联而不重视英语学习或在教学内容中大量选择不切合真实生活的语言材料，而在经济建设时期又因为英语是国际交往的通用语言而过于重视英语、轻视汉语，重视英美文化的输入而漠视对中国本土文化的回应。

随着以学习者为中心的思想在教学中的贯彻，英语学习者的主体意识增强，其自我存在的意识也不断萌发，因此学习者有回应本土文化的需要——作为土生土长的中国人，本土的中国文化已经成了中国英语学习者本体的一部分，尤其是大学生，数年的学习与生活已经使自我和本土文化融为一体，因此对中国文化的回应也是对学生本体回应的一部分。然而回顾我国大学英语教学，要么是对中西方文化通盘漠视，只专注于英语语言形式的分析讲解，使英语学习者被冷冰冰的语言符号遮住了语言内容背后富含的人类社会中多样的文化状态，在英语教学中不断固化语言形式习得者的身份而导致了自身文化身份的缺失；要么只重视西方文化的输入，这种文化盲点式教学忽视了在英语学习中对中国文化的理解与表达，让被动全盘接受异文化的中国英语学习者丧失了主文化和异文化碰撞间能产生的思想火花，丧失了在多元文化交融中对不同文化的欣赏力，也逐步消解了在多样性社会文化里创造性生活的勃勃生机。

更加发人深省的是，在文化盲点式大学英语教学中，新千年后的英语教师往往因自身在成长过程中受到大量西方价值观的冲击和影响而在教学中以西方文化为中心，把西方文化全部拿来作为主流文化并试图同化英语学习者，持有这样价值立场的英语教师往往忽视学生的本土文化，甚至保持精英主义态度而漠视学生因多元文化交互而产生的文化差异现象。他们不相信有文化差异的学生能学好英语，也低估了学生头脑中原本就具有的前理解是能带到英语学习中并对大学英语学习产生积极作用的。

二、当前大学英语教学的文化理解困境

回顾大学英语教学自新中国成立以来的历史，我们不难发现，受西方科学和文化知识的影响，西方文化的核心知识论哲学进入中国学术界并在英语教学中占据了极重要的地位。它不仅规约着英语学习者的伦理观念、影响着学习者的审美情趣，还将英语语言背后蕴藏的所有文化生活都淹没于冰冷的符号和抽象的概念中。要摆脱这种认识论思想的窠臼，就必须对当前大学英语教学所面临的困境作出深入的检视、分析和反思。

（一）工具理性规约自我理解

中国学习西方以期实现现代化转型的过程经历了漫长的岁月，在这段历史里，西方国家 17 世纪取得的精神成就、18 世纪完成的制度变革和 19 世纪实现的物质丰富吸引了许多中国人的目光，也使长期处于悠然自得的农耕文明状态下的中国在历史进程中主动地向西方学习。尤其是改革开放以后，打开国门的中国在短短的二十年间在引进西方产品、学习西方技术的过程中感受到了科学技术所带来的极大影响力，也享受了在现代工具快车道上追求效率和实用后的发展加速度，这种体验让国人更加相信工具理性是最实用和最直观的东西，并将之广泛应用于包括英语教育在内的一切社会领域。

然而，当曾经在解放生产力时期立下汗马功劳的工具理性，在社会生活各个领域蔓延并成为现代社会的信仰和法则时，真实社会中不断凸显的问题逐渐让人们发现工具理性无法从根本上解决问题，在教育场域下亦是如此——对知识实用价值的不断强调、将教育不断推向标准化和规模化、学习者对功利化结果的推崇……这些令人担忧的现状需要人们拨开泛西方

化的迷雾去寻找更深刻的东西。

首先，在工具理性的支配下，大学英语教学充满对科技和效率的顶礼膜拜，这种膜拜无可避免地模糊了教育原本的面貌，并且在“目中无人”的状态下不断将学习者异化为高效率运转生产线下有待改造和加工的客体。一方面，大学英语教学充斥着各种追逐功利的教学技巧和教学程序，这些追求高效产出的人才产出模式降低了英语教育中的情感温度，使英语教师和学生之间的爱与尊重都化为冰冷的职业技艺。工具理性主宰的大学英语教学痴迷于寻找教授英语知识的“最优解”，挥舞着一件件“工具”塑造英语学习者，仿佛学习者不是人，只是一尊尊任凭搓磨的泥塑。另一方面，成为工具和技术奴仆的大学英语教学无法直面教育的真正内核——人的问题。工具和技术的崇拜与感情和习惯的摒弃相暗合，使大学英语教学无情感、无感动，压抑的教学气氛和没有声音的英语课堂是工具技术驯服了教育的反馈。英语教师成为客观的程序操作员，学生则化身为流水线上的产品，彼此都在丧失情感温度的冰冷的英语语言符号分析中失去了生命之间的能量流动，也失去了对话和感动。他们认为个人实现和自身的幸福是异己的，是外在的，是需要做出牺牲的。

其次，工具理性支配下以追求功利为目的的英语应试训练使大学英语师生双方都迷失在诸如生词填空、翻译练习、句子改错等重复性机械训练中，简单地将英语学习等同于语言符号的置换，而忽略了在英语学习过程中学习者与源语言文本之间的距离，也忽略了学习者本身所处的文化语境及其在面对另一种全新的语言时所面临的语言解码问题。这种通常被称为释义的语言解码需要借助英语学习者主体的力量，学习者的人生经历、情感体验、审美品位都是在英语学习中应该被理解的前理解，是对新语言开启解码的起点。然而，高强度、高密度的英语应试训练使学习者在机械练习中疲于奔命，在语言感受钝化、学习状态恶化中，主体则在不断地异化，学习者成为单向度的人，他们被各种规范和守则压抑了自主意识，在枯燥训练中心生恐惧，他们是英语语言训练的顺民，却唯独不是自己。

最后，由于工具理性推崇标准化和规范化，在其规约下的大学英语教学也在语言形式上呈现统一化，在文本内容理解上呈现一元化，在表达上呈现规范化——统一标准的大学英语教学内容纵使包括英语单词的反复记忆、写作技巧的频繁训练、词汇语法的精讲测试，也绝不可能让英语学习者从英语文本中感知隐晦情感的细腻描摹，感受平白文字背后的深刻哲理，体会语言大师高超精湛的文本风格和精妙文笔。更何况中国上千年的传统文化里原本就有“天地君亲师”的情结，这种信奉权威的理念在教学中表现为学生对老师给出的“标准答案”俯首帖耳，即使面对英语文本时学生有自己不同的解读，与老师的解读有所差异甚至背道而驰，学生也不会、不敢、不愿意质疑，学生更倾向于忽视自己真实的内心体验而给出一个“统一的标准答案”，这样一来，学生的主体意识和自由精神自然在封闭固守、因循屈服的心态制约下被日渐削弱。

在工具理性面前人的主体性开始褪色，大学英语教育也在以自己的方式承担着代价：一方面，在指标体系、目标类型、科层构架等方面相关联的大学英语课程在教学安排上要求精确和具体，在教学结果上要求标准化和有效性，这种视野将大学英语教学推向了技术极致，认为学习者是技术性和工具性的存在，是个性贬抑的“技术人”。可以说，我们在大学英语教学中知道要制造出什么样的人，但却对英语学习者是什么样的人一无所知。另一方面，对英语学习者而言，以教师为中心、以习题训练为主要内容的大学英语课堂教学只能激发其工具型学习动机，这种表层化的学习动机使学生大多充满了对英语学习的倦怠心理，因此在态度、心理和行为中表现出隐性的排斥感和抗拒感。

显然，这种排斥与抗拒是必然会发生的，因为周而复始的重复性训练使大学英语教学成为一种驱使自身的力量，而例行公事般的大学英语教学过程则悄悄吞噬着学习者对异国语言的热情，不断钝化着学习者对自我的体验与感知，反复消解着学习者的主体意识。

总而言之，传统的大学英语课程教学在工具理性影响下深受知识论哲学的规约，在教学过程中挤压了英语学习者本源性的、千人千面的存在本身，反而使学生在大众化、平均化、千人一面的非本真沉沦中忘记了“我是谁”，他们既不能确定自己的身份，也无法触及自我的真正存在。这种功利性的大学英语教学所培养出的学生并没有受到真正的语言教育，因为仅仅从知识论的角度把英语学习者看作客体和对象只能帮助其累积与英语语言形式相关的科学知识，却永远无法让学习者在对自己思想和行为的反思与体验中成为整体的人。

（二）浅层学习阻碍意义创造

传统的大学英语教学迷恋于控制和效率的范式，着眼于英语语言形式知识逻辑，强调通过形式分析来呈现知识的清楚性和系统性，这种结论式、静态性的大学英语教学古旧繁琐，偏狭地将大学英语教学窄化为语言形式训练。从语境主义的视角来看，语言知识作为人类的文化成果必须要在具体的语境脉络之中才能被学习者理解。正如维特根斯坦所说，语言是嵌在生活形式中的，剥离了语言背后体现着人的兴趣、利益、组织和文化的人的情境活动，将无法抵达语言的意义。而传统的大学英语教学却把学习者抽离周围世界，展现给学习者的是一片白茫茫、冷冰冰的语言规律世界，这个永远客观中立且总能给出唯一正确答案的英语世界是单维度的。从历史主义的视角来看，没有进入语言知识内在时间性和历史性维度的大学英语教学将语言知识问题简化成逻辑问题，将语言背后蕴藏的历史、文化与生活的世界蜕变为毫无生气的命题世界。

传统的大学英语教学将语言知识固体化，彻底割裂了语言与历史、语言与时代的生动联系，也忽略了即便是所谓的英语学习中的基础性知识也会随着诠释视角的变迁、知识要素关系的重组、语言内容的删改迁移等发生变化。可以说，只有进入历史视域，语言知识才能迸发出生命的力量，才能在动态和开放的解释中被推向不同的意义方向。从具身认知的视角来看，大学英语教学不仅包含表达技巧，也不全是枯燥的语法训练，而是饱含了英语使用者的情感与体验，是历史长河里负载着个性色彩的文化载体。然而，拆文成段、解句为词的大学英语教学不再负载鲜明的情感、斑斓的灵感和丰富的想象，成为某种抽象的和分析性的符号。

显然，无论从哪个角度来看，当前的大学英语教学都在机械语言形式训练中忽略了语言背后的意义及其意义创造。说起语言所蕴藏的意义，早在诠释学早期对圣经的注解中就已发端并形成了意义说。在意义说的理论层级中，第一步要分辨的就是语言所具有的三重意义：语言文字表面的意义、语言的历史意义或条件意义、语言文义背后蕴藏的精神意义。语义学也对意义做出了解释，英国语义学家 Leech 认为，关于语言逻辑和认知的是概念意义，通过语言所指来传递的是内涵意义，关于语言运用的社会时代风格的是风格意义，关于讲话人或作者情感态度的是情感意义，同一个词语的另一个意义联想传递的是反映意义，经常同时出现的一对词语表现的是搭配意义，组织信息的方式传递的是主题意义①。很明显，包括英语在内的所有人类的语言虽都源于某些单纯具有情感性质的音节，但是单凭这样的生物学起源并不足以把人类的语言同自然界其他生物的嗥叫与啼鸣区分开来。人类语言与动物语言的区别在于人类语言能表达意义，这些意义被那些混沌含糊的觉知和朦胧迷茫的情绪渐渐沉淀，并最终成为某种共同的、可传承的表达形式。如果要打个比方，语言就是意义穿上的一件最方便灵活的符号外衣，在它的帮助下个体经验超越表象和个体的局限而流

① 鲁苓. 语义等同性与深层语义学：读 Leech《语义学》[J]. 解放军外国语学院学报，1999（4）：26-28.

传于群体之中，累积出不同形态的人类文化。

世界上有山石草木、春花秋月，也有虫鱼鸟兽、云霞日暮，它们几千年来都存在着、运动着，却并不自知自己的存在，更不会费心去追求存在背后的意义。唯有人例外，人不仅存在于世界，更不断追寻和创造着存在的意义，人是有理性的动物，而理性的标志就在于人能够突破感官感知的局限去理解并创生意义。法国哲学家米盖尔·杜夫海纳认为，意义产生在人与世界相遇的时刻。胡塞尔也认为，现实世界只有作为先验主题的意谓和意向的产物时才有意义。认识与对象有所关联，对象的意义不仅随体验而变化，而且随着自我情绪和行动的波动而不断改变①。由此可知，意义是链接人与世界的纽带，探索意义创生的成因就是在寻找一种既使人从自然世界中区分出来，又使自然世界成为人化世界的动因——人类的社会实践，人在实践活动中创造物质对象，并且在物质对象上留下精神痕迹，这就是意义。从意义创生的过程来看，一方面人需要超越自身主观局限去不断追问客体的意义究竟是什么，另一方面作为人与世界的一种复杂而动态的联系，意义总是基于一定主体而言的，主体文化状况不同、情绪趣味不同、实践处境不同都会导致客体具有不同的意义，从其生成的角度来看，意义形成于主客体之间的实践关系，它曾以支离破碎的表象隐藏于生活世界，又与不同主体在体验、想象或改造式的相遇中月印万川。

回溯我国的大学英语教学历史，映入眼帘的场景都是对英语语言最浅层——语言形式的学习，这种语言教学最多只能完成对语言字面意义的理解，拘泥于对文章结构和技巧的表层性解释，无法抵达英语背后的历史意义和精神意义。更令人扼腕的是，在对语言符号的浅层学习中，英语学习者用操练替代了实践，无法在活动中留下精神痕迹的大学英语教学何谈意义创生，更无法在意义创生过程里创造一种新的主体存在方式并完成主体立场的不断生成和发展。

（二）考试窠臼限制视域扩充

对于任何一门课程来说，课程评价都具有检查调控和反拨导向的作用，对大学英语课程来说亦是如此。谈及评价，我们不难发现它作为一种活动渗透在人类社会生活的方方面面，也正是评价的普遍性激发了人们对评价问题的关注。从词源上看，“评价”一词的英文是“evaluate”，其词根是“value”，有“价值”的含义，词根前面加上了前缀“e-”，其含义是

---

① 埃德蒙德·胡塞尔. 现象学的观念［M］. 商务印书馆，2017.

“引导、引出、出自”。不难发现，“评价”一词的含义与价值紧紧联系在一起。回到教学领域，我们要评价某门课程即意味着要了解这门课程的价值，我们评价某门课程的方式也暗合着评价者自身对相关知识获得标准的价值取向——对大学英语的课程评价就建立在英语学术界对知识获得标准的价值取向之上。

从课程理论的角度来说，大学英语课程价值取向可以归结为三种：知识本位、社会本位和人本位。首先，发祥于古希腊博雅教育的知识本位的课程价值取向经历了漫长的历史进程，并随着人类对课程的深入研究而形成了以赫斯特为代表的知识课程论，该理论认为教育以知识的本质及其重要性为基础，而并非以儿童的偏好、社会的需要和政治意愿为依据。其次，社会本位的课程价值取向以满足社会发展的需要为理据，在其理念中强调的熟练技巧、服务热情和劳动技能都集中体现了国家与民族发展意志。最后，人本位的价值取向以人的本性为逻辑起点，强调挖掘经验对个人生长和发展的价值来帮助学习者形成个性、实现自我。人本位的价值取向尊重个体生命的特殊性和整体性，把学习者当作活生生的存在的人，而不是训练场上的工具，这比获得某些知识形式重要得多，其目的在于帮助学习者陶冶人格、张扬个性，在个体经验履历的重组中成为大写的人。

回顾新中国成立以来的大学英语教学，由于身处工业化和现代化进程之中的新中国面临着科学知识和科学技能匮乏的问题，因此我国的大学英语的价值取向大多远离现实的人的境遇，止步于形式知识的传授，执着于塑造大学生能迅速适应现代化社会的竞争性人格。可以说，在知识本位和社会本位价值取向的操纵下，对大学英语教学的评价以功利性价值为评判标准：首先，英语语言形式知识成为大学英语教学的重要内容。柏格森认为，科学关注的是可重复的事件。科学至上的思想支配文化教育活动，大学英语被界定为静态的学科知识，英语语言教学无可避免地被技术化、抽象化、工具化、单义化。尤其是长期以来，人们将英语的习得窄化为对英语语法知识等元语言学的考核，经历一次次期末考试，大学英语四、六级考试，毕业英语清考的大学生认为生动活泼的词语只是书本上单词列表中确定的、单义的呆板符号，认为英语学习只是程序固定的内容分析、机械的语言文字训练和枯燥的语法知识传递。其次，考试是工具理性在教育中的具体体现之一，虽然考试的确是检验教与学成果的方法，但当教学活动全部为考试而服务时，考试就不再是促进教育的方法，反而成了限制教育发展的窠臼。

为了适应一系列的考试，英语学习者们乐此不疲地研究考试的形式和内容，甚至在学习中迎合考试的内容去学习，如按照考纲词汇背单词、按照考试题型展开强化训练，甚至放弃不考的内容，哪怕同一个英语单词，只要考试只考查其名词含义，就绝不学其动词用法。大学英语期末考试，大学英语四、六级考试，大学毕业英语清考成了一根根英语学习的指挥棒，哪个考试临近就会有一群学习者按照同一个节拍“演奏曲目”。令人啼笑皆非的是，有些自封为“英语考证爱好者”的大学生，还会自寻考试：剑桥商务英语、托福、雅思、托业等，他们以考试为自身旋转的轴心，一个个都仿佛童话故事里那个穿上红舞鞋跳舞的小女孩，一旦穿上了这双名为“英语考试”的舞鞋就不愿再脱下来，不停地为之旋转舞蹈，直至精疲力竭。

然而，分属人文学科类别的大学英语本有自己的特点，它不是对某一个实在客体的直观反映，而是一种关于内心体验的实在本身，它关乎情感与体验、主观与猜想，其教学目的在于理解世界、认识自我、以史为鉴、涵养精神。反观限于考试窠臼的大学英语教学，标准化的试卷中充斥着答案统一的试题，盛行的考试之风让学生止步于单调重复的训练，所考即所学的教学内容限制了英语学习者的视域扩充。“视域”一词在英文中是“horizon”，有“地平线”的意思，也可引申为“处境”，指目之所及。在现象学中，视域是一种与主体意识相关的主体经验；在诠释学中，伽达默尔提出历史和现在、客体和主体、他者和自我的视域融合。引申到大学英语教育场域下，英语学习者的理解自有其历史性，大学生在开始大学英语学习之前就已有其文化背景、专业偏向、生活经验等，而大学英语中的英语语言文本内涵丰富，也有其特殊的异国文化、外民族历史，还有其特殊的语言风格、逻辑方法和哲学立场等。这些都形成了另一个与英语学习者不同的特定视域，因此真正的大学英语学习应该是学习者跨视域的学习，是视域交融、视域扩充的学习。

除了英语学习者与英语文本之间的视域交融扩充，还有英语教师和学习者彼此视域的交融扩充、英语学习者彼此之间视域的融合与扩展，也只有在这样的大学英语教学中才能让学习者在自我意义建构的过程中真正彰显其人的主体性；在基于学习者自身民俗文化、日常场景、自我需求而展开的平等对话和情感交流中形成学习者的个性化观念；在互相启发、双向奔赴、良性互动的教学过程中让英语教师和学习者达到共同的精神愉悦与自由，实现教学相长。

遗憾的是，当物质财富和技术力量盘踞人类生活，甚至连教育都将其作为所追求的目标，现代人却在空前规模的现代大工业体制和商品社会发展中被异化为肉体机器和效率动物。人类发明了足以摧毁世界的武器，却不知道如何安放它们；人类拥有了现代化的传播媒介和宣传工具，却不知道应该把人类的心灵导向何方；人类在被经济危机、能源危机、环境危机、人口危机、道德危机等各种危机填满的世界里焦虑、迷茫、困惑。束缚于工具理性、止步于浅层学习、限制于考试窠臼的教育无法从根本上解决这些问题。

第四章　大学英语学习中文化理解的内容与条件

不同的语言，不同的民族，都是人类精神以不同方式、不同程度自我显示的结果，语言是精神的创造活动，或者说是精神的不由自主的流射。

——洪堡特

雷·克拉克（Ray Clark）曾引用约翰·戈弗雷·萨克斯（John Godfrey Saxe）的诗《盲人和大象》（*The Blind Men and The Elephant*）来隐喻语言学习中的文化理解。在这首诗中，每个盲人触摸大象的不同部位，并根据自己狭隘的经历得出了六个毫不相干的结论。他们每个人的观点当然都有一定道理，但部分不能用于定义全部，这个比喻恰当地暗指了语言学习中文化理解存在的问题：我们有许多来自不同学科的理论家和实践者，每个人对文化、文化学习和文化教学都有不同的观点，有人把文明看作文化，认为文化是包括历史、建筑、音乐和文学在内的“大 C 文化”和包括生活习俗、传统和日常操作在内的“小 c 文化”；有人把交际看作文化，认为文化流转于口头语言和隐性语言的交际中；有人把群体间的动态构建看作文化，认为文化由人们在独特的社会环境中创造的价值、意义或信仰所构成。此外，还有被看作文艺作品的文化、被看作社群心理层次的文化、被看作经由人主观意志改造后的物质文化、被看作政治经济制度的文化等。

在不同视域下文化的理解千差万别，因此，在英语语言教学语境下进行文化理解需要先回答两个问题：①英语学习中文化理解的内容是什么？②顺利地开展文化理解需要什么样的条件？

一、大学英语学习中文化理解的内容

虽然文化理解的内容涵盖甚广，但在英语学习的场域下，主要可以概括为文化观念、文化生活和文化精神这三个方面。

（一）大学英语学习中的文化观念

文化观念由文化成员共有，呈隐性或显性状态，反映了成员对世界的看法、持有的思维方式和价值观，以及他们在实践中所采取的规范、期望和态度。把这样的实践命名为观念是为了回答为什么这种文化中的人们会以这样的方式做事。为了更好地回答这个问题，我们按照 Samovar 等人的观点把文化观念细化为感知、价值、信仰和态度来进行分述，这四者同时具有隐性和显性的特点（Samovar，Porter，Stefani，1998）（见表 4-1）。

表 4-1　文化观念

感知	我们注意了什么、我们忽略了什么。
价值	我们认为是对/错、好/坏、适当/不适当、正常/不正常。
信仰	我们认为是真的还是假的。
态度	我们充满了感觉或情绪。

1. 文化观念的隐性和显性

观念可以是隐性的，作为一种模糊的认识而存在。譬如很多文化成员会进行某种文化实践，但如果他们被要求对这些实践进行解释，他们往往无法细说自己为什么会这样做，只能模糊地回答“一直都是这样的”或者“大家都这样”。他们把这一切当作是理所当然的。英文里有句格言“If you want to know about water，don't ask a fish.”，意思是“若想弄清楚水是什么，别去问鱼儿”。中文里也有诗云“只在此山中，云深不知处”，它们都说明了这一道理。

正如人类学家们所证实的，观念可以被揭示和被表达。就像文化的其他维度一样，观念可以是有形的、显性的，可以由口头或者书面的形式明确表述出来，如谚语、习语、信条、神话、格言、原则、方针、宣言或其他明确的表达形式。这些公开的观点、公共的观念指导着文化成员的实践。例如，美国梦就是一种文化观念，反映了一种典型的移民国家的信念，即任何人都可以通过努力工作、自力更生和自我牺牲在美国获得成功。这种观念的基石是基于个人主义、成就、竞争和唯物主义的价值观，而这些价值观又来源于早期清教徒相信北美大陆是“上帝留下的最后一块福地”的文化观念。他们认为未来比过去更重要，只要能拥有能够控制自己的命运和环境的意志品质就能获得成功。这样的观念与彼时刚刚兴起的资本主义思想萌芽不谋而合，甚至在伴随印第安人血泪的西进运动中越走越远，随之而来的是竞争、雄心、决心、韧性和自我中心。这样的隐性的文化观念虽看似沉默，却常常在实践中发声，如建立关系、发展事业和获取财富、地位和尊重等。

明确的、显性的观念还往往出现在历史文化和社会文化的研究评论中，如政治、经济、宗教、教育都反映并传播着文化观念。例如“在证明有罪之前，每个人都是无罪的”这一观念就渗透于美国司法系统中，它起源于美国革命，是对欧洲政治制度的一种有意识的回应。同样，大学英语教材中讲述美国历史的课文里充满了“自力更生的人”和“粗犷的个人主义者”的故事，他们在故事里“抛弃过去”“自力更生”“白手起家”并“发家致富”，最终实现了美国梦，证实了“God helps those who help themselves.”。

2. 感知、信仰、价值和态度

从图 4-1 中我们可看出文化观念可以被拆分为感知、信仰、价值、态度四个既离散独立又互相联系的部分，它们都同时具有隐性和显性。为了更好地理解这一部分的文化内容，我们以“时间概念”为例画出透视图，从显性到隐性，从可见到不可见，揭示“时间概念”在感知、信仰、价值、态度四个层面的具体内容。

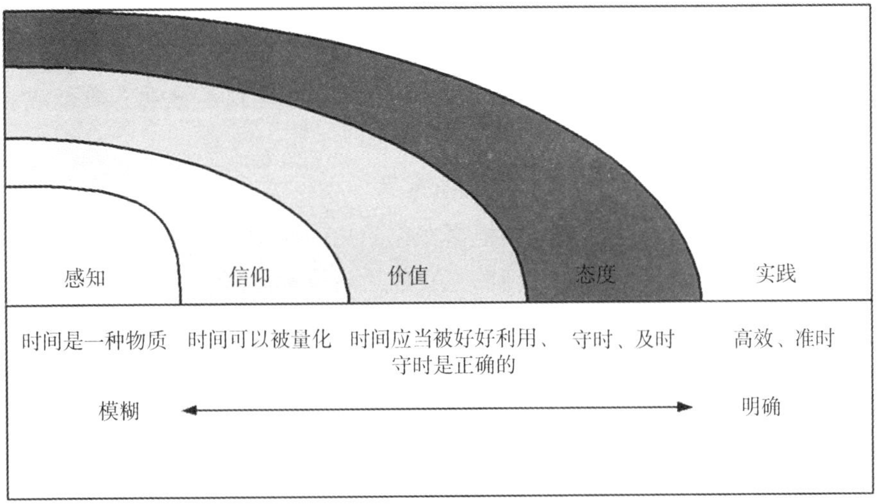

图 4-1　“时间概念”文化理解透视图

以“时间概念”为例，上图从左到右以透视图的形式展示了“时间概念”在不同层面的不同理解。态度是最显性的层面，在这一层面上文化观念往往以语言或行为的实践被表达为与态度相关的感觉。在绝大多数情况下，这些感觉要么是积极的，要么是消极的，如“他没有按照预期时间抵达”或者“这个时间很不错”，因此态度包含了可以明确表达的价值，如“我感觉很好/不好，因为这样做是对/不对的”或者“正常情况下会/不会这么做”。价值观与信仰紧密相连，我们认为什么是对的或错的，也可以通过语言这种明确的形式来呈现显性的状态。还是以“时间概念”为例，中文里说“一寸光阴一寸金，寸金难买寸光阴”，英文里说“Time has wing.”“Time flies.”，就是通过反思明确了对时间价值观的理解。

在英语学习中，学习者经常会碰到对时间概念的不同理解，这样一个看似在生活中简简单单、随处可见的概念能恰当地反馈出观念的显性和隐性。想想生活里的场景，如果我们在预定的时间里等待对方，随着时间的流逝我们会隐隐感觉不舒服，时间流逝得越久，这种不适感就会愈发明显。这就提醒我们意识到自己对时间的感知和态度，随即也能发现自我对时间的信仰和价值观。然而，不同的民族、不同的地区对时间的感知显然不同，以守时为例，对日本人来说，准点就是迟到，需要提前十分钟左右；对美国人来说，工作场合是不允许迟到的，对迟到的宽容时间大概在五分钟；对印度人来说，他们更相信时间是永恒的，再加上交通的原因，因此往往对迟到特别宽容。这些不同的感知折射出不同文化群体拥有的态度、信仰和价值观，从文化的解释观来看，所有的文化都是本地的，不同民族作为不同的文化共同体都有自己的文化生活方式，这些姿态各异的文化观念在相遇时会在文化成员身上表现为强烈的情绪反应，这种情绪反应也反过来说明自身所属的文化观念在某些程度上受到了触动、质疑或者威胁。

（二）大学英语学习中的文化生活

生活是一个复杂的话题，是根据文化成员的期望以及预定的方式在特定的物理环境或地点组织和实施的，它包括语言维度（书面语言和口头语言）、语言外维度（副语言和非语言）、产品操作和特定的社会环境。因此，为了在英语学习中确定文化生活内容，我们须采用结构化的方法将其拆分为几个语言教师可触及的组成部分，在这里我们将文化生活分解后提炼为操作、行为和场景。简而言之，操作是对所有文化产品的操纵实践；行为是具有语言特征和语言外特征的交际实践；场景是在特定的社会情境下制定的、包括操作和行为在内的实践。文化生活则是个体涉及的上述一系列实践的集合。举例而言，听音乐会就是一个典型的涉及操作、行为和场景的文化生活案例：向售票员购票、邀请同事参加涉及场景；在场景中选择场次、预订位置、支付资金、感谢客户等涉及行为；乐器、灯光、布景等涉及操作。

首先是操作部分。“操作”（operation）一词来自 Ray Clark（1980）对一种语言教学技术的描述，在这项技术中，操纵物品的程序成为语言和文化课程的基础。操作是文化个体成员与文化产品之间的交互，如装饰房间、骑马、使用自动售货机、移动支付、化妆、做饭或报税等，一项项看似稀松平常的日常操作其实都是文化生活的侧影。

其次是行为部分。行为及各种行为组成的行动链永远关涉人与他人，因此语言是必不可少的。通常，行为中的语言往往是简短的话语和回应，它们由已建立的语言表达和伴随的非语言言语组成。在英语教学中，教师需要知道并向学生澄清这些言语行为及其功能，如问候与告辞、发出或拒绝邀请、请求与同意、询问价格等，值得注意的是，所有的行为都需要在场景中进行。

最后是场景部分。场景是扩展的交流实践，涉及一系列的交互操作，它包括了操作和行为。我们称其为场景，因为它们遵循特定的环境和社会环境中预期的实践顺序。场景可以相对简单，如购买车票、打电话或进行工作面试；场景也可以复杂，可以包含许多实践，如通过海关、参加婚礼、演出戏剧或购买大宗商品；场景甚至可以更复杂一些，包括大量的文化实践、文化产品或文化群体，如教授课程、经营企业、实施改革、建设城市、治理国家等。因此，场景不是孤立或离散的，而更像是处于一种相对广泛的关联中。为了在英语学习中更好地理解场景，我们可以将场景细分为五种：基于时间的场景、基于事件的场景、基于群组的场景、基于机构的场景、基于生命阶段的场景。

在基于时间的场景中，实践是根据时间组织的，依照上午、下午、晚上、工作日、周末、周、月、年或季节等其他按照时间顺序排列的度量来对场景进行分组并赋予意义。与所有的实践一样，这些场景通常采取重复的可预测的规程，但重点在于时间是场景中的控制因素。也就是说，场景中的程序取决于时间的变化。在英语学习中，这种基于时间的场景可以设计为快递员的一天、全职主妇的一天、大学新生入校的第一个学期等。在基于事件的场景中，时间通过事件组织起来，并且这些事件通常有着明确的开端和结尾。在英语学习中，生活中无数的场景都可以被理解为基于事件的场景，从节日庆祝到汽车发生故障，从公开演讲到体育赛事，还有游行、舞蹈、合唱、盗窃或诈骗等。设计基于事件的场景有可能会涉及多个参与者或多个文化群体，那么他们就会对所发生的事情产生不同的看法，这些看法甚至会发生冲突和对抗。

在基于群组的场景中，实践是通过社会群体组织起来的。特定群体的成员作为这些群体的一部分，具有可识别的实践特征。群体是多种多样的，可按照职业、年龄、地区、宗教、民族、性别、个人兴趣等划分。在基于机构的场景中，实践是通过社会机构组织而来的，而成员则需要遵从特定的方案来参与这些正式的、有组织的文化系统，这些系统包括教育、政治、经济、宗教、卫生、福利、通信等机构。比如在英语学习中教师就可以设计这样一个基于机构的场景来便于学生理解文化：通过海关或办理移民手续时丢失了签证、护照或者忘记申报进口货物。基于生命阶段的场景都与出生、婴儿期、儿童期、青春期、成年期、老年期和死亡等阶段相关，显而易见，这些场景的定义来自被文化所定义的人生的不同阶段。在英语学习中我们可以按照许多文化设定的那样，在每一个生命阶段都以固定的场景为标志，如游戏是童年的特定场景，家务劳动和抚养孩子是成年的特定场景，赋闲在家是老年的特定场景。

（三）大学英语学习中的文化精神

文化精神是在不同的生存环境中群体所养成的独有的精神气质，是一种“缄默的文化”，它可以被习得、可以被加工、可以被有效使用，却无法用语言明确表述出来，它在一个合理的有意义的领域里可意会而不可言传。虽然文化精神大多“缄默”，但在人类历史长河中，文化精神仍然有迹可循：良知产生了科学、意志产生了道德、情感产生了艺术。换言之，文化精神凝结于科学认知、道德规范和艺术形式之中。

1. 科学认知

科学认知中的科学是广义上的科学，它蕴藏于物质实体中又化身为文明，它是人类智慧的产物。要弄清楚什么是科学认知，必然追根溯源。在混沌之初处于低级的状态时，人类出于自身的直接需要而发现了对科学的兴趣以及科学所带来的利益。正如克拉维所说，在人们有目的的活动中，可以看到科学冲动。时至今日，科学的概念具有了多重含义，其中科学是一种系统化的知识体系最广为人知。除此之外，科学其实还是一种人类的创造活动，一种认识世界的有效方法，一种与重要的社会生产活动相关的社会现象，一种发挥着人类文化功能的精神文化。

人类在科学认知的过程中，抽离出所感觉到的事物的共同特点并加以概括，就成为概念。概念是反映对象的本质属性的思维形式，它是人类从感性认识上升到理性认识后抽出事物的本质属性后得出的，因此概念产生于人类的选择。克拉维认为，概念的构成在于选择，选择那种吸引着各自兴趣的部分。至于此，一个新的、关涉价值论的问题又产生了：依据什么原理进行选择？答案包括三个部分：科学知识、科学方法和科学精神。在大学英语的学习中进行文化理解，除了使用英语作为语言工具来学习语言材料中的科学知识之外，更重要的是要通过学习培养学习者的科学方法和科学精神。

科学方法亦称科学思想方法，是指正确实现科学认知的手段与方法，具有可迁移性和广泛适用性。大学英语学习主要涉及逻辑方法和非逻辑方法两种科学思想方法。首先，逻辑方法的最主要基本类型有演绎与归纳、比较与分类、分析与综合、抽象与概括等，它们是构成包括创造性思维在内的一切复杂的思维活动的基本要素。演绎是从真实的前提出发得出正确的结论；归纳基于个性和共性的对立统一从个别事实中概括出一般原理；比较是确定对象之间差异点和共同点并加以运用的逻辑推理方法，从时空属性来看，有空间上的横向比较、时间上的纵向比较和时空上的交叉比较；分类是将全集合按照一定标准分成若干非空子集合，包括便于检索而进行的常规分类和基于事物本质特征或内部联系的本质分类；分析是把整体对象分解为部分，把复杂事务分解为简单要素来辨别事物本质的思维方法，其目的在于透过现象把握本质；综合是把研究对象各部分、各方面、各因素联系起来在整体上把握事物本质与规律的一种思维方法；抽象是在科学认知过程中有目的地抛开某些因素、属性和关系，而抽取某一属性或关系作为独立研究对象；概括与抽象相联系，把从若干相同属性事物中抽象出的本质属性扩大到具有相同属性的其他事物中。

上述这些科学思想方法可以成为大学英语学科教育的重要组成部分，如教师在语法规则的学习中采用演绎法，向学生展示这些语法知识形成、发展的过程；在单词教学中用归纳法帮助学生总结词根词缀规律，再经演绎推理加以论证；在写作教学中按照体裁进行比较、分类、概括，然后引导学生开展同类写作模仿；在阅读教学中通过作品背景分析、作品事件思维导图、作品主题概括、相关段落合并等活动培养学生分析与概括的能力。

其次，非逻辑方法包括直觉、灵感和想象。直觉不受逻辑规则约束，是思维的直接认知，是人们在对感性经验和已有知识的持续思考时，直接领悟出事物本质的一种思维方式，直觉包括判别、洞察和猜测。灵感与直觉既有所联系又有所区别，是直觉在无意识间的突然涌现，是对某个疑难问题因偶然因素激发而产生的豁然开朗，包括由原型启发作为第二信号语言引发的相似性联想式灵感和通过内在醒悟刺激而产生的醒悟式灵感。想象与直觉和灵感通常紧密联系并相互作用，它包括根据语言陈述和形象描绘而形成的再造现象和在陈述或描绘诱导下创造性形成新形象的创造想象。非逻辑思维在科学认知中一直被高度评价，相信直觉和灵感的爱因斯坦宣称想象力是知识进化的源泉，德波罗意认为，想象和直觉在科学创造中起着重要作用，凯德洛夫认为，没有任何一个创造性活动能够脱离直觉活动①。

大学英语的学习以科学认知为基本内容，学习和培养非逻辑思维的重要性不言而喻。在学习语法规则之前英语教师可以用感知直觉法，通过指导学生运用语言感知直觉能力直接理解语言知识；在阅读文学作品时，英语教师不仅可以引导学生发挥空间想象力还原作品发生场景，把生动的感性形象引入思维，激发学生的想象，还可以通过精妙的比喻、合理的推测、丰富的联想诱发学生的想象，帮助学生达致理解、出现顿悟；在写作课程中，英语教师可以跳出教科书中字斟句酌的严谨叙述，让学生从亦步亦趋的写作框架模仿的桎梏中解放出来，引导学生在创作作品中体验寻找灵感时的“梦里寻他千百度”、体验灵光乍现时的“作诗火急追亡逋，清景一失后难摹”、体验撰写时的“才下眉头，又上心头”、体验作品完成时的“千淘万漉虽辛苦，吹尽狂沙始到金”。

科学精神是文化精神的重要组成部分，其核心是追求知识与理性，主要表现为科学的创造精神、求实精神、革新精神和自由精神②。首先，科学精神表现在探索未知、追寻真理的创造精神。在大学英语的课程学习中培养创造精神重在精神创造，即非智力因素的培养。凡涉及对真理和知识的追求并为之奋斗的内容，都应该被列为最能体现文化精神的科学认知素材。比如在对海伦·凯勒的《假如给我三天光明》一文的教学中，英语教师要向学生展示海伦·凯勒在逆境中依然充满生机、充满生命力，保持着对大自然的好奇心和惊讶感，她以崇高的理想精神、浓厚的学习兴趣和百折不回的顽强意志激励人们敢于进取、超越自我。其次，科学精神表现为求实精神，其本质在于求是，即理性与经验相结合的科学探索精神，主张尊重事实、实事求是的文化精神。大学英语课堂里的求实精神培养重在英语教师的现身说法，英语教师应重视还原语言知识的产生过程，讲述词源、辨析词义，对有争议的问题秉持老老实实的研究态度，“其身正，不令而行”，久而久之，学生在潜移默化之间初步形成求实精神，并在学习和生活中进行正迁移。

再次，科学精神表现为革新精神。我们应不唯书、不唯上，在对过往文化形态的继承和积累中激浊扬清，破除不合理的陈旧观念，创造新的科

---

① 凯德洛夫，周义澄. 论直觉：凯德洛夫答《科学与宗教》杂志问［J］. 哲学译丛，1980（6）：32-36.

② 沈铭贤，王森洋. 科学哲学导论［M］. 上海教育出版社，1991.

学观念和文化形态。英语教学要有时代感，即使“言必称希腊”，教师也要在肯定经典的同时讲出现代视域下西方经典言论的局限性，讲出当今时代里西方思维内部的不自洽和与外部世界发展不统一的地方。最后，科学精神表现为自由精神，本质上来说自由精神是一种自主自由的精神活动，体现为造福人类的品格、宽容谦虚的态度和勠力同心的合作精神。在大学英语的学习中培养学生的自由精神，重在让大学生认识到科学和人类自由与解放的重要性。比如在“Man and Technology”（人与科技）这个单元中，英语教师可以设置相关讨论，安排科技革新与人类社会变迁的相关视频，促成学生理解没有蒸汽机和珍妮纺纱机就不能消灭奴隶制，没有改良的农业就不能消灭农奴制，当人们还不能使自己的吃喝住穿在质和量的方面得到充分供应的时候，人们就根本不能获得解放①的道理，同时激发学生对科学的追求和对科学家的理解与尊重。

2. 道德规范

道德规范是调整人们相互之间关系，评价人们行为善恶的一种标准，它既来源于人们的道德实践又高于道德实践。一方面，它是某一群体在长期的共同生活实践中逐步形成，并以一定的传统、风俗和习惯固定下来的道德要求；另一方面，它又是一定社会对这种生活实践和道德要求的认识，并在提炼和概括后返回道德生活实践，形成人们普遍遵循的行为准则。作为文化精神的重要组成部分，道德规范与文化同根同源、联系紧密。正如德国学者赫尔德尔所说，文化是一种社会生活模式，它意味着人的完善。从词源上说，道德与教育之间也存在着天然而紧密的联系。“教育学”（pedagogy）一词来源于希腊语“paidagogos”，“pai”表示“孩子”，“ago”表示“引导”，意思是“对孩子的引导”。伏尔泰曾用文化来描述受到教育之后人的道德。中国教育历来也强调道德对人的熏陶和塑造作用，如“其身正，不令而行，其身不正，虽令不从”“己欲立而立人，己欲达而达人”，还有在“治国平天下”之前须“修身”，它们都意味着完善人心、陶冶人性。因此在教学中进行文化理解，道德规范是不可或缺的内容。

在英语学习中，对道德规范的理解离不开逻各斯这一命题。从古希腊时期起，西方文化就一直以逻各斯为核心，这种强调理性的精神在道德规

---

① 卡·马克思，弗·恩格斯. 马克思恩格斯全集：第 42 卷［M］. 人民出版社，1979.

范中注重的是个人的理智，加上西方特有的骑士文化，教育的出发点是培养有德行、智慧、礼仪和学问的绅士品行①。沿袭至今，西方的道德规范重个体而轻集体，重视以引导的方式启发个体的自我觉悟，从而提高个体的道德判断能力和选择能力。

理解了逻各斯这一潜藏于西方道德规范中的独特精神后，我们不难发现西方道德规范的具体内容也大都围绕着这种理性精神而展开，包括道德常识和道德价值观。一方面，道德常识来源于文化生活中最朴素的经验和习俗。称之为常识是因为它能通过内隐的方式在个人的生活中潜移默化，而个人也通常会以这些道德常识为依据做出自己的道德判断。与思考“是什么”的科学认知不同，道德规范只考虑“应该是什么”或“历来是什么”，它是顽固的，存在于生活在这个社会文化环境里的个人的文化基因中，它具有天然的合理性，能自发地控制人们的判断、左右人们的行为。因此，在英语学习中进行文化理解，必然要理解在目的语社会中生活的人们在进行道德选择时是受绵延传承的道德常识所制约的，也要同时意识到这种道德常识是个体生活和社会文化的中介，反映着目的语文化的色彩和个性，同时也折射出该群体所共有的道德价值观。另一方面，作为一种价值观念，道德价值观来源于文化生活又因理性的思考和抽象的概括而高于文化生活。如果说道德常识只考虑“历来是什么”，那么道德价值观还在此基础上加上了科学的、逻辑的判断和选择，具有文化主体性和自觉性。

因此，英语学习中的文化理解就包括对目的文化所属道德价值观的理解和感悟。以西方文化的不同阶段为例，虽然从总体上而言，西方道德价值观有共时性的同一性，但在不同文化阶段中的西方价值观也有不同特点：古希腊阶段崇尚自由民主的道德价值观；中世纪因宗教文化而提倡原罪说；启蒙运动后倡导民主和自由；法国大革命后又在主张民主平等的同时倡导国家观念和传统道德。以史为镜，我们不难看出道德价值观受到历史文化背景的制约，其本身就是人们为了达致幸福生活而被自身心理机制内化后的意识，这种意识在一定的实践中发展进化，最终成为左右这一阶段人们思考和行动的价值理念。

3. 艺术形式

艺术形式超越社会制度而存在于文化之中，是一种复杂的产品，它不仅包括了语言以及文学创作这种语言的创造性表现，还囊括了音乐、舞蹈、绘画、雕塑、戏剧、电影、建筑、设计、装饰等。从文化理解的角度

① 吴铎，罗国振. 道德教育展望［M］. 华东师范大学出版社，2002.

来看，艺术形式反映了文化群体和文化个人的审美观、敏感性和哲学观。高尔基认为，人按其本性来说都是艺术家，他无论身处何处都力求给自己的生活带来美；车尔尼雪夫斯基也认为，美就是我们所向往的那种生活，美的、协调的感觉表现在能够理解现实生活中的永不枯竭的可能性和对生活的创造性改造。那些在历史和现实生活中的关于美的、理想的向往附着在艺术形式中，它们以恰当的、协调的、多样的形式表现出来。

作为文化理解内容之一，艺术形式的教育功用主要在审美教育，即以各种美的艺术形式为教育媒介，引导学习者建立符合规律的行为方式。鲍列夫指出，在教育教学中艺术是审美教育的核心和主要手段，担负着培养学习者审美趣味、审美理想、审美标准和审美创造力的教育任务，帮助学习者发展出创造性地感知世界和欣赏艺术的需求与能力，实现从现实世界的“必然王国”向理想世界的“自由王国”的过渡。

聚焦大学英语，最常见的艺术形式是语言艺术，语言艺术包括文学语言艺术和口头语言艺术两个方面。口头语言艺术更兼有表演艺术的特征，如演讲、辩论、脱口秀等；文学语言艺术则以文字为语言符号，以语言为材料创造形象性格、反映现实事件、反馈思维过程。由于语言具有无限表现力和无尽张力，文学能多维度、多方面、立体真实地反映丰富而复杂的生活，正如黑格尔所说，语言艺术在内容上和表现形式上比起其他艺术更广阔。比如诗歌艺术，英文中有两个同根词“poetry”和“poem”，追溯词源，西方的诗歌最早的意思是韵文，在漫长的历史岁月中，从史诗到颂诗，从十四行诗到自由诗、现代诗，变的是诗歌的形式，不变的是诗歌中传递的情感美和语言美。除了诗歌以外，还有散文、小说、戏剧等多种文学体裁，它们都以不同形式向学习者展现美的形象和美的情感，使学习者在审美享受中塑造人性、净化人心、升华人品。

二、大学英语学习中文化理解的条件

从文化发生学的角度来看，英语学习中文化理解的内在条件主要源于两个维度：一是文化理解的内在条件，二是文化理解的依存条件。离开了这两个条件，既不可能在英语学习中达到文化理解的目的，也无法“以文化人”，达成文化对人的规定和塑造。

（一）文化理解的内在条件

在上一节我们已经讨论了文化理解是什么，即文化理解的内容，然而在英语学习的范畴内讨论文化理解既是认识论的问题，更是学习论的问题。文化理解之所以能在英语学习中生发是因为三个要素的融合：一是理解必须在语言的联系中进行，二是在理解者全部经历的背景下发生，三是在分析语义时，进行心理转换和成功地进入他人意境①。换言之，英语学习中的文化理解须具备三个内在的条件：对异文化的接受、本民族文化认同的产生和跨文化实践的发生。

1. 对异文化的接受

在英语学习中，进行文化理解的首要条件是通过语言精准阐释文化，使学习者接受异文化，在英语教学中，为了让学习者更好地接受异文化，我们需要认识到英语语言符号系统能影响学习者感知客观存在。美国语言学家萨丕尔提出，语言的作用包含但不局限于传递信息，它还能在实际生活中塑造人们对客观现实的感知。也就是说学习者在操练英语语言结构时，会被该语言结构影响自己的思维方法。萨丕尔的学生沃尔夫在此基础上提出了被后世称为“萨丕尔-沃尔夫假说”的语言相对论，他将人类语言比作“带一定颜色且不平整的透明眼镜”，认为戴着这副眼镜观察现实世界的人们不曾意识到自己看到的客观事实并非真实的模样，语言中的语音、词汇、句法等成分让真实的客观存在发生了变异。因此，要让学习者接受目的语文化，势必要重视语言对学习者感知客观存在的作用，也只有顺应这个规律才能解决异质文化理解中那些难以应对的障碍。在英语学习中，影响学习者文化感知的要素包括语音、语义、句法和语用。

首先是语音。虽然常常被人们所忽略，但由于语音的特性各异，所以它对文化感知和接受都产生较大影响。世界上语言类型很多，从声调上可以分为声调语言和非声调语言。汉语普通话就属于声调语言，如“八”“拔”“把”“爸”四个字发音相同，但因为声调不同而意义相差甚远。相反，英语则是典型的非声调语言，包括升调和降调，声调主要表示语气。汉字大都是单音节，英语中则大多为多音节单词，汉语因为四个声调而形成了抑扬顿挫的发音特征，流传千古的汉语诗歌读起来因平平仄仄的韵律而给人以音乐美，而英语中很晚才出现与之相对应的“韵”，由于英语中多音节单词较多，所以往往一个单词中会出现重音甚至次重音，这些轻重音的作用不在韵律而在于表达不同含义。

这样的例子不少，如“digest”重音在前时是名词“摘要”，重音在后时表示动词“消化”；“object”重音在前时是名词“物体”，而重音在后时则代表动词“反对”。也正是因为如此，中文诗歌的格律为平仄律，而英语诗歌的格律为轻重律。显然，如果要让中国学习者接受西方的诗歌文化，其接受必然生发于汉语和英语两种语音的辨析与比较中，因此对语音

① 殷鼎. 理解的命运：解释学初论［M］. 生活·读书·新知三联书店，1988.

的溯源必不可少。

其次是语义。语义是语言中词语的意义，在英语学习中我们着重分析英语词汇的意义与文化接受的关系。同世界上其他语言的词汇一样，英文词汇与其文化群体的经验密切相关，所属文化赋予了词汇特有的含义。因此，要接受英语文化，就要先认识词汇意义的两个重要特征：其一，词汇意义相对稳定而绝对变化，比如“maintain”这个词原来的意思是“hold in hand”，但现在意思转变为“hold”，还有“beverage”在过去意味着“drink”，而现在的含义是“a kind of drink”，词汇的意义会随着历史的发展变迁窄化或泛化、升格或降格。不同于汉字结构的观物取象，英语单词是拼音文字，因此，英文词汇的意义变化比汉语更为频繁。其二，英语词汇的意义包括本义和引申义。

同汉语一样，西方文化也不仅反映在词汇的本义中，还反映在引申义里，因此，若要在英语学习中做到接受其文化，对英语词汇引申义的学习不可缺少。比如，“黄”作为三原色之一，在中文和英文中的本义是相同的，都表达一种基本颜色，但其引申义则大相径庭。我们依据《现代汉语词典》和《新牛津词典》来进行对比（见表 4-2）。

表 4-2　中英文中“黄”的引申义对比

	中文“黄”的引申义	英文“黄”的引申义
动词	事情失败、计划不能实现。	发黄、变黄。
名词	黄河、黄帝。	黄色人种、黄皮肤（冒犯性的）。
形容词	内容色情的。	胆小的。

不同的语言由于文化不同而在词汇的本意和引申义上各有异同，要从语义的维度更好地帮助学生接受异文化，需要教师在英语教学中帮助学生按照重合词、平行词、全空缺词、半空缺词和冲突词进行分类辨析。重合词在异质文化理解中通常不会造成麻烦，因为这类词不仅字面意思相同，引申义也基本一致。平行词指的是英语和汉语中字面意思不同但引申义相同的词，比如汉语中形容某人很饿，说“他可以吃下一头牛”，而英文中则说“He can eat a horse.”（他可以吃下一匹马）。全空缺词指英文里某些词的字面意思和引申义无法在中文里找到对应词，而这一类词往往在音译之后作为新的外来语被接纳，比如“T 恤衫”“沙发”等。这一类词的特点是一开始不容易被理解，但也不容易被误解。半空缺词虽字面意思相同，但在一种语言中有引申义，在另一种语言中却没有该引申义。

出现这种情况的原因在于不同的文化传统导致的不同语言禁忌，比如中国人忌讳“4”，因为它的中文发音与死亡联系在一起，但英文中对数字

4 就没有这个忌讳。有趣的是，英语也有自己的禁忌数字 13，因为基督教文化中出卖耶稣的是第 13 个门徒，所以在英美的高楼大厦里往往没有 13 层。如果说半空缺词往往在跨文化理解中引起误解，那么冲突词的破坏威力就更大了。顾名思义，那些在两种语言中由于字面意义相同而引申义不同甚至含义截然相反的词被称为冲突词。“喜鹊”这个词，在中文里有着美好的引申义，譬如“喜上眉梢”“鹊桥相会”，而英文中的“magpie”却是“爱嚼舌根的饶舌者”；中文中的“白象”代表圣洁和吉祥，而英文里的“white elephant”却是“无用的累赘”；中文里的“批评”经常带有否定的意思，而在英文中却是中性的评价……这样的例子在中英文里不胜枚举，冲突词极易引发文化误解、造成文化冲突，甚至导致对目的语文化的理解失败。

再次是句法。句法是连词成句的规则，对于文化理解而言，句法的关键在于中英文里句子结构的差异。比如英语有两种基本句子结构：“主语＋谓语”和“主语＋系动词＋表语”，其中主语非常重要、不可或缺。然而在汉语，尤其是古汉语中，主语的地位却没有那么高，主语常常不出现在句子中。比如李清照的《声声慢》里写“寻寻觅觅，冷冷清清，凄凄惨惨戚戚”，没有主语，谁在寻寻觅觅？是谁冷冷清清？谁又感觉凄凄惨惨戚戚？可以是我、你、他、她，也可以是我们、你们、他们。但此句翻译成英文则需要按其文化加上主语“我”，许渊冲老先生给出的翻译是“I look for what I miss，I know not what it is，I feel so sad，so drear，so lonely，without cheer.”。

除了对主语的重视程度不同以外，英文句子以动词为核心，反映了西方民族焦点式思维方式，这种思维方式在西方的经典艺术形式——油画中也有所反映，如《最后的晚餐》的构图就是以耶稣为焦点，采取静态的透视过程。相反，中文句子则采用散点透视，古代中国人认为移动视点的运动透视能不受视域的局限，能更好地在“似与不似”间“以形写神”，因此汉语句子往往不会以某一个动词为核心，而大多流动铺展，多点散开，汉语里的散是“形散而神不散”，是在运转变通和如飞如动间“文以达吾心，画以适吾意”。

最后是语用。英文中有一句俗语“No context，no meaning.”，意思就是语言在不同的上下文里产生不同的字面意义和言外之意，也会产生不同的影响和效果。作为语言的使用规则，语用在文化理解中的作用不言而喻。比如东方文化对谦虚的重视让中国人认为语言中理所应当有寒暄、谦词、敬语等礼貌用语，而西方人却更欣赏直来直去的坦率，如果不能辨析这样的中英文语用上的区别，那么在英语学习中进行文化理解时很难不碰壁。事实上，语用中存在大量深奥且微妙的东西，我们是无法从孤立的语言要素上认识的，只能在连贯的言语中去不断感知和慢慢猜度，换言之，语言真正的意义存在于其现实发生的行为之中，而语言的理解则生发于连贯的语言而非破碎的词语和机械的规则。

总而言之，要让学习者在英语学习中接受英语文化，就要通过精准的语言阐释目的语文化，并在中英文的语音、语义、句法和语用的相似、相对、相反的辨析与比较中帮助学生找到正在学习的新文化（英语文化）和头脑中已有的旧文化（中国文化）之间的本质区别。这种本土文化与外来文化间的辨析与比较是学生理解异文化必经的逻辑思维过程，学生对异文化的接受只有经过严密的逻辑思维过程才能建立，而英语教师的作用则是在语音、语义、句法和语用的教学过程中创设能帮助学生建立文化接受的条件。

2. 本民族文化认同的产生

本民族文化认同建立在对“我”之文化认可和接受的基础上，它意味着人们按照“我”文化形成自身思想体系以确认自我身份、融入同类群体和追寻价值意义。换句话说，文化认同回答了“我是谁”这个对人类来说最有意义的问题，因此，亨廷顿高度评价文化认同，认为文化认同对大部分人来说是最有意义的东西。在同一个民族群体内，文化认同代表民族成员用祖先、宗教、语言、历史、价值、习俗和体制来界定自己，是人们因长期共同生活而对群体内部最有意义的事物形成的民族性肯定，是民族的精神纽带。但值得注意的是，文化认同是一种意向性反应，也就是说如果一个人完全不接触本民族文化之外的任何其他异文化，那他从头到尾都与本民族文化相容，在这样完全的同一性中，这个人不会产生认同的需要，更不会生发对认同的冲动。相反，只有当“我”之文化遇见了“你”之文化，当个体接触异文化并在不同文化的接触中产生交流与碰撞、比较与冲突时，才会有意识地生发出一种保持自我同一性的需要和冲动。

正是因为文化认同生发于与异文化接触和碰撞的场域中，所以在全球深度交流的背景下，文化认同问题赢得了人们关注的目光，也被越来越多的民族和国家重视。全球化让世界各国、各民族打破原有的狭隘界限，在交流与合作中走向一个更开放、更多元的新格局。在这个新格局的形成中，由于既存在人类基本价值观，如人与人的彼此关爱、家庭的和睦、法律的公正、社会的公平等，又存在人类不同族群间的巨大文化差异，所以人们既会在有效沟通和彼此理解中看到文化或价值观念在某种意义上的趋同，也会因为误读误解和分歧冲突带来分裂与对抗。总的来说，在文化理解的视域下，我们所期待的文化认同包括三个层面：一是通过概括和归类，发现并认可自我文化和异文化中的共性；二是通过比较和辨析，发现异文化与自我文化的不同之处；三是通过溯源文化、推演逻辑、分析历史，对自我文化和异文化的同和异进行反思，取文化精华而去文化糟粕，在理解和尊重异文化存在的同时对本民族文化产生深层次的文化意识和文化感情，即本民族文化自觉的发生和文化自信的产生。

面对异文化时，人们的文化认同绝不会发生在一瞬间，它是过程取向的，要经历由浅入深、由表及里的逐渐发展过程。人们对文化的认识和接受分为不同程度，大致可分为浅表层、中间层和核心层三个程度：浅表层是人们在文化认同之初会碰到的对文化形式的认同；中间层是对文化规范的认同；核心层是对文化价值的认同。由于人们的定型观念不同和归因偏差，人们对同一文化的认同程度也呈现出差异性。定型观念俗称刻板印象，顾名思义指的是固定的印象，具体来说是指一个群体成员对另一群体成员或事物的过分简化、不加鉴别的判断。定型观念形成于社会传统和规范、大众传媒传播和个人交往经验，因此它既具备顽固性，也具有可变化性。归因是指在异文化交流中，人们常要推断对方举止的原因、动机和意图，借此寻求对方行为的因果解释。在文化交流中，当文化双方成员都根据定型观念在对方身上寻找自认为的突出信息时，往往会导致错误的归因。

聚焦英语学习，要帮助学生从文化认同的浅表层走向核心层，我们需要从浅表的语言镜像认同到中层的语言思维认同，最后深入语言深层结构认同。首先，语言镜像认同，即主要在词汇层面考察文化在语言中的映射。词汇是对社会发展最为敏感的语言要素，从英语丰富的词汇中我们能一览西方历史发展的恢弘场景，也能从亲属间的简单称呼中窥见西方社会伦理关系，还能在俚语俗语间显见宗教对西方民众日常生活的渗透。其次，语言思维认同，指根据思维方式的特点理解语言的特点。西方的语法传统是分析传统，有着单纯、独立的语法学，而中文传统的析句观念是综合指导下的分析，是既于大段中看篇法，又于大段中分小段看章法，又于章法中看句法，句法中看字法。因此，西方的语言思维的基础是机械世界观，他们习惯于从分析的角度来观察事实，而中文的语言思维则是整体思维，是天人合一的混沌。最后，语言深层结构认同。在这一核心层，认同主要包括语言结构所反映的文化理据，换句话说，就是要认同民族语言结构与其民族文化心理结构之间的通约性。比如英语中的句子受制于主谓一致的语言形态，以形达意的英语句子界限是严格的，反馈在思维中就是重视自然空间，呈焦点透视；而中文句子呈多点透视，以神统形，按事态发展而移动流转。

值得注意的是，在英语学习中，通过语言的镜像、思维和深层结构达致的文化认同需要带有本民族文化印记。我们已经知道，语言的使用和文化身份有着密切的关系，语言不仅是作为文化的载体和民族的特征而存在，更是一个民族及其文化存续和发展的关键因素。因此，我们在学习英语时，不仅要从对异文化认同的角度知道自己在“说什么”，还要在学习中不断意识到“我是谁”，要在讲英语时有着自己的民族文化身份和文化归属感，要让自己讲述的英语负载起中国的文化和意识形态，用英语这门世界通用语言向世界传播中国声音，实现中国人在英语世界里的文化身份构建。

3. 跨文化实践的发生

跨文化实践把关于文化双方的一切对象和现实都当作人的感性活动与人的实践，其核心在于生动具体的人的活动。大学英语学习活动的主体也是人，要想以文化人、实现文化育人，就应该在学科教学的教育主阵地上促使跨文化实践的发生。那么，什么是大学英语学习中可观察的实践活动？英语学习如何跨越截然不同的中西方文化？跨文化实践如何在英语学习中发生？这些问题要从理解性文化实践、反思性文化实践和创造性文化实践三个方面来回答。

首先，英语学习的文化理解发生于理解性文化实践，具体包括文化符号解析、文化思维认知和文化背景考察。在英语学习中最常见到的文化符号是英语单词，虽然单词最初是表述概念的语言符号，但在充斥着社会历史事象、社会伦理关系和民族风土人情的文化建构过程中，这种语言符号在漫长的岁月里被隐喻等方式赋予了一些新的范畴，这些可以被推衍、发生和建构成文化理论大厦的语言符号就成了文化符号，它们映射着一个民族的文化建构和文化传承。因此，要在英语学习中进行理解性文化实践，首先要认识到语言的文化符号功能，并对文化符号加以解析，弄清楚它们所蕴藏的言外之意和弦外之音。比如“almost agree”并不是“差不多同意了”，而是“根本不同意”。在英文中还有一句典型的英式客套话“I hear what you say.”，按照字面意思我们会认为对方同意了自己的观点，但实际上对方的意思是“I disagree and do not want to discuss it further.”，即“我不赞同，这个问题就此打住不要讨论了”。

类似这样既有趣又容易被误解的例子还有很多，其原因除文化符号外，还涉及文化思维。文化思维是某一文化群体表现出的倾向性思维，而语言则是思维的外化形式，因此某一民族语言结构的特点与该民族的文化思维特征必然有所关联。比如中国人的思维方式讲究整体性、综合性和辩证性，而西方人的思维倾向于逻辑性、形式性和分析性。这样分歧明显的思维方式反映在语言上，其对比也依然强烈。仅以句法为例，分析性的西方思维体现在规则性极强的一致关系中，组成英语句子时关注形态规则的准确性，无论是性、数、格还是时态、人称等范畴，在形态上都要保持一致性。中文则相反，连词成句靠的是词与词在意义上的配合，语句形态多样，甚至以飘逸灵动为美，其正误主要看所含意向是否在逻辑上成立。

不难看出，认识语言背后蕴藏的文化思维是在解析文化符号知其然之后的知其所以然，它是进行理解性文化实践的第二步，但仅仅对文化思维进行认识还不足以揭开语言的文化面纱，还需要我们对其文化背景进行考察。比如，英语诗歌中常常会有与现代英语形态不同的古代英语出现，古代英语就是在古代文化背景下出现的典型屈折语，其词性变化纷繁复杂，如名词、代词和形容词都有主格、生格、与格、宾格和工具格五个格，形容词分为强变化和弱变化，动词也分为强动词和弱动词。

这样具备丰富的词形变化特征的古代英语与词序固定、词形变化少的现代英语显然大相径庭，英吉利民族的文化历史以及世界近现代文化历史使英语的面貌发生了巨大的变化，从日耳曼民族对不列颠的占领到丹麦国王克努特于英国称王，这期间英语曾与斯堪的纳维亚语融合；中世纪时期由于诺曼人征服了不列颠，英语又从法语中吸收大量词汇、减少词尾变化、形成固定词序搭配；现代英语以文艺复兴为标志，教育的发展和文艺作品的繁荣再一次规范了英语语言；工业革命的成功将英国以世界强国的身份推向世界，开启了英语向澳大利亚、北美、南非、中国香港等地区的迁移，其在语言上的结果就是出现了英语变体，其中最为典型的就是美式英语的出现。显然，对文化背景的考察是以进入历史、进入世界的学习方式建立起学生与民族文化、学生与世界之间的充分关联，引导学生深入知识的内核进行文化探源①。

其次，英语学习的文化理解发生于反思性文化实践，具体包括在多元化视野下对民族精神价值的审视、对宽容精神的思考和新的价值坐标的建立。借助英语这个世界通用语言，我们在大学英语的学习中无限拉近了与世界的距离，形态各异背景不同的文化也向我们纷至沓来，那么，如何在

① 郭元祥. 深度教学：促进学生素养发育的教学变革［M］. 福建教育出版社，2021.

大学英语课堂上从对多元文化的理解性实践过渡到反思性实践呢？黑格尔认为，当一个民族的精神已经从原始的自然生活的蒙昧混沌的境界中挣扎出来，并同样当它超出了欲望私利的观点，离开了追求个人目的的时候，精神超出了它的自然形态，超出了它的风俗伦理，它的生命饱满，进而过渡到反省和理解。

现在，我们在多元文化交汇的大学英语学习中探讨反思性实践，也要以对本民族精神及其价值的审视为开端，因为民族精神既是一个人最为内在的本质性的东西，也一直呈现于人的反思和自我意识之中。尤其是在多元文化的语境下，大学英语向我们展现了世界各个民族的特殊性和人类的统一性，基于本民族和他民族的双重维度和双重资源，我们以西方文化作为中华文化的参照，以他民族精神作为自我认知的中介展开对自我民族精神的审思。本民族的精神在反思中价值凸显，但伴随而来的是与其他民族精神的差异性，英语学习中充斥着的多元化的民族精神也给学习者的反思带来了挑战。多元文化和不同民族精神在大学英语课程中复杂交汇的大前提决定了对学习者宽容精神的内在要求。其实，英语学习本身也反映了学习者对宽容精神的诉求，如学习者对英语所承载的不同文化意蕴表现出的惊奇和兴趣，恰恰反映了学习者自身对了解其他文化的渴求。因此，在反思性文化实践中积极锤炼宽容精神，让每个学习者的视角都能通向他者，这既是由大学英语课程的开放性决定的，也是学习者本身的诉求。

那么，在多元文化视野中审视本民族文化并对宽容精神展开思考之后，如何从当代中国人的视界出发，在反思中建立起新的积极的价值坐标体系，才是反思性文化实践在英语学习中做出的最有意义的终极回答。作为当代中国人，英语学习者在同时面对传统的本民族文化和多元的他民族文化时，不再是消极的承受者，而是在反思实践中从自身的主体性出发，成为积极的选择者和配置者。在英语学习中，面对纷至沓来的多元文化，如果只是“我注六经”，则必然陷入足以吞没学习者全部热情的深渊，因此，我们必须有所省略，有所选择。

众所周知，无论是省略还是选择都是建立在学习者一定的价值取向上的，换句话说，学习者的价值坐标决定了省略什么、选择什么。那么，接下来的问题是学习者究竟要以怎样的价值尺度来进行反思。从当代中国人的需要和根本利益出发，答案只能是：凡是文化中有利于推动我国当前改革和现代化建设的都是有价值的。落实到具体的反思实践里，对文化的甄别和选择表现为一个复杂的过程，它包括两个基本环节：一是对传统文化的拆解，这要求学习者用文化批判这把精神的“刀”来拆解已经存在的传统的本民族文化和他民族文化；二是对新文化的建构，学习者从传统中拆解、选择出有价值的东西后再以“六经注我”的方式，将其凝结为生气勃勃的当代中国所需要的新的文化体系①。

最后，英语学习的文化理解发生于创造性文化实践。葛兰西曾指出，实践是一种绝对创造性活动，它与文化以及人的现实的历史活动联系在一起②。那么，什么是创造性文化实践？创造性文化实践中有哪些人的活动？在马克思看来，创造性文化实践主要包括两个方面：一是理性的创造活动，即创造物质生产方式的活动，实现人的外化；二是价值的创造活动，即创造人的生存意义的活动，实现人的内化。在大学英语学习中，创造性文化实践活动集中体现在人的精神世界的外化上，即通过英语语言表达对先进的祖国文化的认同、热爱和坚守，传达对他国文化和异质文化的理解、宽容和尊重，使学习者在自己的精神意识中确立科学、平等的文明观，在不同的民族文化中找到共同的人性，以高度的文化敏感性和文化包容性改变因文化理解缺席而导致的育人功能失效，实现承载着文化意义和文化精神的大学英语学习。

（二）文化理解的依存条件

从形式上看，在英语学习中的文化大多是以英语语言符号的形式呈现于学习者面前，但从内容上看，无论英语符号的表征采用什么样的叙述方式，插叙或倒叙、说明、议论、散文或是传记，它都指向了具体的文化生活、文化观念和文化精神，是特定的背景下的人类依据已有经验遵循一定的逻辑展开的表达。因此，文化理解依存于特定的背景、特定的逻辑和特定的经验。如果离开了文化的这三种依存条件和内在的存在方式，对文化的理解就会存在偏差。

1. 依存于特定的背景

文化依存于特定的背景，是指任何文化都指向特定的现象表征或事实存在。没有背景的文化是不存在的，所有的文化都与特定社会背景和历史背景相关联。由于人类的文化不是凭空产生的，它来自人们的生产和生活，是人们生活世界里日常生活的主题化总结，不同群体的人们在有差异的背景下会对文化产生不同的甚至相悖的理解。在文化背景方面，对在英语学习中进行文化理解影响最大的因素是与学习者生活世界截然不同的西

---

① 俞吾金. 寻找新的价值坐标：世纪之交的哲学文化反思［M］. 复旦大学出版社，1995.

② 安东尼奥·葛兰西. 狱中札记［J］. 史学月刊，2017（1）：138.

方社会规范。社会规范构成了某一文化群体的特点，告诉人们在这个群体里说什么是合适的、做什么是恰当的，其具体形式主要有风俗习惯、道德规范、法律规范和宗教规范。由于大学英语学习者生活世界里的社会规范与英语世界里的社会规范多有出入，所以在文化理解的过程中，对目的语世界的风俗习惯、道德规范、法律规范和宗教规范的文化背景教学是学生进行文化理解的出发点。

风俗习惯是出现最早、流行最广的社会规范，是特定文化群体在长期历史发展中沿袭而形成的特定生活方式，长期存在于日常生活的饮食、服装、礼节等各个方面。俗话说“百里不同音，十里不同俗”，风俗习惯在不同地区的差异很大，比如西方国家称呼不知名字的陌生人时不会用“comrade”，而是用“sir”或“madam”；在受到对方赞美时，最常见的回答不是表示谦虚的语言而是“thank you”；在初次见面时也不会询问年龄、收入和婚姻状况来表示关心，而是将这一类问题列为对方的隐私。从上述的例子我们不难看出，如果不了解这些风俗习惯，对英语的学习显然是有缺失的，也会在实际应用中带来消极的后果。一般而言，风俗习惯是社会规范中最容易为语言学习者理解并产生心理适应的部分。

道德规范是调整人们相互关系、评价善恶是非的一种为特定文化成员内化了的标准。它是比风俗习惯更高一层次的社会规范，形成于一定社会或阶级对人们行为和道德关系的基本要求的概括，具有普遍性和连续性。道德规范来源于人们的道德实践且高于道德实践，一方面，它是一定社会或阶级的人在长期的共同生活实践中逐渐形成并固定沿袭的道德要求；另一方面，它是一定社会或阶级对这种生活实践和道德要求的认知在经历集中概括后返回到特定文化群体的生活实践中，形成的普遍的、连续的行为准则。由此我们不难发现，任何一种道德规范都是特定社会或阶级主动构建的产物，不同的道德规范都能由生活在其中的文化来进行解释。因此，在英语学习中，与其说学习者是在理解目的语地区的道德规范，不如说是在理解社会、理解人。比如西方的道德规范强调个体理智，崇尚明智、公正等富于个性色彩的道德规范等，这些都体现出了西方独特的以理性精神为核心的文化特性。

与道德规范相同，法律规范也是阶级社会特有的现象，但不同的是，它还是一种由国家制定认可并由国家暴力机关强制实行的行为规范，体现着统治阶级的意志。由于法律规范是以全民的形式出现的，所以具备了一定的民族性，在不同程度上反映了社会全体成员的期望。法律规范既涉及社会的方方面面，也反映了一定历史时期下的社会遭遇。比如在研读文学作品时，以法律规范为视角分析作者的社会境遇和立场视角是与作者跨越时空发生相遇的绝好机会，尤其是在反映黑人生存状况的文章中，从法律规范对白种人和黑种人的不同要求来分析作品背后反映的社会文化，能帮助学生更好地理解目的语文化。

宗教规范是神化了的社会行为规范，它以超自然的神秘形式在社会中调节着人们的行为。宗教意识比较淡薄的学习者很容易忽视这一部分的理解，但是包括信仰、节日、仪式、戒律等方面的宗教规范其实是理解宗教地区人们思想和情感的出发点，也是解读目的语地区文化群体和文化个人生活状态与人生轨迹的重要切入点。

2. 依存于特定的逻辑

文化理解依存于特定的逻辑，是指对文化的理解依从于内在的思维规则和规律。思维是以概念、判断、推理等形式反映客观世界的过程，能对人脑中的各种信息深度加工来反映事物本质并解决问题。本就因人而异的思维方式在来自不同文化的人群间差异更甚，甚至深如鸿沟。大千世界里有着种类庞杂的文化群体，它们既共享着人类共有的思维规律，也在独特的自有文化中形成了思考问题、认知事物的惯常方法。比如在写信封时，中国人填写地址的顺序是国家—省份—城市—区—街道—住宅号—收信人，而英国人的顺序则完全相反：收信人—住宅号—街道—城市—省—国家。这样一个小小的文化现象就反映了中西文化思维上的差异，具体来说是思考问题的程序不同，中国人的程序是从大到小，而西方人则倾向从小到大的思考程序。

莫说中西方思维方式各不相同，即使同属西方国家，各国在以逻辑思维为共同特点的同时也各具特色。比如在1949年出版的《冲突的思维模式》一书中，普瑞布莱姆就曾指出唯名论式推理方式、一般性推理方式、直觉推理法和辩证逻辑法四种不同的思维方式。唯名论式推理方式又被称为归纳推理法，是一种由特殊到一般的推理方式。大多数英国人和美国人习惯这种思维方式，在这种思维方式的指导下，英美人认为事实构成世界，对理解事物的思维过程是从具体事实出发，经推理后重点进行归纳和概括。一般性推理方式又称为演绎法，是由一般到特殊的推理方式，大多受这种思维方式影响的是法国人，他们认为思想观念优于事实，倾向于用逻辑推理而不是观察测量来推导验证概念。直觉推理法重视直觉多于归纳和演绎推理，强调整体和部分之间的有机联系，这种思维方式主导着德国人和中欧斯拉夫语地区人们的思维方式。辩证逻辑法是由黑格尔创立、马克思发展的方法，它把分析与综合、归纳与演绎、逻辑的方法和历史的方法相结合，其核心规律是对立统一。

在英语学习中进行文化理解不能忽视其所依存的逻辑思维方式，因为它能支持学习者消除因背景和经验差异而导致的符号与语言的模糊性和两可性。比如在英语中对修辞技巧的学习就要解读出其背后所受到的思维方式的影响。美国语言学家罗伯特·科普兰（Robert Kaplan）就曾指出，不同文化在修辞方面的差别反映了其思维方式的差异，因为作为修辞学的基础，逻辑是一种文化的产物，修辞学在不同的文化中多种多样，甚至在同一种文化中因时代的不同而各不相同。这样的思路在英语写作教学中也是成立的，不同文化背景的学生能用英文单独写出文法漂亮的句子，但是在撰写文章时却显得不尽如人意——出现这种句子漂亮却段落糟糕的情况，根本原因就在于思维逻辑的不同。比如中国人的思维方式是一种类似于涡轮的曲线，撰写文章时习惯“文似看山不喜平”，擅长围绕着主体兜着虚虚实实的圈子，从不同的观点来进行切入。而以英语为母语的人大多为直线型的思维方式，习惯单刀直入、切中主题，因此按照中国人思维方式写出来的英文文章，在以英语为母语的人看来乱糟糟。

3. 依存于特定的经验

文化理解依存于特定的经验，是指学习者对文化的理解既与其特定时期的认知方式和社会背景相适应，也与其个体的生活经验和体验相关联。20 世纪初，文化人类学家们对文化传递方式进行深入考察，发现社会文化的连贯性和延续性来源于下一代和上一代之间部分有意识、部分无意识交织的学习过程，他们将其称为濡化（enculturation），濡化过程以核心的信仰和价值为中心，语言和经验之间发生着关联与抽象的交互作用，并形成社会化的，将知识、经验、语言、情感有机结合在一起的社会心理结构①（见图 4-2）。

如图 4-2 所示，文化理解依存于语言和经验，因此英语学习者在学习中是与人类的文化经验交流，与英语教师交流，与其他学习者交流，并在这些多向循环的交流过程中不仅将人类普遍经验经由理解后同化或顺应于自身的认知结构，而且在对他者经验的理解中不断理解我之经验，在不断的经验循环中生发自我意识、发现自我存在。在大学英语的学习中各种经验互相交错：英语教师的个人经验、学生的个人经验、教学文本传递的人类的共同经验在学习过程中共同对旧经验的改造和新经验的建构发生着作用。换言之，整个英语学习的过程就是通过学习者主动参与理解并追求价

① 郑金洲. 教育文化学［M］. 人民教育出版社，2000.

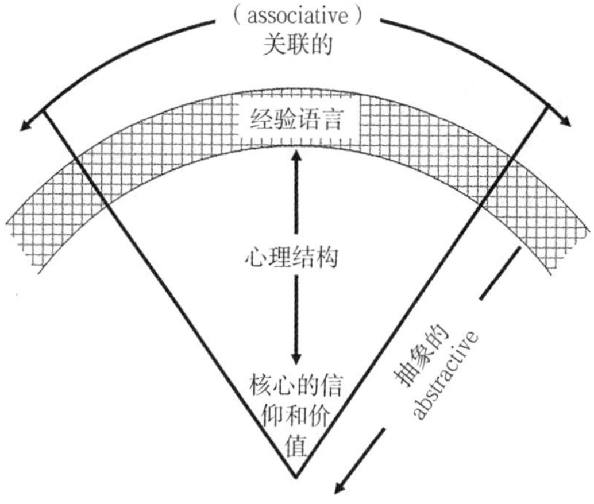

图 4-2　濡化模式简图

值和意义而达致个体经验生成与更新的过程。

从大学英语课程本身的角度来说，它包含显性和隐性双重课程内容及相关活动，不但包括具体的英语语言内容，也包括各种与英语文化相关的习俗和规范；不但包括英语教师教的活动，也包括学生学的活动；不但指代大学英语课堂中的学习，也指代如英语角、英文戏剧表演、线上英语学习等课堂外学校组织的英语活动；不但包括大学英语教材中展示的人类普遍经验，也包括学生个人经验的更新与发展。因此，学生在大学英语课程中与英语知识相遇的过程，即以英语知识中的新经验发展个体经验的同时又将自身经验投入英语课程学习的过程，学生在一个由英语课程徐徐展开的涵盖丰富文化的生活世界中自由想象、大胆创造、充分交流。伴随着大学英语课程的学习，学生的经验增长，精神也得到升华。

从学习者的角度来说，英语学习以学习者的经验为基础，因为只有扎根于学生的经验才能起到育人育才的作用。学习者在进行大学英语学习之前，就已经具有在现实生活和成长中获得的经验，这种经验有时候被称为前见或者前理解，因此任何新开展的理解和学习，都起步于已知——已经具备的精神储备。说已有的个体经验是起点，也是因为经验的本质就是不完全性，它总是向新经验开放，总是引导求知者探索未知。经验包含学习者个体生活经历，是个体在认知的、情感的、道德的、审美的、理性的和直觉的各个层面经验的有机统一，是学习者对现实生活的精神表现。因此，只有依存于学生经验的理解才能进入学习者生活境遇，才能真正与学习者的生活发生意义关联，才能在学习中把以浅层符号形式存在的文化转化为学生所思考、所感觉、所想象的真切体验，从而促进学生人生经验的扩展。

就大学英语学习者而言，整个学习的过程就是学习者从自然的人转向完整精神的人的成长过程，就是把客观精神转化为主观精神，使自然的人向文化的人转变，是学习者的“文化化”的精神构建过程。在这种精神运动的过程中，个体通过文化感知、接受、扬弃和理解，把符合民族精神和民族信仰的文化内化在自己的主观精神中以获得主观精神的发展，这种经验在学习过程中所处的状态就是“化”的过程；而客观精神通过个体的理解而转化为主观精神，在不断改组和更新中促进个体成长的过程就是“文化化”。一方面，个体本身生活在文化世界中，因此个体对获取文化世界的意义、形成文化世界的经验有需求；另一方面，个体也必须成长自立，实现旧经验的转化和增长，完成精神的生成和创造。正如黑格尔所说，精神的本性在于通过否定之否定，从对他物的克服中来到自身。精神产出于他自身，精神经历了他自身的异化。

总而言之，经验使学习者在英语学习中有储备、有期望、有意向，也有判断力和探索力，以特定经验为依存的大学英语教学以引导学习者经验的发展为目的，真正调动学习者经验的主动性和理解性，让学习者的已知经验成为开展学习的先决条件，让课程中涵盖的人类普遍经验成为融合新知的介质，让英语学习中的文化理解内容成为学习者生活意义和生活经验的源头活水。

第五章　大学英语学习中文化理解的过程与方式

时代的病要用改变人类的生存方式来治愈，哲学问题的病要以改变人类的思维方式和生存方式来治愈。

——维特根斯坦

大学英语学习中的文化理解发生在特定的教育世界里，是教育中的文化理解。这意味着这种文化理解作为一种特殊的实践活动与一般实践活动既有联系也有区别，它既受一般实践活动的指导又为一般实践提供具体的事实和经验，其特殊性在于这种文化理解的过程发生在教育世界而不是一般社会生活中，它既不能脱离师生的视界（horizon）和处境（context），也对大学英语课程的基本理念、教学观念、教学思维方式和教学行为都提出了新的要求。

一、大学英语学习中文化理解的过程

大学英语学习过程是以英语学习中的文化观念、文化生活和文化精神内容构成为基础的文化实践过程，是从对英语语言符号知识的掌握，到对英语文化构成逻辑和思维方式的把握，再到语言所负载的价值和意义的繁衍与生长。在这种复杂的综合活动过程中，我们需要在英语学习中确立一种文化理解的理念；需要体现工具理性与交往理性的融合；需要通过文化理解内在关系的构建来把握英语工具性与人文性、语言学习与文化理解学习、本土文化与英语文化的关系；需要打通符号世界、价值世界、生活世界和意义世界来实现从语言学习到文化内化的过程。

（一）确立文化理解的理念

文化理解，即理解他者文化，其内涵是把异文化视作一种动态的、生活的现象，它是由真实的人们以共同生活的方式创造出历史和文明的实践，它需要我们跨越自己生活方式的边界进入他者的生活方式，需要我们积极面对有效沟通和建立关系的挑战。拥有文化理解的理念意味着教师在英语教学中不仅把语言当作一门说的技术，而且让学习者感受到使用英语这门语言的人的人性。虽然民族中心主义是世界上各国人们的自然状态和人类历史事件的常态，人类本能地假定自己的文化和生活方式比他者更正确，在人类漫长的历史里接受文化差异是例外的事，但是我们必须有意识地学习、培养对文化差异的敏感性和包容性——这要求学习者不能仅仅把文化视为知识的主体、事实、数据或者其他信息概要，而是用理解的方案走出自我中心，走向他者文化、走向自我与他者之间全部关系的把握。

西方近代诠释学家奥古斯特·伯艾克认为，文化理解涉及三个层面：第一，描述的符号，即文字；第二，描述的手段，即语言；第三，描述的内容，即包含在语言中的知识。他认为古文字学家常常停留在浅表的符号层面，其实文字仅仅是语言的符号；而语法家们又执着于语言这种描述的手段；只有语文家才深入符号背后去探究语言所描述的内容和思想。他将古文字学家、语法家和语文家的工作与柏拉图《理想国》中知识发展的不同阶段做出类比，认为符号文字对应着知识发展的最初层次——想象，它指代的是可见世界中实物的影像；语言对应的是知识发展的第二层——意见，它指代的是可见世界中的实物本身；描述的内容对应的是知识，它指代的是可知世界中的理念。在柏拉图看来，只有对理念的把握才能称为理解。

值得注意的是，英语学习中的文化理解不是只要求对人类已有知识的再认识，而是帮助人们去理解、掌握人类既有的知识并使之融入当代社会生活。换句话说，英语学习中的文化理解是对已有文化的解释，使之成为可理解的内容，使得既有文化能够更好地被学习者理解和掌握。那么，在这个过程中解释和理解同样重要，因为只有通过解释理解才得以显明。换言之，对文化的解释必须基于对文化的理解，且最终必须促成理解者的理解。

（二）体现工具理性与交往理性的融合

当前我国大学英语教学文化理解的困境之一在于工具理性规约着学生自我理解的发展，但完全将工具理性弃之不顾也不利于发挥其认识和改造世界的正向作用，因此，发现工具理性与交往理性的内在规律，将工具理性作为交往理性的一环融合于大学英语教学过程，是大学英语深度学习的需要。

1. 从工具理性到技术理性

工具理性是指人运用工具追求实现目的的有效性的观念和能力，德国社会学家马克斯·韦伯曾将工具理性定义为在追求某种特定目的时把达到目的所采取的手段和付出的成本全部纳入考量与计算的范围。在他和伯特兰·罗素等人看来，工具理性是一种抽象的和工具性的经济计算方式，不断尝试在手段和目标之间以最小的代价达到目标。

工具理性的发展历史可以溯源到远古时期，恶劣的生存环境和低下的人类能力及生产力水平使得原始人类屈服于强大的自然力，这一时期的人类在崇拜自然的同时也在神话和巫术等人类早期文化形式中体现了征服自然的强烈愿望。但是在这一时期有限的自然知识水平下，工具与巫术观念的非理性结合使得人们内心潜藏的工具理性被湮没于神秘的迷雾中，而后在漫长且黑暗的中世纪理性又被外化为神性。文艺复兴时期，人的理性取代神的理性，理性才恢复了属人的性质。到近代后，随着数学与其他自然科学的飞速发展，人类理性的力量迸发，这一时期的人类认为人是自然的主人，可以随意支配并操纵自然。但是随着这种观念被科技加持，对自然和现实世界的认识已经无法满足人们的需求，如何以科学手段和技术工具实现眼前利益、如何运用逻辑演绎和数理分析等理性方法去驾驭客体占据了人们的主要精力——至此，工具理性在近现代演变为技术理性。

马尔库塞在《单向度的人》中分析了技术理性作为一种逻辑或思维方式的演变过程，他认为在技术理性之前存在前技术理性阶段，在这一阶段的前技术理性既是理论理性也是实践理性，确立了人和万物成为其真正样子的条件。随着亚里士多德提出的形式逻辑的广泛应用，前技术理性逐渐在真理与现实的割裂中走向了通往技术理性的演变之路。具体来说，形式逻辑认为实在的事物既可以被抽象概括和精确计算，也可以被操控。因此，在这种理念的影响下，包括人在内的世间万物都成了可以合理控制和准确计算的对象，对世间所有存在的理解都成了数学公式里冷冰冰的等式。在马尔库塞看来，技术理性是一种理解世界的方式和处理理论知识的方式，它因具备以下四个典型特征而被看作一种单向度的或者肯定性的思维方式：第一，形成于技术、理性和逻辑的基础之上；第二，以自然科学的模式来衡量知识，以定量化和形式化作为知识的标准；第三，把世界理解为工具，只关心其实用目的；第四，将事实与价值严格区分。总而言之，技术理性是在工具理性的基础上形成的，其技术已经变成物化的重要工具；技术理性把世界和理性都理解为工具，它注重功能、关心目的，它是具有意识形态的统治社会的工具。

由此，我们不难得出这样的结论：技术理性就是一种工具理性，它是工具理性的现代形式。

2. 对技术理性的批判和交往理性的兴起

到了现代，技术理性在现代人类社会进程中扮演着重要角色，发挥着重要作用。日新月异的科学技术让人类收获了物质生活的繁荣，迎来了经济高速增长的工业化时代，无论是大都市的兴起还是知识革命的发生，无论是新能源材料的发明还是人工智能的出现，都让国家和社会越来越依赖科学技术在文明进程中发挥的作用。技术在社会发展中作用的不断加强带来了技术统治意识的崛起，即技术理性显示出强权统治和文化侵蚀的表征，让人的精神和社会的运作都受制于技术思维。在技术思维的控制下，人们对科技的迷信达到顶峰，对技术的痴迷让他们相信科学技术能解决一切问题，而现阶段的一切“得到”和“得不到”也都只能归因于科技。哈贝马斯把这种对科学技术寄予厚望甚至顶礼膜拜的观念称为技术统治论，其本质是把科技的物化模式极致化并渗透于社会文化生活，使得生活世界被技术化、金钱化、权力化。

显然，技术理性对人类文明有着深远而广泛的影响，它在工业历史中所做出的巨大成就遮蔽了人类的视野，让不少人对其缺陷视而不见。事实上，绝对的科技理性既失去了古典理性带来的整体和谐，也与启蒙理性中的人性关爱失之交臂。当工具理性和科技理性的扩张与僭越让科学技术成为衡量世间一切事物的唯一尺度时，人类必然在自身面临一系列内外危机时开始自觉和反思。早在18世纪，卢梭就认为科学技术的发展泯灭了人的本性，使人受到压抑，他认为流行着一种邪恶而虚伪的一致性，每个人的精神仿佛都是从同一个模子里铸出来的①。法国人帕斯卡尔也认为人的心灵有不为理性所认识和把握的内在逻辑，因此纯粹的理性逻辑必然暗藏危机。

在人们对工具理性和技术理性四处扩张和过度越位开启反思的背景下，哈贝马斯对技术理性做出了理性的分析和批判。他首先肯定了理性的工具化对社会发展发挥的重要作用，也承认了工具理性的发展带来了人类现代化的文明进程，但他同时指出，工具理性把一件事情在内容上是否正确的判断变成了对解决办法是否正确的评价，反而让自身异化成了事实上的非理性化。更富创意的是，哈贝马斯并没有止步于对技术理性的批判，而是提出了交往理性这个范围更广的理性概念，交往理性是指交往行动内部的理性结构。交往行动指的是至少两个有说话与行动能力的人之间发生的语言理解和沟通过程，以及通过这种理解和沟通来协调彼此行动计划的

---

① 让-雅克·卢梭. 论科学与艺术［M］. 上海人民出版社，2007.

过程。这种交往主体间交流对话的过程同时涉及客观世界的客体、社会世界的主体和自我世界的内心体验三者之间的交互关系，因此一个合理的交往者应该具备应对交互三方真实、正当和真诚的主张的能力。可以这样说，合理的交往过程是人们通过交往获得新认知、彼此理解对方观点并有效协调各自行动的过程。合理的人际交往关系是人类和谐生存发展的基本要求，这种以追求和实现合理的人际交往关系为目的的实践理性被称为交往理性。

3. 工具理性和交往理性的融合

虽然交往理性的观点源于对工具理性和技术理性的反思与批判，但并不意味着两者之间是对抗对立的关系，比如哈贝马斯就建议将工具理性当作交往理性的一种内在向度来体现工具理性在认识世界和改造世界方面的价值。反观人类的交往行动，我们不难发现，人们依据彼此认识和改造客观世界的经验、知识与计划进行沟通，这也是人类交往中的重要环节。因此，工具理性可以作为交往理性的一个环节而合理地存在，在这样的融合中，它既能发挥其自身无法替代的作用，又能受到理性的其他环节的有效节制而不至于失之泛滥。也就是说，工具理性和交往理性原本就可以有机融合，这样既没有对工具理性全盘放弃，又解决了其过度膨胀泛滥的问题——让工具理性回归合理范围。

让工具理性成为交往理性中间的一环，使得二者真正相容也是全球一体化的新时代要求。20 世纪中叶以来，新技术革命的演进使人类的交往空间、交往手段和交往方式都发生了急剧的变化，随着人类社会的主体间交往愈来愈普遍、联系愈来愈广泛、程度愈来愈深刻，每个民族和国家都向对方呈现了由于自身历史而形成的独特价值观念和生存特色，同时也展示了自身特殊的需要和价值追求，这使现代社会的交往在科技化和信息化的驱动下出现了不同地域、领域和层次之间有融合与冲突共存的局面。面对新时期人类交往呈现的多样性、丰富性和全方位性的特征，我们可以强烈感受到交往活动对于个人和社会发展的巨大作用——人类是在社会实践过程中通过主体间的交往来实现以文化方式展开对世界的把握，交往是推进和构造社会文化、达成并完善个人创造的重要方式。社会交往是所有文化创造活动的起点，人们通过交往实践在冲突对撞中达成共识，并形成可以规范人类行为的制度，而这些制度和规范又化作人类文明的成果，并继续通过代际交往的方式被人类继承和发扬。既然交往不仅创造了文化形式，还创造了一种社会进化机制以实现自身的积累、继承和发展，那么我们在对文化进行理解时，势必需要从交往理性的角度去探究人类社会是如何因为文化而生生不息的。

（三）建构文化理解的内在关系

在大学英语学习中构建文化理解的内在关系，需要正确把握英语工具性与人文性的关系、语言学习与文化理解学习的关系、本土文化与英语文化的关系。

1. 英语的工具性与人文性

随着工具理性任意膨胀和日益扩张至技术理性阶段，技术理性知识成为组织的维系要素，人类在一切社会生活领域崇尚工具化，造成了胡塞尔所提出的科学危机。技术理性抽象掉了过着人的生活的人的主体，抽象掉了一切精神的东西。事实上，随着技术理性在人类社会实践中无节制地僭越，这样的科学危机也无可避免地出现在英语教学中。

从英语语言知识本身来看，技术理性的加持让人们只看到英语具备的工具性知识而忽略了其内在包含的人文性知识。因此在英语学习中，我们常常可以看到教师和学生把大量的时间花费在英语语音、词汇、语法等语言形式的学习以及语言使用策略等关于语言应用的程序性知识方面，却在涉及文化意识、文化情感、文化交际等内容时草草带过甚至忽略不提。

从英语学习者的学习动机上看，受到技术理性观念影响的学习者往往秉持工具型学习动机，其内在对于英语的学习兴趣并未得到激发，只是为了应试而参与英语学习的大学生习惯了在学习中的低参与度和以教师为中心的单向交流，长此以往只会导致学习者思想的僵化和反思能力的丧失。从英语文本来看，作为大学英语学习中重要的材料来源的英语文本是英语教学实践中不可或缺的组成部分，然而由于英语学习被当作达成如应试或升学等目标的工具，英语文本被拆解为简单的单词、词组、句子、文法结构等零碎的内容以便于学生背诵记忆。这种明显带有工具性特点的英语学习方式隔绝了学生与英语文本之间发生深度关联的可能性，忽略了文本作者与学习者之间的交融，也忽略了两者之间本可以通过文化解读跨越时间和空间而展开的互动与接受。

实际上，文化是语言的灵魂，语言具有人文性。文化作为人的内在精神和观念体系存在于抽象且非感性的深层意识里，但现实存在的文化却绝非超言绝象的混沌，它在现实中以符号的形式存在。换言之，人类的普遍精神能以符号为中介让人认识、理解、掌握，从而传承、交流、增值。在生活世界里，符号的定义很广泛，指代和表达人与事物的概念、意义的感性形式，它包括了以话语为典型符号的可听符号和以文字为典型符号的可视符号，语言本身就是符号最典型的形式。中国人常说“言为心声”“歌以咏志”，列宁认为，任何词（言语）都是在概括，这些都说明了语言是感性形式和意义的结合，因为语言作为一种符号，既是人们可以直接感觉到的指符（signans），又是可以推知和理解的被指（signatum）①。

正是因为工具性和人文性是英语语言与生俱来的属性，二者偏废其一都会导致英语学习者误入迷途，因此，2007年教育部高等教育司在《大学英语课程教学要求》中特地强调，大学英语不仅是一门语言基础课程，也是拓宽知识，了解世界文化的素质教育课程，兼有工具性和人文性②。

2. 语言学习与文化理解学习

语言是最典型的符号，因此要辨析语言学习和文化理解之间的关系，离不开对符号与文化之间联系的探究。在英语语言文化性的论述中，我们已然可以窥见符号同文化之间极为密切的联系——符号是文化的存在方式，失去符号的文化无法实现积累，更谈不上传承与发展。对人类而言，符号能把长期分裂的经验感性世界和一般意义世界相统一，没有符号的人类活动将丧失其文化意义和主体意义。因此，符号、人的存在、人的本质三者之间关系密切，人类通过从符号形体到符号对象再到符号解释的三元关系创造了灿烂的文化世界、进入了多维的意义世界。

卡西尔的符号说验证了这一点，他认为人是符号的动物，人与动物之间的根本区别在于创造和使用符号的能力。卡西尔还认为，由符号所构成的艺术、道德、宗教等文化形式具有和科学一样的真实性，是同属于人类经验领域和现象领域的人类文化。在他看来，符号具有创造包括科学、艺术、宗教、道德在内的一切文化现象的能力，因此除了科学世界之外，文化世界也与人的本质相联系，也只有理解符号，我们才能指明人的独特之处，也才能理解对人的开放的新路——通向文化之路③。由此我们不难看出符号、人、文化三者之间的密切联系，人在长期物质实践的发展中创造和运用符号，其能动过程和结果形成了人类社会全部的文化世界。也正因为符号的重要性，除了卡西尔之外的许多其他文化学家也纷纷肯定符号的地位，如贝尔认为象征符号是人的根本特征，是文化的核心；怀特认为符号是人的开端，也是文化和文明的开端，文化世界的关键和参与文化世界的方式便是符号④。

---

① 特伦斯·霍克斯. 结构主义和符号学［M］. 上海译文出版社，1997.

② 教育部高等教育司. 大学英语课程教学要求［M］. 清华大学出版社，2007.

③ 恩斯特·卡西尔. 人论：人类文化哲学导引［M］. 上海译文出版社，2013.

④ 莱斯利·A. 怀特. 文化科学：人和文明的研究［M］. 浙江人民出版社，1988.

既然参与文化世界的方式在于符号，那么对符号最为经典的形式——语言的学习便是理解文化、参与文化发展的重要方式。尤其是观念文化，作为一种内在的意识过程本身它并不是感性的，只有在被主要是语言形式的符号确定并凝结之后才能够实现。马克思指出，精神从一开始就很倒霉，注定要受物质的纠缠，物质在这里表现为震动着的空气层、声音，简言之，即语言。语言和意识具有同样长久的历史①。无独有偶，伽达默尔在撰写《真理与方法》一书时引用盖奥尔格的诗句“语言破碎处，万物不复存”，也说明了语言和文化理解之间的关系。可以说，每个民族特有的文化心理结构都是为全体文化成员共有的，因此它只能以语言这种不同时代和同一时代全体人所共享的方式而存在，再在代代相传中被人们解释、再解释，不断地充实、丰富和发展。在解释和再解释的解释循环中，一方面，原符号作者和解释者的视界相互作用产生视界融合并产生出新的意义，伽达默尔称之为引申义；另一方面，解释者还在对语言符号的挖掘、规定、赋予、限制和扩展中使其产生新的意义。

3. 本土文化与英语文化

英语本是盎克鲁-撒克逊民族的语言，随着大英帝国在历史上的日益强盛和对外扩张而逐步国际化，时至今日，英语已经成为全球使用国家最多的语言之一，被称为世界通用语言。如今，作为世界通用语言的英语不再专属于一个民族或者国家，而带有了中性信息媒介的含义，恰如英国专家 David Graddol 在（*The Future of English：A Guide to Forecasting the Popularity of the English Language in the 21st Century*）一书中所说，随着英语的通用功能不断强化，它将不再专属于英美诸国，而是属于世界、属于将英语作为二语习得或当作外语使用的世界人民。这意味着现代英语既为全世界英语的使用者共享共有，也天然地包含了世界各地不同文化特征的本土化的英语表达形式②。

中国是英语学习大国，学习英语一方面是通过英语的可理解性来认识和理解包括西方文明在内的世界文化，另一方面也需要通过发挥英语中外文化交流桥梁的独特作用，向西方社会和世界其他地区传递中国本土文化和真实立体的中国国情。然而，在过往的英语学习中，我们更容易看到英

---

① 中共中央马克思恩格斯列宁斯大林著作编译局. 马克思恩格斯选集：第一卷[M]. 人民出版社，2012.

② GRADDOL D. The future of English：a guide to forecasting the popularity of the English language in the 21st century [M]. British Council，1997.

语文化对中国社会文化的影响，更多地强调中国学习者对英语语用原则和西方民族文化习俗的尊重，却长期忽略了在英语学习中对中国本土文化的回应，对带有中国文化色彩的英语表达方式的尝试和英语学习者对自身中国文化身份的负载与认同。因此，我们要注意处理中国本土文化和英语文化这一对关系，一方面要在对英语文化的理解中打破自身狭隘界限走向开放和多元的世界文化，认同、接受人类共有的精神财富和人类基本价值观念，对与自身民族文化不同甚至相悖的文化尝试了解、保持尊重、求同存异；另一方面，在英语学习过程中不丢失中国文化身份，不迷失本土文化的灵魂，用中国英语把中国独有的生活方式、行为习惯、传统习俗、价值观念传播到国际社会尤其是英语母语的国家，使得两种不同语言间的独特文化能在碰撞交流中寻找到和谐共处的契合点。

值得注意的是，这里说的中国英语和中式英语有所区别，中式英语指中国学习者在使用英语中因受母语干扰而出现的不符合英语语法或使用规范的畸形英语，而中国英语则是依托规范化的英语语法，通过音译、译借及语义再生等语言方法表达中国社会和中华文化中独有的存在，顺利进入英语交往语言并为英语本族语者和其他使用者理解与接受，是具有汉语文化特色的英语变体语言。

（四）从语言学习到文化内化

大学英语学习中文化理解的过程本质上就是从语言形式符号学习走向对符号背后文化规范与价值的理解，走向对自我文化的自觉与自信的过程，通过打通符号世界、价值世界、生活世界和意义世界，打破传统英语学习中因迷恋控制和效率而对英语语言浅层知识的执着。

1. 符号世界

怀特曾在《文化科学：人和文明的研究》中谈及符号和文化的关系，他认为符号是揭开一切文化秘密的钥匙，全部人类行为起源于符号的使用，正是符号才使得我们的类人猿祖先转变为人。仅仅是由于符号的使用，人类的全部文化才得以产生并流传不绝①。卡西尔和贝尔都指出，文化是人所创造的符号体系，人类用符号创造出了文化世界，贝尔甚至以图画人来定义人，认为象征符号是人的根本特性，是文化的核心。既然人区别于动物之处在于对符号的拥有，而人对符号的运用和创造又形成了文化，那么可以说，人是符号的动物也是文化的动物。

---

① 莱斯利·A. 怀特. 文化科学：人和文明的研究［M］. 浙江人民出版社，1988.

首先，符号概念的形成把人从知识的容器变成了可以创造的自由人，人类对自己的认识达到了一个新的水平——人们开始认识到自己可以在活动、创造和批判中走向全面发展和自由解放。其次，符号让人类由生物学上的人类变为社会人、文化人，其中包含了两层意思：一方面，人由单纯的生物性遗传转为文化性遗传；另一方面，符号成为人类彼此沟通和理解的中介形式；最后，符号使人类从现实世界走向可能性世界，人们可以通过掌握符号而发展出组合事物关系的能力，这种创造性的、可以脱离现实感性材料而从抽象意义中处理关系的创造能力能帮助人类构建一个充满希望的可能性世界。不难发现，符号、人和文化三者之间的密切联系存在已久，因此学习者的文化理解先要从对符号世界的探究开始。

在符号世界里，有的符号比较简单，如烽火狼烟、结绳记事，有的符号会形成较为复杂的系统，如语言文字——人们用喉咙发出声音形成语言，用可视的字母或图形组合成为文字——在这种复杂的符号系统形成中，人们用多样的方式对信息进行编码。编码即表达者将讯息以符号的形式传递给理解者的过程，其中信息接收者的理解是编码的首要前提，否则无法传递的信息会导致编码的失败。语言符号是人类传达思想、交流情感最重要的交际工具，但每个不同的语系都有自己的编码规则系统。换言之，语言符号的编码是人们在一定历史文化背景中形成的，它能够在特定的文化群体里流通，蕴藏着本土使用者独特的文化。

因此，当这种语言越过文化的边界与拥有另一种文化背景的人群相遇，将大概率出现文化理解和交流上的种种问题，这就需要理解者把符号形式还原为讯息，这一过程可以被称为解码，简言之，文化理解就是把关于文化的符号讯息化的解码行为。对文化符号的解码包括联想解码和推理解码，这是理解者为获得符号背后的文化而根据编码的符号进行一定的联想和推理的过程，这一过程因为融入了理解者自身的想象和推理，所以也是一个创造的过程。联想解码是指对统一符号进行解码时，不同的理解者根据各自的经验和知识联想到不同的讯息，比如普通人看到“rose”（玫瑰）这个词会联想到爱情，但某些宗教信仰人则将之解读为玫瑰线和抹大拉的玛利亚。

推理解码是理解者介于不同的符号情境、通过推断的方式理解符号的能指形式的过程，通常用于语言符号的解码之中，比如“You deserve it.”这句话在不同的认知语境中会产生不同甚至相反的含义：“你值得”或者“你活该”。对同一个符号的不同联想和推理所得出的讯息内容大相径庭，而且联想和推理也并不是完全分开发生，它们反而经常共同作用于讯息的获得过程之中，因此解码或者说理解因以理解者为中心，往往会产生不同的情形，如双方讯息全同达到理解的最佳状态，可称为全解；彼此所获得讯息量均为零，称为不解；因理解者有意为之而导致的解码讯息背离编码原意，称为别解；理解者因无意而背离编码者原意导致的讯息量为零，称为误解；理解者的讯息量大于原讯息量，称为多解；理解者拥有的讯息量小于原讯息量，则称为缺解。在对有关文化的符号形态进行解码时，解码者往往期待做到全解，却往往陷入缺解，甚至因背景不同而造成误解。

那么，如何才能在英语学习中对代表文化的符号形态进行解码时无限接近全解而尽量避开缺解和误解呢？美国哲学家莫里斯在《指号、语言和行为》一书中给出了答案：语用学研究符号的起源、应用和效果；语义学研究符号所具有的各种方式的意谓；语形学研究符号的种种联合①。这一想法得到了卡尔纳普的支持，他在《语义学导论》一书中积极论证了语形学、语义学和语用学是研究语言符号的三个重要组成部分②。简单来说，语形学研究符号形态之间的关系；语义学研究符号的意义，语用学研究语境的意义，三者既有区别也有联系。基于此，要真正地进入符号世界，我们须在理解语言符号时以语形学、语义学和语用学的思维方式为解码的出发点，去理解某个语言符号形态与其系统内其他符号形态的关系，去研究符号形态与所指项之间的意指关系，去探究符号在情境中的意义。

2. 价值世界

以文化理解为目的进入价值世界时，我们免不了会追问这是一个什么样的世界，价值到底是什么，它究竟对文化理解有何益处。追溯“价值”一词的来源，其英文“value”最初源于梵文“wer”和“wal”，这两个梵文词语都有“掩盖”“保护”“加固”的含义，后来由梵文演变为拉丁文“vallo”“valeo”和“valus”，都是“加固”“有力量”“坚固”的意思，其引申义为“对人有掩护、保护和维持的作用”，随后演变为“可珍惜、令人重视、可尊重”的含义。探究“价值”一词的词源，我们不难发现，价值是维护人类生命和存在的堤坝，体现了人的基本生存需要和终极的追求与关怀。对价值的追求是人类活动的基本特征，西方哲学经历了从追问世界本原的本体论研究到反思主体认识能力和客体可知性的认识论研究，最终步入了对主体目的、动机和客体的规律与属性之间契合性的探寻——至此，人类以“应该怎样”为出发点来思考问题。

---

① C. W. 莫里斯. 指号、语言和行为 [M]. 上海人民出版社，1989.

② 陈宗明. 中国语用学思想 [M]. 浙江教育出版社，1997.

值得注意的是，由于真正意义上的人绝非抽象的理性人，而是感性的现实人，而现实人的特征就是处在实然状态之下，理所当然地来自过去并追求未来的人——这就意味着分属不同文化群体的人类受不同文化的影响而在价值取向上有所不同。在跨文化的理解中，如果交流双方秉持不同的价值观，那么他们就有着不同的假设前提，并只能依据不同的前提来对外界的信息刺激做出反应。在大学英语学习中亦是如此，当中国大学生的自有价值观与西方价值观相遇且双方价值观不同时，会出现如下情况：必须坚守或务必拒绝的价值观冲突程度越高，则交流破裂的概率越大；双方能兼容的价值问题越多，则有效交流的程度越广，有效学习的程度越高。因此，在英语学习这种典型的需要跨文化理解的学习中，学习的难度会随着学习者对目的语的文化价值观念了解和接受程度的加深而下降。

在英语学习中打通价值世界，首先要理解什么是文化价值观念。文化价值观念规定和引导着文化主体的行为，用或明或暗的方式把人们的认识、意志和行为导往特定的方向，如什么是好的、恰当的、应该的、值得的，什么是不好的、不恰当的、不应该的、不值得的，并最终形成一种稳定持久且普遍的信念。因为文化价值观念是文化思想中最一般、最抽象的层次，所以人们常常无法意识到文化价值观念的存在，但它又是文化思想中最根本的层次，因此人们会在不自觉、无意识或者潜意识中顺着它的规范去思考和行动。可以说文化价值观念是人类对世间纷繁复杂事物产生的诸多具体观点的根本依据。

其次要理解文化价值观念的构成及中西方文化价值观念的异同。从形式上看，文化价值观念包括人的意愿、偏好、信念和理想；从内容上看，文化价值观念包括价值根据、价值取向、价值标准、价值创造、价值实现和价值理想。显然，无论在形式还是内容上中西方的文化价值观念都各有异同，因此学习者只有在把握其中异同后才能顺利地在英语学习中展开文化理解。文化价值观念的对比可参照荷兰心理学家霍夫斯泰德归纳的不同文化价值的对比分类体系，这也是目前世界上最流行的价值观测量方法，即从权力差距、个人主义-集体主义、避免不确定性、男性化-女性化四个方面对比中西方价值观念。依据霍夫斯泰德对全球 40 个国家和地区相关问题的研究成果，我们可发现中西方文化价值观念最显著的差异表现在个人主义-集体主义方面。这一研究结果也陆续被许多学者印证，文化学家普遍认为中国的传统模式是社会取向，即人们因受儒家文化影响，在做行为决定时非常重视他人对自己行为的期待和反应，因此其行动倾向于与外部期待和社会规范相一致。

与之相反，西方人在做行为决定时更多会考虑自己的标准，面对社会期望时较少表现顺从，也不太担心外部的舆论。在英语学习中，学习者对个人主义和集体主义的认识也是理解中西方不同文化差异的关键，个人主义-集体主义价值观渗透语言的方方面面，比如中国谚语说“木秀于林，风必摧之”，习语中也有“枪打出头鸟”的类似表达，而英语中则有“The squeaky wheel gets the oil.”的谚语，意思是“吱吱响的轮子会得到油”；再如英文的书面语中，“I”（“我”）无论何时都是大写形式，而“our”“you”“he”“she”等词只有在句首才会大写，这一点与中文形成了鲜明的对比。在中国传统文化里，人们提到自己时往往会使用谦词，直接用“我”是不礼貌的行为，往往以“鄙人”“愚兄”“在下”等谦词替代，即使尊贵如帝王也自称为“孤”或者“寡人”。

这种个人主义-集体主义的价值观不仅表现在语言形式上，也体现在交流交际中的很多方面，其中最为典型的有两点：其一，个人主义价值观注重自立和独立精神，而在集体主义价值观下的中国文化则强调人与人之间的互相依靠，更相信集体、组织和官方的力量。在这样的不同价值取向下，中国的英语学习者在用英文向西方传递真实的中国声音时，采用中国人习惯的说教式文字容易被误解为宣传而引发其反感，而摆事实、列数据的平等探讨则更容易让他们自己得出结论，这样的方法也因符合西方传统的“产婆术”而更易被接受。其二，中国文化认为“满招损，谦受益”，而西方文化则主张表现自己、突出个人的作用。这就容易在交流中产生误解，比如共同工作时中国人常说“本人能力不足，请大家多多指教”，这本是一句谦辞却容易让西方人误解并低估说话者的能力。此外，个人主义-集体主义的文化价值观还在尊重隐私和注重亲密、喜好个性和追求共性等许多方面都有所体现，因此英语学习者对文化进行理解时，须注意对方并不是和自己站在同一个角度观察世界，而是有着在西方历史沿革中形成并稳定下来的视域。面对无可避免的中西方价值观冲突，学习者需要以了解对方主要和关键的文化价值观为基础，依据双方背景对某些有冲突的文化价值观加以阐释，做到原则性和灵活性相统一。

3. 生活世界

生活世界的命题由胡塞尔率先提出，其本意是为深陷具体科学学科本身而引发文化危机的欧洲开出一纸药方①。胡塞尔虽然从未对生活世界给

① 埃德蒙德·胡塞尔. 欧洲科学危机和超验现象学［M］. 上海译文出版社，2005.

予明确的定义，但从他的思想中不难探知生活世界的一些具体特征，如直接经验性、自明性、前提基础性和主体构造性。换言之，胡塞尔所说的生活世界是可以被经验的主体间的文化世界，人们生活在这个世界上，并以这个世界为经验基础而形成了对一切经验的可能性结构的理解。无独有偶，与胡塞尔生活在同一时代的维特根斯坦在日常语言学领域也向生活世界回归——他提出了生活形式，其范畴与生活世界基本相同，他认为生活形式是语言的意义来源，语言的意义也只有在精彩纷呈的生活形式中才能得以呈现[①]。维特根斯坦还举了具体的例子来说明生活形式和语言之间的关系，他说只有知道了一个陌生国家人们的生活形式，才能明白他们在用语言做什么，也才能明白如何使用这种陌生的语言来适应他们的活动。

可以说，现代哲学中的人成为生动鲜活的生活世界里的人，生活世界也不再是抽象符号构建的单向度世界，而是一个有自然、有文化、有肉体、有灵魂的主体间共享的丰富世界，而在这样一种回归生活世界的思潮里，语言学也在生成性思维影响下悄然发生变化。从奥斯汀提出言语行为理论开始，人们逐渐明晰了语言和生活世界之间彼此交融的现实关系。奥斯汀从日常语言出发，考察了什么适合我们就说什么话，在什么情况下我们会用什么词[②]。这种考察方式用一种语用综观的方法考虑了说出的话语、影响话语的因素、语词所指意向等，这样一种被奥斯汀称为语言现象学的方法就是开始于现实的生活世界的。言语行为理论认为，语言被用于谈论世界时会变为包含语力的言语，而言语则处于这样或那样的行为过程之中。

据此，奥斯汀把话语分为两类：一是言有所述，即用以陈述某个事实，对某事做出报道或者描述；二是言有所为，即用以行事或施为的语句，比如允诺、道歉、感谢、指责、认可、祝贺、命名等。美国哲学家和语言学家塞尔也赞成从言语行为的角度考察语言及其使用，他认为人类使用语言与任何其他有意图的社会活动一同受制于社会规则，而言语则是人类交际中的最小单位。虽然无论是奥斯汀还是塞尔都没有明确地把言语行为理论指向现实生活世界，但从他们对语言的分析过程中，我们不难发现生活世界是言语行为理论的底色，也使得言有所为成为可能。

语言和生活世界有着难舍难分的密切联系，尤其是20世纪文化危机之后，人们开始思考人、语言和生活世界之间的关系。从外延的定义来说，

---

① 范连义．维特根斯坦的语言生活形式观［J］．外语学刊，2007（2）：11-15.

② AUSTIN J L. Philosophical papers［M］. Oxford University Press，1979.

人们认为文化与文明同属一个范畴，涵盖了一切人的创造物；从本质特征来说，文化大多被人们用以指代文明成果中稳定的、深层的、难以被变迁的无形部分。具体而言，文化是在沉沉浮浮的历史中所凝结的稳定的生存方式，是人们在不经意不自觉间建构起的人的形象。可以说，文化融化在文明的各条血脉里，并以自发和隐晦的方式左右着人们的行为活动，也正因如此，胡适说文化是人生活的方式，梁漱溟也称文化为人类生活的样法。

既然语言、文化和生活世界之间紧密相连，那么在学习英语语言时要进行文化理解，必然需要打通其与生活世界的关系。首先，大学英语教学本身就是一种生活形式、一种生活过程，它从来没有游离于生活之外而存在。正如生活中充斥着各式各样的情感，英语学习也不能囿于语言形式的学习，而要作为一种生活形式和生活过程而充满对人的发展的关怀，比如在学习过程中，每个语言学习者都应该得到关注和回应，体验到愉悦感和幸福感，要做到这一点就需要英语教师基于学习者个体的已有经验让英语学习合乎其生命存在方式，让大学英语的教学变成一种具有生活情趣和生命价值的生活形式。其次，大学英语教学是一种特殊的生活形式，它是精心组织的生活世界。生活世界可划分为随机的日常生活和有目的有选择的非日常生活，大学英语教学这种有组织、有计划的生活形态显然属于非日常生活，在它的发生过程中，每一个环节都经过了英语教师的精心设计，其目的是在感性和理性相统一的学习过程中实现学习者的全面发展。最后，外部生活是英语学习活动的背景，色彩缤纷的生活是大学英语教学永恒的主题，它一方面规定了大学英语教学的价值取向，另一方面也需要通过英语教学培养有创造精神和独立人格的学习者来不断地重新审视与改造现实生活。

4. 意义世界

生活世界充满了意义，它源于生活又隐藏于人之所在的生活世界中，复杂多样且难寻踪迹。意义在生活世界里的表象是支离破碎的，却又能凝结于某种统一性的形式。卡西尔在描述诗歌时指出，这些伟大的抒情诗人的作品所展现给我们的并不是诗人自身生活的支离破碎、毫无连贯的片段，它们并非只是一瞬间强烈情感的爆发，而是揭示了一种深刻的统一性和连续性①。想想生活中人们使用“意义”这个词语的频次，我们就不难得出意义源于生活的结论，人们常常为什么东西有意义、什么东西没有意

① 恩斯特·卡西尔. 人文科学的逻辑 [M]. 中国人民大学出版社，2004.

义、什么东西的意义是什么而发生争论，比如玫瑰和康乃馨同属于花朵，但收到花的人却有着不同的心理感受，这就源于它们被赋予了不同的意义。

在生活中，不仅事物以其物理属性或物质形态与人类发生联系而具有一定意义，而且人类本身就通过各种意义关系来理解和应对周遭世界。可以说，人类说出的言语、读到的文字、看到的肢体语言、标记的符号都是有意义的，人类自斯芬克斯之谜起就在叩问存在的意义，也在探索意义世界的生成机制中体验着作为主体的生命机能、生存张力和生活意蕴，即在对意义世界的追求和创造中镌刻人作为主体而存在的身影。

约翰·莱昂斯在《语义学引论》中指出，关于意义的问题，的确是今天最重要的和在哲学里最困难的问题之一①。一方面，意义几乎涉及人类生活的各个领域，无论在语言、逻辑、文化，还是心理、意识、历史等领域里，关于意义的问题都无法回避；另一方面，意义的问题如此抽象且复杂，人们既无法超越意义的范围找出能与之对比的意象，也无法找到一条被大众共同接受的关于意义的定义——有人认为意义属于语义学的范畴，有人认为意义是解释学的问题之一，还有人认为意义从属于现象学——实际上，这是因为这些学说关注了意义的不同层面。总的来说，人类所面对的意义世界体现在语言、文化和存在这三个相互关联的不同层面上，且三者并没有呈现并列关系，而是呈相互包容的同心圆关系。具体而言，语言是文化的一部分，而文化又包含于存在之中，同时，存在的意义需要通过文化才能得以展开，而文化的意义则须借助语言才可被理解和解释。

首先，语言通过符号、对象及对象思想之间的关系充分昭明意义，意义只有在语言的层面才能被解释、分析和赏析，因此，无论是在文化层面还是在存在层面，只要对意义进行研究，都离不开语言。20 世纪以来，人们不断探究语言层面的意义研究，如语义学，其英文名称“semantics”取自希腊词根“seme”，指代“关于意义的科学”，其学科目的在于研究词语所代表的事物及其与所代表事物之间的所指意义和引申意义，特别强调词义转移、升降格、语义体系变迁所带来的意义变化，简言之就是研究词语的意义、意义变化及其变化成因。其次，在文化层面上，语言只是文化的一部分，工艺品、建筑、表演、演出、集会等都属于文化层面。由此看来，文化层面的意义包括两方面：一是文化群体或文化个人在文化实践中表达出的意义，二是文化社群或文化产品本身所具有的意义。对于文化理

① 约翰·莱昂斯. 语义学引论［M］. 外语教学与研究出版社，2000.

解来说，后一层意义在更深更广的范围里揭示了文化的背景，其揭示需要意义主体，即解释者和被解释者双方的共同努力才能得以实现。在对人类的文化产品和文化实践的研究中，解释学应运而生，从最初对经典文献考据和注解的神学解释学，到深入一般现象领域的哲学解释学，解释学的每一次重大转变都使自身研究方向日益拓展，并围绕着人类文化这个层面而不断深入。最后，存在层面的意义最为广泛，也需要更为抽象和深入的研究才能得以显现，其意义的得来关涉人的主体性存在，而现象学这种新的、描述的哲学方法正是人类试图在更抽象的层次上揭示意义本质的学科。

综上所述，无论语义学、解释学还是现象学，都是在意义的三个相互关联又各不相同的层面上研究意义世界的问题，虽然层面各不相同，但这些问题是互相关联的。这种天然的内在联系要求人们突破各种分散的研究局限，对意义世界的相关问题做出统一的理解，因此在英语学习这一领域，要进行深入的文化理解必须打通意义世界中语言、文化与意义之间的关系，在英语学习中把握意义的生成与转化、意义的历史变迁和逻辑统一、公共意义与私人意义、意义主体与意义结构的关系、文化主体对意义的追求与意义对文化个体的控制等问题。值得注意的是，这些关于意义的众多问题充满了各式各样的矛盾，需要在学习中用辩证的方法来理解和解释。

二、大学英语学习中文化理解的构建方式

众所周知，文化有着各式各样的定义，其原因既在于文化自身包罗万象，也是因为古往今来的理论家和实践者们站在不同视域下赋予了文化不同的定义。这些定义在大多数情况下，把文化看作需要在参与其中之后从经验里获得的抽象实体。因此，英语学习中的文化理解需要学习者与生活在英语文化中的人并轨，需要学习者获得与英语文化相关的经验，可以说，英语学习中文化理解的构建方式就是一种文化体验的方式，是与另一种生活方式的相遇。

（一）一种文化体验的方式

在英语学习中进行的文化体验有各种各样的形式，如有目的地接触另外一种文化的食物、服饰、文学、音乐、电影、个人轶事等。值得注意的是，文化体验不同于作为名词形式的文化，它的重点并非仅仅提供另一种生活方式，而是强调学习者参与另一种生活方式。这种学习者和另外一种生活之间发生的参与式的相遇过程包括三个方面：一是内容，即文化内

容；二是过程，即学生介入这一文化内容的活动；三是结果，即预期或实现的结果。具体而言，当学习者与另外一种生活方式相遇时，生活方式是内容，学习者参与多种多样的活动是过程，活动的收获就是结果。反言之，这种文化体验也是文化在教学场域下发生作用的一种方式，而在整个过程中，英语教师同学生一起完整地参与整个文化体验，教师需要界定文化内容，给需要学习的文化命名；需要寻找可操作的活动，让学生尽可能地参与和沉浸于英语文化的相关活动；需要详细地说明和分析这些活动应该达成的预期结果与实际达成的结果。

那么，如何在英语学习中完成文化体验呢？文化认知框架和经验学习模型为我们提供了思路。

文化认知框架以明确学习者应该为理解文化做哪些事情的方式提供了一种描述文化的方法，此方法包括四个组成部分：理解内容（knowing about）、理解方法（knowing how）、理解原因（knowing why）和理解意识（knowing onself）。

理解内容包括一系列的搜集和展示文化信息的活动——关于文化产品、文化实践和文化视角的事实、数据和知识的搜集与展示。这些信息是关于特定的文化和语言的信息，不仅包括目的语文化的本质和学习者进入该文化的过程，还涵盖了学习者自身本土文化的相关信息。

理解方法包括一系列文化实践的行为，如动作、技能、说、看、站立、触摸等，这就要求学习者直接地、自发地参与目标文化体验，依据目标文化的习俗和传统，使用该文化的工具、技术和语言，与目标文化主体建立起关系。也就是说，学习者需要适应目的语文化，要在模拟的情境内以该文化主体的行为方式来说话和做事。

理解原因涉及发展一种对基本文化视角的理解，即构建或渗透文化各个方面的感知、信仰、价值观和态度，这是学习者有组织地对文化进行观察、信息提炼和经历探寻的过程。要真正了解原因，学习者必须掌握探究、分析和解释自身学习过程中遇到的文化现象的技巧，这种技巧势必包括了本土文化和异文化之间的比较——学习者需要理解内部与外部的视角，需要区分主位与非主位之间的区别。此外，学习者还需要运用文化分析和比较能力从自己的角度理解目的语文化。在比较和分析之中，两种文化之间的价值观比较是最重要的部分。

理解意识涉及学习者的自我发展，也可以称为学习者的文化自知，它关乎每个学习者的观点、感受、问题、反应、想法、思考和他们自己的文化价值观，而这些也是文化体验中最为核心的部分。文化自知与学习者的自我意识有关，而文化体验的特殊性也正在于它是非常个人化的过程。因此，在文化体验的过程中，学习者绝不能一门心思去习得异文化，而是需要在体验过程中了解自己和自己的文化，重视自己的前理解并以此作为理解和适应异文化的基础。自我意识还包括学习者要学会认识和管理自身在英语文化理解过程中涉及的情感高潮和低谷，因为最终是学习者本人才能决定自己是否参与、接受、探索或成为文化的一部分。学习者是否能顺利地在英语学习中做出这样的决定，取决于他们对自己的认识、自身的处境和自我意图。可以说，学习者的意识越强烈，他们在文化体验的过程中就越能专注于获取文化信息、提升文化技能和达致文化理解，相反若是缺乏这样的意识，学习者就算身处文化体验之中仍然会茫然而不自知。

文化认知框架的四个部分是彼此交叠、相互联系在一起的，当然它们彼此之间也有所区别，代表了不同的学习过程，具有不同的学习策略和目的。每一个文化认知部分都描述了不同的文化内容、相关活动和预期结果（见表 5-1）。

表 5-1　文化认知：文化内容、相关活动、预期结果

	文化内容	相关活动	预期结果
理解内容	文化信息	搜集信息	文化认知
理解方法	文化实践	发展技能	文化行为
理解原因	文化视角	解释说明	文化理解
理解意识	文化自知	反思自省	自我意识

（二）形成体验式学习循环

柯尔布在 1984 年提出了一个从经验中学习的模型，这个模型是由四个不同阶段组成的循环，每个阶段都有不同的学习目的。他认为，通过经验进行学习就是通过观察、推理和策略来帮助学习者从一种经验走向另一种经验，进而把握需要理解的文化，并且这个模型中的每一个阶段都是依次出现的：首先是具体体验，学习者根据体验内容的性质和体验本身的形式有选择地在智力、身体、情感、精神等多个层面参与体验；其次是反思观察，学习者在经历具体体验之后停下来反思发生了什么，并用语言描述发生的事情，以便于保持经验事实；再次是抽象概括，在这一阶段里学习者通过理论解释来赋予经验以意义；最后是主动实验，学习者通过设计与个人学习目标、内容性质和体验形式相一致的策略来重新进入体验①。

前文中所述的文化体验——学习者与另外一种生活方式的相遇，也与柯尔布所提出的所有的学习都是体验的体验式学习观点不谋而合。回想在英语学习中，学生无论是直接参与文化活动，还是以阅读大学英语教科书

① KOLB D A. Experiential learning：experience as the source of learning and development [M]. Prentice-Hall，1983.

中的文化笔记、观看与文化主题相关的电影或听英语老师讲述英美之旅的故事等间接参与文化活动，其内容和过程都是相互关联的，这种与另外一种生活方式相遇的本质在柯尔布所提出的体验式学习模型四阶段中都有所体现。因此，我们可以在柯尔布的体验式学习模型的基础上，通过对每个阶段的具体调整来使英语学习者吸收文化知识、产生文化体验。

就体验式学习循环的阶段而言，柯尔布提出的具体经验阶段在英语学习中变成了参与，其任务是直接或间接的文化参与，重点是理解方法，即文化实践，学习者直接或间接地参与文化中，需要发展文化技能，知道“如何做”；反思观察阶段调整为描述，重点是理解内容，即文化信息，学习者通过搜集信息来了解“是什么”；抽象概括阶段变为解释，重点是理解原因，即文化视角，学习者通过解释说明来知道“为什么”；主动实验阶段变为反应，重点是理解意识，形成文化自知，学习者通过反思自省来了解自我意识（见图 5-1）。

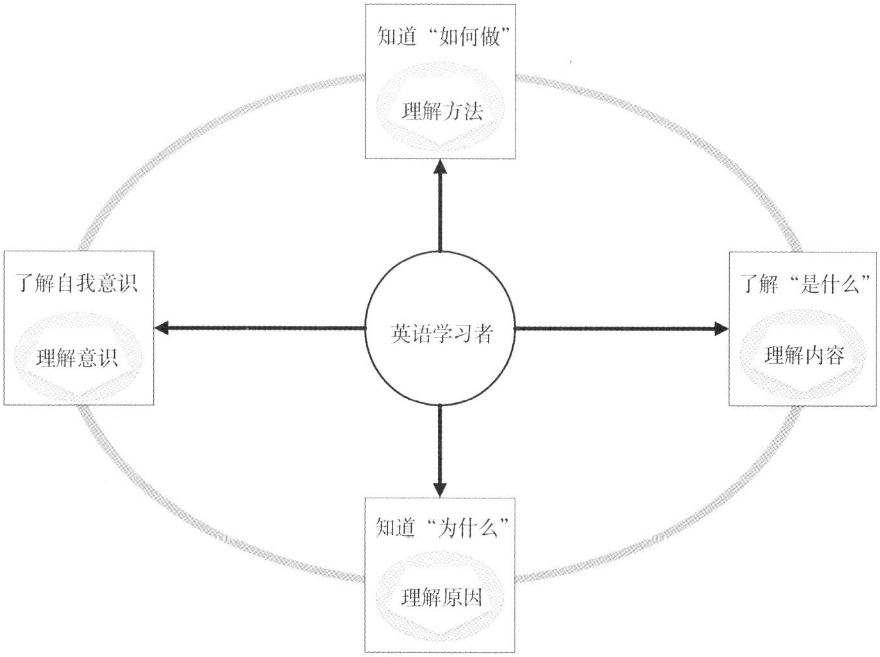

图 5-1　体验式学习循环

从图 5-1 我们可知，每个阶段都提供了一个明确的学习重点，各阶段都有不同的内容、活动和结果，它们共同构建一个整体的、生动循环的文化体验体系。

第六章 促进大学生英语文化理解的教学策略

个别精神能力的紧张活动可以培养特殊人才，但是只有精神能力的协调提高才能产生幸福和完美的人。

——席勒

大学英语教育的文化理解生成于实践领域，其发展有赖于对课程及相关文化的理解，即具备基于文化理解的课程哲学。这种课程哲学在观念层面表现为对课程存在的意识或反映，在具体实践中体现为英语教师在大学英语教育课程实践中的课程观和课程方法论。英语教师的课程意识一方面直接支配着大学英语教学中教师的理念、行为和角色，另一方面也影响着教师对整个大学英语课程系统的认识和理解，规约着大学英语教学的目标体系、教学体系和评价体系。

如何在大学英语教学中达到文化理解的愿景？答案正如被称为“现代课程理论之父”R. W. Tyler所说的，只要涉及课程问题，必然要从教育目标、教育经验、组织方式和评价目标这四个方面来处理。那么，面向文化理解的大学英语教学也要回答如下四个问题：（1）促进大学生文化理解的教学应该达到哪些教学目标？（2）提供哪些英语教育经验才能实现这些目标？（3）怎样才能有效组织这些经验？（4）怎样才能确定面向文化理解的大学英语教学目标正在实现？本研究重点讨论面向文化理解的大学英语教学目标、挖掘大学英语教学内容中的文化元素和促进多维度的文化理解三个方面。

一、面向文化理解的大学英语教学目标

面向文化理解的大学英语教学的根本目标就是让文化作为种子在大学生的精神世界里生根、破土、发芽、成长。具体地说，在真正理解英语知识的内在结构、英语知识的阐释性以及其文化符号功能的基础上，引导学

生在文化历程复演、文化价值挖掘、文化界限突破中实现层进式、沉浸式、整合式文化学习，是大学英语文化理解教学的目标所在。与传统教学不同，面向文化理解的大学英语教学强调实践中文化理解目标的达成深度，使英语学科教学与学生发展之间存在生动联系，追求在具体教育活动中实现大学英语学科育人功能。

（一）教学目标取向：实现大学英语学科育人功能

实现学科育人功能是大学英语学科发展价值的体现：一方面，通过传承英语知识帮助学生习得人类文化中包括符号表征、逻辑形式与意义系统的文化成果，引导学生在对知识文化本质的真正占有中转知为智、以文化人；另一方面，通过英语学科教学这种认知性、文化性的实践帮助学生在自身个体与文化内容之间不断客体主体化、主体客体化的实践活动中反复认知、思考、体验，在对英语知识背后的文化思维方式、文化价值观和文化审美方式的理解与确认、比较与分析、包容与尊重间增加自身作为人的本质力量，实现个人知识结构的完整、思维模式的升级和能力水平的提高。

总的来说，大学英语作为一种学科门类，从属于人类千百年来慢慢累积形成的认识成果，这些既有独立性又彼此互相关联的知识体系以学科事实、学科范畴、学科命题和学科逻辑为基础要素，在分化与独立、交叉与融合的过程中逐步趋于稳定，最终形成如今所称的学科。作为学科的大学英语反映的是人类的认识和发展，是从人类错综复杂的认识领域中精心选择出的适合大学生身心发展水平的事实与价值、观念与思想、逻辑与方法，因此，如果将内涵丰富的大学英语学科局限于事实教学，甚至窄化为英语语言形式事实的教学而忽略英语学科中内隐的价值、观念、思想、逻辑和方法等文化内容，那真可谓一叶障目、不见泰山。

从大学英语学习者的角度来说，大学英语学科学习是英语学习者整个生命发展过程的一部分，其目的是帮助学习者从自我认知、自我发现和自我觉醒的自我确定阶段逐步生长到具有成熟的社会、文化和精神本质，最终抵达自我实现[①]。我们要在大学英语学科教学中把英语语言符号知识当作一种媒介，用英语符号知识搭建出包括社会语言情境、社会文化情境和社会政治情境在内的社会情境，并让学习者在其中建立社会关系和产生主客体交互作用。具体而言，社会语言情境、社会文化情境和社会政治情境

---

① 伊·谢·科恩. 自我论：个人与个人自我意识［M］. 生活·读书·新知三联书店，1986.

这三个领域之间有很大的重复性，但也有所区别，比如在社会语言情境下，英语学习者要根据情境、目的、角色和关系选择运用合适的语言与言语行为；在社会文化情境下，英语学习者要理解身份、价值、规范和风俗中包含的文化，以及语言中的明确信息或言外之意；在社会政治情境下，英语学习者要学习批判性思维，并通过行动做出积极改变，比如通过英语驾驭某种使用系统或者对于某篇文章的内容进行解释或批判。

在英语语言符号知识搭建起的社会情境中，英语学习者不断在社会关系建立和主客体交互的实践过程中与客观世界产生意义性链接。大学英语的学习者是刚刚步入大学校园的新生，他们已经能自主意识到自我的存在以及自己与客体的区别，处于科恩所说的单个自我意识阶段，还未抵达承认自我和全体自我阶段，大学生在社会情境中体验文化过程、交往过程和实践过程，理解自我与他人的关系，在体验中理解人类文化，并在与异文化的接触与碰撞中产生对本民族文化的认同并达致文化自觉与自信，最终实现英语学习者的全面发展。

（二）概念化框架下大学英语教学目标的设立

1. 教育目的与教育目标

在实现学科育人功能的大学英语教学目标取向引导下，如何设立大学英语教学目标是英语教师在实际教学过程中面临的问题。实际上，在许多英语教师培训或教学研讨会上，大学英语教师往往会对教学目标和教学目的持有不同的甚至截然相反的观点，比如有的教师认为如果没有明确的教学目的和教学目标就无法开展教学；有的教师则认为预设教学目的和教学目标是在给大学英语教学制造障碍，让一切教学行为都必须顺着预设方向进行，在纸上写出确定的目标和目的并将之作为英语教学的起点让人感到拘束，仿佛把英语课程放入一个塑料容器一般①；还有的教师无法解释教学目的和教学目标的联系与区别，常常将二者混淆。这些说明教学目的和教学目标的设立是有益于大学英语教学的，但也是极其难操作和把握的，那么如何设立教学目标？教学目的与教学目标有什么联系和区别？

大学英语教学目标是指将大学英语课程的主要目的和预期结果以文字的方式叙述出来，而教学目的则是对实现教学目标的阐述。通过教学目的，教学目标被分解为可以学和可以教的不同单元，英语教师通过达到教学目的来实现预定的教学目标。我们可以将教学目的和教学目标与旅行类

---

① 凯瑟琳·格雷夫斯. 语言课程设计：教师指南［M］. 北京师范大学出版社，2008.

比，旅行抵达的终点是教学目标，而在旅行中经历的不同地点则是教学目的。通过阐述教学目标，英语教师能笼统而不模糊地将大学英语教学形象化，同时设立教学目标还能明确在有限的教学时间里应该关注哪些具体方面。教学目的与教学目标之间呈因果关系和等级关系，因果关系表现为：如果一个英语学习者达到了目的 A、目的 B 和目的 C，那么他将达到目标 X；等级关系表现为：目标是笼统的而目的是具体的，目标是长期的而目的是短期的，目标和目的之间特异性水平的不同是它们之间最大的差异。

2. 基于概念化框架设立大学英语教学目标

不同的概念化框架能够帮助英语教师将自己的一系列目的或目标列表组织成一个连贯的框架，其中由国际教师培训学校教育系的教师们提出的 KASA 框架、Stern 于 1992 年提出的框架、Fred Genesee 和 John Upshur 于 1996 年在 *Classroom-based Evaluation in Second Language Education* 一书中提出的框架都可以运用在教学目标组织之中①。

KASA 即知识（knowledge）、意识（awareness）、技能（skill）和态度（attitude）四个单词的首字母组合。知识目标“K”强调英语学习者需要知道和理解的英语知识，其中包括语言、文化和社会的知识；意识目标“A”关注英语学习者在学习英语时必须意识到什么，包括理解自我知识领域、理解英语是如何发挥作用的、理解英语的其他用法，譬如意识到在交往过程中语言之外的因素有什么作用，或者意识到作为学习者在英语学习中使用到的有效学习策略；技能目标“S”指代学习者能用英语做的事情，包括听说读写四项基本技能、语言完成的功能和任务；态度目标“A”强调学习的情感和价值维度，包括英语学习者对自我、对他人、对英语语言和本民族语言及文化的情感。Stern 在 1992 年也提出了设定英语教学目标的框架，框架包括熟练性目标、认知性目标、情感性目标和迁移性目标四个部分。

首先，熟练性目标包括英语学习者可以使用语言来做什么，如通过使用语言来掌握技能、执行功能；其次，认知性目标包括具体的知识、信息以及对语言概念的学习和对文化概念的学习，如交流中的语法、行为规范、价值观等；再次，情感性目标包括对英语语言和文化的积极态度与对语言学习的积极态度；最后，迁移性目标包括学习者能够将大学英语课堂中所学所做迁移到其他环境中，从而持续学习。Fred Genesee 和 John Up-

① GENESEE F，UPSHUR J. Classroom-based evaluation in second language education [M]. Cambridge University Press，1996.

shur 于 1996 年提出的目标框架包括语言、策略、社会情感、哲学和方法或过程。语言目标指英语学习者在大学英语课堂中能够获取的语言技能；策略目标是英语学习者运用于大学英语学习的策略；社会情感目标是学习者在大学英语课堂教学中发生的态度或社会行为的转变；哲学目标是英语学习者在价值观和态度上的转变；方法或过程目标是英语学习者要参与的教学活动。

无论选择哪一种概念化框架来设立大学英语教学目标，都需以英语学科育人价值为取向，以英语语言中的文化理解为核心，切实通过大学英语学科教学中英语知识与大学生发展关系的逐步建立而不断优化大学生的语言水平、认知能力、情感意识、思想品质和审美体验。以下 J 大学的三个案例能更直观地展现概念化框架下大学英语教学目标育人价值的实现。J 大学为深化大学英语教学改革，让师生与文化理解教学产生深度链接，从外国语学院公共英语课教师中选取三名具有明显文化理解教学倾向性的教师，根据 KASA 框架、Stern1992 框架、Fred 和 John1996 框架重新设计了自己所教授课程的教学目标和教学目的。

案例一：KASA 框架

Knowledge：

Goal 1. 学生能够独立阅读简单的英文材料（摘选自英语原刊，包括叙述文、议论文、说明文等体裁），能在规定时间内理解主旨、把握文本主题。

Objective1a. 学生将对英文的各种文学体裁有所了解；

Objective1b. 学生将学会所涉及文本材料中的单词、短语、句型、语法。

Goal 2. 学生能独立撰写简短的私人信件、日记、报告。

Objective2a. 学生将学会各类体裁的英文撰写方法（顺序、格式）；

Objective2b. 学生将学会撰写信件、日记、报告等文体须使用的相关短语和句式。

Goal 3. 学生能利用英语听说技能提供和获取关键信息，表达个人观点，完成发出、接受或拒绝邀请等基本的对话。

Objective3a. 学生掌握一系列单词、相关短语；

Objective3b. 学生能运用简单和复杂的一般现在时态、过去时态和将来时态句子；

Objective3c. 学生能在对话中使用修饰语描绘细节。

Awareness：

Goal 4. 课程结束时，学生将深度理解个人身份、民俗、家庭、学校、家乡等概念，并发展出跨文化技能。

Objective4a. 学生将表现出对本土文化的认识，并确认特定的文化特征；

Objective4b. 学生将对文化特征和文化模式有全面的认识；

Objective4c. 学生能比较中西方社会文化的异同；

Objective4d. 学生能理解以英语为母语的社会群体和以中文为母语的社会群体之间存在的语言与文化差异；

Objective4e. 学生能理解语言、肢体语言、礼节和社会互动如何对人际沟通产生交互影响。

Skill：

Goal 5. 课程结束时，学生将发展合作技能。

Objective5a. 学生能在课堂中展现良好的倾听能力；

Objective5b. 学生能对其他同学说的内容进行概括和复述；

Objective5c. 学生能在课堂中识别不同交互作用的特征及其是否恰当。

Attitude：

Goal 6. 课程结束时，学生能建立起对英语语言及文化学习的积极态度。

Objective6a. 通过不断掌握英语阅读、写作、口头对话技巧和策略，学生对自己的英语语言能力更加自信；

Objective6b. 通过文化理解教学，学生认识到理解本土文化、理解西方文化的意义，并在异文化的对比中实现自我理解。

案例二：Stern1992 框架

熟练性目标：学生能在课程结束时掌握可运用到任何场景中的英文写作技能。

目的 1：学生能运用五步英文写作法撰写描述性、说明性和议论性文章；

目的 2：学生能良好地评估英文段落、短文。

认知性目标：学生能基于英文写作形成某些社会文化观点。

目的 1：阅读论文《教师与宽泛的文化：学习英语写作的关键》并集体讨论对自己英文写作有影响的事件、问题、因素；

目的 2：用英文记录自己的英文写作经验并开展讨论。

情感性目标：学生对自己的英文写作建立自信力和信念感。

目的 1：学生以列表的形式呈现自己已经掌握的英语知识和写作经验；

目的2：以“小老师”的身份教授其他学生自己在英文写作中擅长的领域；

目的3：取长补短，以小组为单位，以优势互补的方式完善自己的作文。

迁移性目标：学生知道如何改进自身的英文写作技能，在课堂之外要做哪些补充性学习。

目的1：学生能意识到自我管理的重要性；

目的2：学生能意识到自我反省和向他人学习、求助的重要性。

案例三：Fred和John1996框架

语言目标：

1. 复习过去时态、过去完成时态和虚拟语气等相关用法。

2. 学习与节日话题相关的单词及短语。

3. 分析教材篇章中的语言点（词语搭配、句型分析）。

4. 辨析“Merry Christmas”和“Happy Christmas”的区别。

5. 学习用英文介绍中国的传统节日，如重阳节、七夕、春节、腊八节等。

策略目标：

1. 元认知策略（提前预习、自我管理、自我监控、自我评价）。

2. 认知策略（语法-翻译法、重复法、归类法、迁移法、推测法）。

社会情感目标：

1. 学生通过小组合作展示发展协作能力。

2. 学生通过提问澄清活动（question for clarification）发展社交能力。

3. 帮助学生通过向同伴求助（asking for help）等活动逐步改变其原有的社会行为模式。

哲学目标：

1. 通过介绍“Merry Christmas”的由来，帮助学生了解西方的节日文化及其流行背后的资本主义经济逐利成因。

2. 通过辨析“Merry Christmas”和“Happy Christmas”的区别和剖析英国女王不使用“Merry”一词的原因，反映西方价值观和等级制度。

3. 比较中西方节日的文化价值。

方法或过程目标：采用批判性思考的方法，在叙述内容之外，从说明相反论点的错误性的角度表现自身所持观点的正确性，具体包括what、why、how和conclusion四个部分。

1. what（principle argument）：This essay will focus on… It argues

that…

2. why (the significance): This contention strikes at the heart of prevailing assumptions in … which have predominantly framed … as …, a paradigm that fails to account for …

3. how (structure): First the essay tells…then it will focus on…

4. conclusion: This essay has argued that…

二、挖掘大学英语教学内容中的文化元素

传统的大学英语教学内容，不管包含有多少教学活动、语言练习和图片影像，以教材为主的教学内容看起来都像是一本本参考手册，其内容在呈现形式上表现为不同主题的罗列，与生活中有意义的应用、思想上有价值的观点等割裂开来。换言之，这种封闭式的大学英语教学并没有以育人为取向，而旨在服务于“垒砖式”的传统英语教学——作为“垒砖人”的英语教师只是按照参考手册的要求一块砖一块砖地机械操作，全无对“房子”的理解，更不用说去判断和评价其价值与意义。

众所周知，霍利斯继承了杜威哲学，把范围及序列打上了课程逻辑的标签，范围（scope）是指社会生活的主要功能，序列（sequence）是指学生生活在一个特定时间点的兴趣中心。按照杜威和霍利斯的观点，大学英语教学中许多令人失望的教育结果主要源于对按照专家要求进行组织的教材主题的过度依赖，学生学习抽象符号时没有理解内在含义，只学到了信息的技术组成部分，可是并不熟悉内在联系，通常只是知道了一些词语。那么，如何选择和组织学习者需要的大学英语教学内容？怀特海在将近一个世纪之前就给出了答案：教育是有用的，因为理解是有用的，要确保介绍给孩子们的主要思想是少量而重要的，并尽可能和知识融合在一起。

（一）选择有文化元素的大学英语教学内容

菲利普·菲尼克斯指出，内容的选择显示了学科的代表性观点，即用来理解学科主要特征的概念，这些要素揭示了学科的本质，是学科的缩影①。面向文化理解的大学英语教学本质上是引导大学生在英语知识学习基础上的文化实践活动，而教学内容则是揭示大学英语学科本质的主渠道，因此如何选择和组织具有文化属性和文化价值的教学内容，让大学生

---

① PHENIX P H. Realms of meaning: a philosophy of the curriculum for general education [M]. McGraw-Hill., 1964.

在英语教学中领略知识的文化意蕴是追求立德树人教育目标的必然要求。

1. 大学英语教学内容选择原则

选择科学合理的内容是大学英语课程在教学中深度达致文化理解的保障，要在教学实践中体现大学英语知识的文化资本或文化存在属性，真正实现大学英语教学的以文化人，就必须超越知识训练，选择有文化敏感性的教学内容，依存文化背景，选择彰显文化基因的教学内容。

（1）超越知识训练，选择有文化敏感性的教学内容

选择有文化敏感性的教学内容包含两层含义：首先，在内容选择上重视“英语知识是什么”这个问题，忠诚地表达出英语知识内在蕴藏的文化背景、文化精神和文化价值；其次，在内容呈现上选择以文化分析、文化比较、文化探究等方式取代传统的事实呈现或结论传递的方式，引导大学生在文化精神世界徜徉，在深度探究英语知识的文化属性和文化思想中培养独特的文化思维方式。

从第一个层面来说，选择有文化敏感性的教学内容是由英语知识的本质决定的，英语语言是文化的重要组成部分，是文化大系统内部一个特殊的子系统。英语语言的特殊性在于它决定了英语言说者概念世界的分类系统，简单来说，就是作为世界通用语的英语对整体的文化系统产生影响，具有对文化的包容性和涵盖力。一方面，英语语言与西方社会或使用英语语言地区的社会行为融为一体，是英语使用者的习惯和精神文化的一部分，也正因为英语语言和英语使用者一切行为相关联且是使用者一切身体行为不可或缺的配合物，所以英语语言具有其他符号系统无法取代的文化涵盖力；另一方面，英语语言渗透西方的发展历程，它深嵌于西方民族的全部历史并凝结其所有的文化传承。

从这个意义向度而言，“语言货物”的交换和文化的接触总是同时发生的，如拉丁语词源在英语中俯拾皆是且大量集中于街道称谓，我们可推测古罗马人擅长修筑道路；英语中的阿拉伯语成分往往同农业灌溉、天文数学、医药典籍相关。从第二个层面来说，选择有文化敏感性的教学内容体现在英语知识的呈现方式上，在大学英语课堂上，学习者需要理解承载着文化内涵和文化意义的英语知识。相反，只有当大学生建立起自我对英语知识所承载的文化的理解与把握，才算实现了完整的英语知识学习。传统大学英语教学内容往往只呈现了英语语言浅层的符号形式，也只要求英语学习者识别或者知道这种抽象的概念。虽然作为人类公共知识存在的英语符号形式是学习者思维能力和价值观念生成的基础，但如果把英语教学内容仅仅停留于这个呈现层面显然是不够的。

英语语言往往被人们视作特定时代、特定社会环境中人类思想的标志，其原因在于其与人类理性的心智密切相关，英语是思维的载体，英语使用者不仅用英语表达思想，也用英语来思维——即使在使用者的潜意识中也存在着潜在的英语语言描述。换言之，英语和思维产生同构性，学习者思维的发展反映了其英语学习的深度。因此，大学英语教学内容的呈现形式要注重高阶思维的发生，让英语教学内容能够呈现出演绎与归纳、分析与综合、分类与比较等多种思维形式。比如，在英语阅读内容部分，文学作品的谋篇布局就需要分析与综合，英语语法的内容需要用到演绎与归纳，英语词汇的内容则涉及分类与比较。

总而言之，英语教学内容的文化敏感性意味着大学英语教学要超越浅层符号层面的机械训练，走出点状知识和平面知识教学的误区，让英语知识内含的社会情境、历史沉淀、生命价值等串联成多维度和多层面的大学英语教学内容网。

(2) 依存文化背景，选择彰显文化基因的教学内容

选择彰显文化基因的教学内容意味着高度关注文化传承的核心密码——文化价值观念。以文化价值观念为核心的英语知识不是故纸堆上的一串串符号，也不是驻足于工具领域的某种工具或者媒介，而是在负载着人的情感、态度、道德、信念和审美中走向人对自己、对他人、对世界和对人生的认知。英语知识的文化基因发生和依存于特定的文化背景，如自然背景、历史背景、人物背景和社会背景等，因此，要挖掘英语知识的文化基因需要从知识发生学的角度来进行探究。

文化价值观念作为人类文化的基因潜藏在平时看不见、摸不着的经验、意识和语言中，处于潜在的物理状态，只有当人们进入“我思”的状态才能被发现和构建，这就要求英语教师们在选择教学内容时围绕文化背景从多侧面思考教学内容的构建，如让学生思考教学需要包括哪些与文化背景相关的内容，其中又有哪些应该被强调；有哪些相关课程资源和限制性因素有助于缩小教学内容选择的范围；这些与文化相关的教学内容彼此之间有什么联系；选择这些内容的文化驱动力或价值观念是什么。

回答上述问题是很重要的，原因在于教师在选择彰显文化基因的英语教学内容过程中有一系列可以考虑的选择。教师可以将教学内容选择的过程比作将地球的一部分做成一张地图的过程，有的地图突出表面的地貌特征，如高山峡谷、湖泊森林和江川河流；有的地图突出自然资源，如木料、天然气和矿产石材；有的地图着重展示道路和城镇之间的网格图；有的地图只呈现人口密度；还有一些地图则以混合的方式呈现上述几个方面

的内容。同样是描绘地球上的同一个区域，服务于不同的目的则呈现方式完全不同，英语教学内容的选择亦是如此。当教师想选择彰显文化基因的英语教学内容时，则需要在大量的特征中以文化背景按图索骥，选择能凸显文化价值观念的英语知识。

2. 大学英语教学内容类型划分

斯特恩在《语言教学的基本概念》一书中提出，任何语言教学的理论都必须关注如下概念：语言、社会环境、学习和教学①。依据斯特恩提出的语言教学理论，大学英语教学内容可以被具体划分为“关注英语语言的教学内容”“关注学习和学习者的教学内容”“关注社会环境的教学内容”三种类型。为选择有文化敏感性、凸显英语知识文化基因的教学内容，每一个类别下的子内容都以“以文化人”为目标，指向英语学习者的文化理解。

关注英语语言的教学内容包括：英语语言技能、情境、话题、交际功能、任务、听说读写四项技能、体裁。具体来说，英语语言技能是指组成英语语言的系统，如语音、语法和词汇这三种常常聚合在一起的语言元素，它们组成了英语句子，是一个相对可预测的系统。情境是指学习者使用英语时所处的环境，英语学习者是生活中的人，因此情境也应当是真实生活的场景。话题有时候也被称为主题，可以与英语学习者个人相关，如家庭成员、兴趣爱好、食物口味等，也可以与当地文化风俗、教育体制等社会文化相关。交际功能是包括劝说他人、表达偏好、赞美道歉等与运用语言相关的功能。任务关注的是英语语言使用的过程和语言使用的意义，因此在任务的选择时英语教师和学生需要根据自己的感知与需求共同协商。听说读写四项技能是运用和理解英语语言的渠道与模式，说的技能包括知道怎样转化顺序以及产出流畅语篇；听的技能包括听要点、听语气、听弦外之音；读的技能包括预测内容，理解主要思想并对文本内容进行阐释；写的技能包括为特定的读者或群体运用合适的修辞修改或编辑自己或他人的作品。

体裁指的是学习材料的表现形式，比如对话性语言篇章可以作为交流性事件来学习，学术论文或者专题报告，甚至电子邮件、广告宣传都可以作为不同体裁的学习补充材料。关注学习和学习者的教学内容包括情感目标、人际技能和学习策略。情感目标即英语学习者对自己、对学习和对英

---

① H. H. 斯特恩. 语言教学的基本概念［M］. 上海外语教育出版社，1999.

语语言及其文化的态度，具体包含形成积极自信的学习态度、学会冒险、挫折学习等。此外，情感目标还包括英语学习者对中文母语及中国文化的态度。人际技能即怎样通过与他人的合作促进学习，如建立一个学习团队、学习怎样与他人合作。学习策略关注英语学习者的学习方式，指的是学习者有效学习的认知和元认知策略。选择发展英语学习者学习策略的内容可达到双重目的：一是帮助大学生意识到自己是怎样学习英语的，并基于此丰富他们的学习策略；二是帮助大学生寻求在大学英语课堂之外继续学习英语的方式。

关注社会环境的教学内容主要包括社会语言技能、社会文化技能和社会政治技能三个领域。与社会语言技能相关的英语教学内容包括根据情境、目的、角色和关系来选择运用合适的英语语言及得体的行为。与社会文化技能相关的英语教学内容包括理解身份、价值、规范、风俗中所包含的文化，并通过对英语语言中明确或隐含信息的理解和解读使英语学习者的言语符合文化习俗。社会政治技能包括学习批判性的思考并采取行动做出积极改变，并在英语教学内容中体现批判性的语言意识。

当然，选择有文化元素的大学英语教学内容并不意味着摒弃现行的大学英语教材而另起炉灶，从某种意义上说，它对大学英语教师提出了更高的要求——虽然在指定教材和课时表的限制下，英语教师在教学内容上腾挪转换的空间非常小，但教师可以在使用这些教学材料时发挥创造性对其进行二次开发和改编，以达到文化理解的教学目的。大学二年级下学期的英语课本中有四则摘选自美国报纸的租房广告。下面的访谈记录了J大学的大学英语老师W对指定教材中文化元素的挖掘。

笔者：您为何选择课本中这四则广告为教学内容？

W老师：教材涉及的内容很多，在授课中不可能面面俱到，我不可避免地要决定有些内容花时间精讲，有些内容组织学生开展教学活动，还有些内容若时间不够就省略或者当作课外作业。因此，教材内容虽然固定统一，但一百个老师能讲出一百种内容，一定会做出选择，绝不会千篇一律。我抓住了这段教学材料中的文化元素，认为可以通过这些广告来帮助学生了解美国文化，并通过与中国文化进行对比来发展学生的跨文化意识和技能。

笔者：您刚才提到能基于这四则广告内容帮助学生理解美国文化并进行中外文化对比，基于此您做出了哪些教学上的考虑呢？

W老师：考虑的内容很多，也很杂。首先，当然最常见的考虑，我想将这段教学内容与学生的个人经历和他们的现状结合起来，比如他们在大学宿舍里住得如何，是否习惯集体住宿，再逐步过渡到租房这个话题，比如有没有考虑过在校外租房子居住，打算合租还是一个人租，租房子需要考虑什么问题等。这样能利用学生已有的生活经验和知识经验作为大学英语课堂上的语言基础。其次，教师还要考虑学生对语言学习内容的需求，这就包括描述住宿的词汇、广告上出现的一些不常见缩略词的使用及搭配等。最后，我想整个内容如果要达到对美国文化理解和跨文化对比分析的目的，应该让学生参与教学过程，让他们自己在一种近乎真实的体验中去发现问题、分析问题和解决问题，这样学生既能沉浸在课堂中，也能充分地使用英语进行表达。

笔者：我非常好奇，您是如何敏感地发现这一段内容是适合拿来教学的呢？您认为教材中哪些内容适合做文化元素？

W老师：我想英语教师本身就应该是文化教师，自己就要对文化敏感，何况英语作为一种语言本来也和文化密不可分。可能在我还是一名新教师的时候，对教学内容中文化元素的捕捉是凭借自然的本能，是一种直觉思维，但这么多年的教学经验也让我逐渐总结出了一些规律。当看到一段材料的时候，我就会从几个方面去思考，比如从学生的角度，我会思考这段材料是否与学生的经历背景或者个人需求相关，这个需求是否既包括物质需求也包括情感需求；从学习过程的角度，我会思考这段材料是否能整合进发现—分析—解决问题的过程，能否帮助学生发展某些学习技能或者策略；从英语语言的角度，我会思考听说读写四项技能该如何被用于理解真实的文本中；从社会情境的角度，我会考虑这段内容能提供哪些文化焦点或者能发展学生哪些批判性的社会意识；从活动或任务的角度，我会考虑这段内容能以什么样的真实任务形式呈现，学生是否能在多种多样的形式中变化自己在活动任务中的角色。

（二）英语文化理解教学的内容组织

在选择好合适的大学英语教学内容后，如何选择一个潜在的系统来组织内容以赋予其更深的文化意蕴是大学英语教师面对的另一难题，这就需要合适的课程内容组织。由于在实际使用中，大学英语教材往往以单元的形式呈现，因此面向文化理解的大学英语教学内容组织包括以下五个相互重叠的过程：①决定英语教学内容以文化理解为原则；②识别英语知识的文化属性；③确定单元内容中的文化知识四要素：文化信息、文化实践、文化观念和文化自知；④基于文化理解原则对单元内容进行排序及改编；⑤组织教学单元的内容。关于以文化理解为原则、识别英语知识的文化属性和确定文化知识四要素及其统摄下的英语文化知识内容划分已在前文叙述，此处只讨论单元内容的排序及改编。

1. 大学英语单元内容的编排原则

现行的大学英语教材绝大多数均以单元为呈现形式，因此以文化理解为原则对单元内容进行重新排序是大学英语教学的关键步骤。单元的排序即决定大学英语教学内容的先后顺序，不仅包括教学单元的顺序，也包括同一教学单元内部不同内容的排序。总的来说，大学英语单元内容编排须以脚手架原则为基础，为英语学习者对英语知识的文化理解提供一种概念性框架，需要英语教师将复杂的英语文化学习任务加以分解，便于英语学习者的理解逐步深入。具体而言，教学步骤 A 为教学步骤 B 提供基础，教学步骤 B 又为教学步骤 C 提供基础，并以此类推。其中，步骤 A 比较简单，对英语学习者的要求较低，步骤 B 则比较复杂且对英语学习者要求更高；步骤 A 的控制性更强，而步骤 B 则更为开放，更关注英语学习者的能动性。那么，在具体的大学英语教学中教师如何挖掘单元内容中的文化元素呢？我们可以从下面的教学设计中看出对单元进行排序和适当改编的必要性。

《E 英语教程》的第一个单元“Hello，Goodbye”是针对艺体类大学新生的单元，其中包括“First meeting” “Making friends”和“Join the club”三个部分[①]。普通教学内容的安排是按照教材顺序上课，其顺序为生词讲解、听力练习、语法精讲和相关话题讨论。以文化理解为原则的教学内容编排思维导图和网格表如图 6-1 和表 6-1 所示。

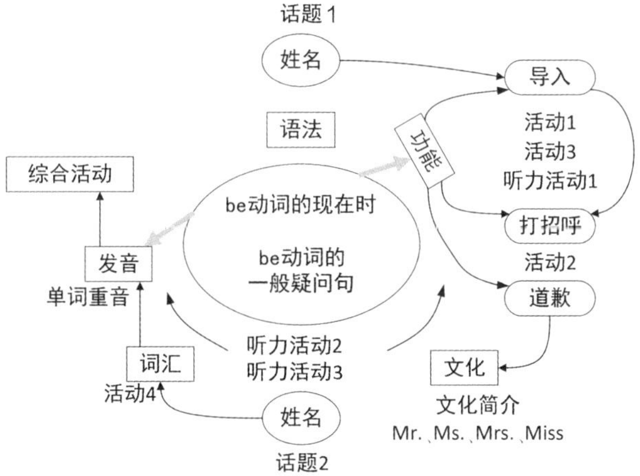

图 6-1 教学内容编排思维导图

① 葛宝祥，王利民. E 英语教程［M］. 外语教学与研究出版社，2013.

表 6-1 教学内容编排网格表

学习关于学院和专业的英文表达； 能说出大学各学院及相关专业的名称。	开场对话； 口语活动 1、2、3； 听力活动 1、2、3； 关于英语名字的文化介绍。	开场对话； 口语活动； 听力活动； 综合活动。
能向其他学生做自我介绍； 能以非正式的方式打招呼； 会使用“Excuse me.”打断别人的对话。	口语活动； 听力活动； 用姓名打招呼； 打断并加入别人的对话； 介绍“Excuse me.”和“I am sorry.”的区别。	介绍自己（正式场合及非正式场合）； 介绍他人（正式场合及非正式场合）。
能使用 be 动词的第一、第二、第三人称的一般现在时及其疑问句。	be 动词的现在时（所有活动）； 一般疑问句（第三组活动）。	be 动词的现在时（所有活动）； 一般疑问句（综合活动）。
学习诸如 Mr.、Mrs. 一类用于姓氏前的称谓词； 学习对女性的不同称谓及恰当的使用。	介绍 Mr.、Ms.、Mrs.、Miss 及其不同的使用对象。	比较中西方文化中关于称谓的文化异同。
了解多音节单词的重音发音。	解析同一单词因重音位置不同而产生的语义差异； 介绍重音移位现象。	“专业”“学院”等单词中的重音辨析。

2\. 大学英语单元内容的组织结构

以脚手架原则为基础的大学英语教学在内容组织上往往采取循环模式，即将一些教学要素按照可以预测的顺序排列，一个周期之后再度重新开始。由于英语知识具有文化属性，为了以英语学习者为主体探究英语教学内容中的文化元素，大学英语教学常常采用问题提出循环模式(problem-posing cycle)[①]（见图 6-2）。

---

① 凯瑟琳·格雷夫斯. 语言课程设计：教师指南［M］. 北京师范大学出版社，2008.

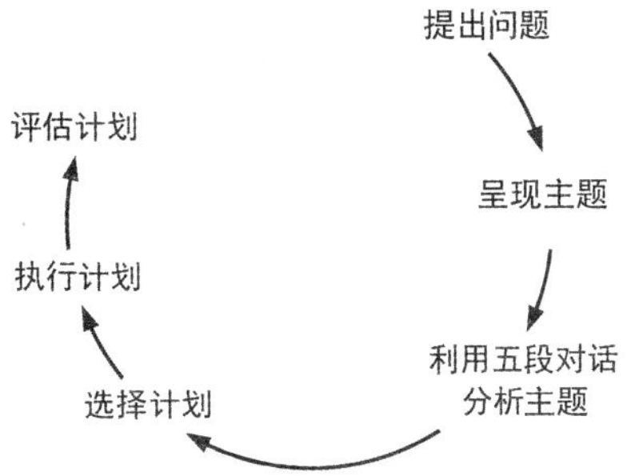

图 6-2　问题提出循环模式

如图 6-2 所示，问题提出循环模式为提出问题—呈现主题—利用五段对话分析主题—选择计划—执行计划—评估计划。其中，代码是一种解释议题的方式，其目的是帮助英语学习者从多个角度理解议题，它出现在问题提出之后。当教师决定呈现某个问题时，他就围绕这个问题提出代码，并先利用含义丰富的图片和视频、英语短语、寓言故事、对话音频等向英语学习者呈现代码。一旦代码及其英语语言被呈现之后，英语学习者就需要通过一组五个问题对代码进行分析，即五段对话分析：①用英语描述问题；②要求学生对问题给出英文定义；③对问题进行个性化思考，即结合个人生活经历思考该问题；④在社会文化背景下考虑这个问题；⑤确定解决问题的策略。

在批判性思考并进行五段对话分析之后，英语教师开始询问学习者一些关键问题，如“我们可以在英语课堂里学习什么或者做些什么事情，从而解决代码所呈现的问题?”“为了在生活场景中解决代码问题，我们需要掌握新技能吗?”“我们需要进行更多的发音/语法/写作练习吗?”“在解决代码问题的过程中，有哪些社会文化规则在起作用?”等。在这一步骤里，英语教师可结合多种语言教学策略向学习者提供有助于其做出选择的帮助。通过这样的循环让英语学习者参与英语课堂语言和文化研究，并能在课外的真实生活中用实际行动进行研究，让英语学习者通过深入真实的世界探究问题本身。之后，英语学习者需要回答“行动和研究是否达到了预期结果”以对结果进行反思与评估。如果学习者认为需要进一步研究，英语教师则给予其深入探究的时间和空间，如学习者认为这个问题已经结束，想开启下一个问题，则在英语教师的主导下重新以另一个议题开始这个过程。

以问题提出循环模式组织教学内容，英语教师更容易发现英语知识中蕴藏的文化，并以问题代码的形式呈现在学习者面前，这样英语学习中的文化具象化、生活化，能提升学习者的主动性和创造力，能在学习内容转化为真实世界中的活动中激发学习者挖掘英语教学内容中文化元素的兴趣。例如，一位教授大一新生的英语教师在设计“Making and accepting invitations”（发出和接受邀请）写作课时，并未遵循传统的教学内容处理和设计方案，即讲解邀请函的格式、用法及相关语言点，引导学习者共同解读教材中提供的邀请函范本，分析并提炼出邀请函的撰写方法。他挖掘英文邀请函中的文化元素，依据脚手架原则和问题提出循环模式设计出有文化理解特色的教学计划。

提出问题：

1. 了解邀请函的不同写作格式。

2. 能辨识不同文化中邀请函写作格式的异同。

3. 能辨认正式邀请函的各个组成部分。

4. 能用英语写一封正式的邀请函。

呈现主题：

1. 英语教师向学生展示4种类型的邀请函（邀请专家前来演讲、邀请朋友参加私人派对、邀请同学参加婚礼、邀请同行参加学术活动）并进行提问：“这些邀请函是写给谁的?”“它们是手写的、打印的还是电子版的邀请函?”“是私人邀请还是工作邀请?”“它们是正式邀请函还是非正式邀请函?”教师以PPT的形式呈现邀请函（其中电子版邀请函有配乐，也可以通过多媒体设备呈现）。

2. 英语教师将学生分为8个小组（5—6人为一组），请每个小组按照中国人的习惯撰写一份中文邀请函。

利用五段对话分析主题：

1. 让学生在课堂上呈现自己小组的邀请函，并提出相关问题：“邀请函由几个部分组成?”“你的邀请函是正式的还是非正式的?”“是打印的、手写的还是电子版的邀请函?”“你曾经发出过邀请吗? 使用过邀请函吗?”“你认为自己会在什么场合下使用邀请函?”

2. 请学生再次阅读教师提供的4种邀请函，并选择最符合自己使用场景的邀请函类型，让学生分析为什么自己会选择这种格式的邀请函。

3. 组织学生讨论不同的邀请函所适合的不同文化场景，什么情况下使用正式邀请函，什么情况下使用非正式邀请函，以及如果混淆会导致何种后果。

4. 组织学生讨论英文邀请函的格式、内容、语法和字数等。

选择计划：

1. 教师将选择同一类型邀请函的学生分为一组，每组完成一份英文邀请函的初稿。

2. 学生在全班同学面前呈现自己的邀请函，英语教师对不同的邀请函做出标记（格式、语法、用词等）。

3. 学生讨论怎样把所有邀请函的信息汇集成一封可以在实际生活中寄出的邀请函。

执行计划：

1. 学生将邀请函念给教师听，教师将听到的内容写在黑板上（教师只负责记录，不做添加、删减、修改）。

2. 学生大声朗读邀请函。

3. 学生思考如何修改邀请函（格式、语法、用词等）。

评估计划：

1. 请学生重新抄写一遍邀请函，再次朗读。

2. 以个人为单位删减、增加邀请函内容（考虑自己和收信人的社会关系、收信人的社会角色、邀请内容等）。

3. 寄出邀请函。

英语教师以脚手架原则为基础编排上述单元内容，具体包括以下三个方面：第一，先从第三方视角考虑邀请函，再从英语学习者个人视角考虑邀请函，即从客观到主观；第二，内容从初始关注语法、语音等英语语言问题，随后逐步过渡到语言背后的文化问题；第三，从初期的控制性练习，过渡到自主性更强、更为自由的英语语言使用活动。总的来说，英语教师采用问题提出循环模式，一次只呈现一个主题，这就使大学英语教学与真实世界产生了关联。

三、促进多维度的文化理解

（一）体验教学：在过程中生成文化感悟

作为人类活动存在的大学英语教学是以过程的形式存在并发展的，究其本质而言，大学英语教学是在英语教师引导下的对英语语言及其所蕴藏文化的认识过程和实践过程。德国教育家沃尔夫冈·布列钦卡将教育归纳为反映活动属性的过程概念[①]，杜威也曾经在关于教育无目的论的阐述中指出，教育的过程在它自身以外没有其他的目的，是一个不断改组、不断

① 沃尔夫冈·布列钦卡. 教育科学的基本概念：分析、批判和建议［M］. 华东师范大学出版社，2001.

改造和不断转化的过程[①]。因此，大学英语教学这个特殊的过程即英语教师和大学生围绕着一定的英语语言知识主题或者英语文化生活主题，在有组织的英语课堂和有发展性的英语活动情境中进行实践活动。在这一建构性的过程中，师生之间、生生之间、学习者与英语文本之间通过英语语言沟通信息、彼此理解、交流思想，也正因为有教师与学生的主体性参与，大学英语教学过程是一个复杂、多元、不易预测的转化和生成过程[②]。

既然转化和生成是大学英语教学过程的根本特征，那么在这个区别于人类其他活动的特殊过程中需要转化和生成什么，又可以通过什么方式来实现这种转化和生成呢？概括地说，大学英语教学是一个转识为智的过程，这里的识就是大学英语学科层面的英语语言符号知识，而智就是英语学习者生成出的人生智慧，即文化理解层面的文化思维方式、文化价值观念和文化审美方式，我们可以将其统称为文化感悟。这种转化和生成只能在大学英语教学过程中体现与实现，是在认知英语语言符号知识基础之上的有效质变。称之有效是因为只有在教授语言的同时教授语言所处的文化，才能避免语言教学沦为无意义或赋予错误含义的符号教学，其具体活动形式为解释、阐明、应用、洞察、神入和自知，即理解的六个要素。换句话说，要在大学英语课堂里生成文化感悟，大学英语教师需要帮助学生做到以下几点：恰当地、合理地、有个人见解地说明事件、行为和观点（能解释）；通过解说、演绎和转述等方式说明重要性和意义（能阐明）；在新的、真实的情境里使用英语并解决问题（能应用）；使用英语输出批判性的、富有洞见的观点（能洞察）；透过英语视频、文本、对话等感受到他人的情感和世界观（能神入）；在英语学习中了解自己的思维模式和行为方式并对自己进行评估自省（能自知）。显然，理解的六个要素复杂而多维，如何将理解的六个要素渗透大学英语教学，如何设计能生成大学生文化感悟的大学英语教学过程，是多维度文化理解研究中迫切且重要的议题。

体验式教学为回答这一问题提出了新的思路。体验式教学的根源可以追溯至约翰·杜威的进步教育学、库尔特·勒温的社会心理学、让·皮亚杰的发展认知心理学以及亚伯拉罕·马斯洛和卡尔·罗杰斯的人本主义心理学，但体验式教学主要来源于帕特里克·R. 莫兰的文化体验理论和科尔布的体验式学习理论。帕特里克·R. 莫兰曾在文化体验理论的相关论

① 约翰·杜威. 民主主义与教育［M］. 人民教育出版社，1990.

② 小威廉姆·E. 多尔. 后现代课程观［M］. 教育科学出版社，2000.

述中指出，文化学习就是对另一种生活方式的体验，并将文化体验具象化为四个在不同维度上相互关联的理解活动——理解文化信息，理解形成文化的实践活动，理解观念、态度和价值观等文化形成的原因，理解本土文化与异文化的异同①。与之相似的是科尔布的体验式学习理论，他强调学习者的个人经验的重要性，因为个人经验不仅赋予了抽象概念生命、质感和主观的个人意义，还提供了一个具体的、公开共享的参考点，用于测试学习过程中产生的想法的含义和有效性。

值得一提的是，科尔布在其体验式学习理论中特地指出经验本身并不是学习的充分条件，需要通过反思来有意识地处理。因此，他认为学习是一个包括即时经验、反思、抽象概念化和行动在内的循环过程②。建立在莫兰模式和科尔布模式的基础上的体验式文化教学模式将大学英语教学视为通过经验的转化生成知识的过程，认为在这个充满张力、持续的过程里，英语学习者在每一阶段获得的语言符号知识、言语技能和情感体悟都能为下一阶段的理解与表达提供帮助。英语教师需要以学生在真实生活中合理、得体地使用英语为目标，以学生已有的个人经验为基础，结合教学内容创设文化情境，帮助学生在行为和情感的反复关联中亲身体验英语语言符号背后的文化内涵，并在非预设的、流动的、不确定的过程中生成鲜活的文化感悟。恰如杜威所言，经验材料的意义并不来自自身感性的方式，而是把它们置于一个具体动态的行为链和效果链的关系网络之中才具有意义③。

例如，M 大学的 Z 老师执教英语课程《国际人才英语教程（初级）》，在 Case 2 第一次课的教学设计中，Z 老师从学生的个人经验——中国情怀出发，创设英语沟通情境，以综合任务的形式驱动大学生构建意义。具体来说，他结合 Case 2 的教材内容，从学生已有的经验出发，首先让学生用英文讨论“中国人的性格”和“中国旅游业”这两个比较熟悉的话题，然后再提供相关素材，逐步将话题引导到“跨国公司背景”“中国旅游项目国际化”“互联网＋旅游”这三个具有国际视野维度的话题讨论上。Case 2 教学设计如表 6-2 所示。

---

① 帕特里克·R. 莫兰. 文化教学：实践的观念［M］. 外语教学与研究出版社，2004.

② KOLB D A. Experiential learning：experience as the source of learning and development［M］. Prentice-Hall，1983.

③ 汪胤. 从确定的知识到作为分析具体关系的实践：杜威有关哲学改造思想及其意义［J］. 上海交通大学学报（哲学社会科学版），2010（3）：68-74.

表 6-2　Case 2 教学设计

	具体安排	说明
课前	1. Individual Work 2. Pair work (1) Case briefing: Role-play; (2) Pair-work.	教师采用线上线下混合教学模式，构建教学情境。
课中	Task 1 (10 minutes): Watch the role-play and prepare for answering the following questions: What tasks does Chen Ming need to do? What would you do to prepare for the tasks if you were Chen Ming?	教师在学生展示后讲解整个 Case 2 的教学目标。
	Task 2 (15 minutes): Categorize the information from a group interview: First work in pairs and summarize one representative's comments towards the program. You may use the information you've got in Activitiy 3. And then summarize all the three representative's comments towards the program.	此项听说结合综合任务源自教材中"View"部分，在为学生提供较详细的口头汇报提纲的基础上，让学生总结三位受访者的采访内容，以便于提高学生的英语口语输出量，并基于其中一位外国受访者所谈到的例子"I live in next door to a Chinese family, they own a Chinese restaurant, they're nice but they don't talk to me that often. Sometimes I feel they don't like me."来讨论跨文化理解的重要性和中国人的性格特征。

续表

	具体安排	说明
课中	Task 3 (5 minutes): Look at the table again. Would you please categorize the three pieces of information into two parts in terms of content? And then how can you divide the information of the host into two parts? What about the product placement/advertisement?	此项任务的目的在于启发学生思考并引导其生成 T-chart 的概念。具体做法有： 1. 分析“View”部分的表格，概括出每位受访者都提及的两个方面(likes & dislikes)。 2. 思考、分类后生成“Preparing for the structure”部分表格信息。 3. 引出任务四。
	Task 4 (5 minutes): What is a T-chart?	理解 T-chart，引出任务五。
	Task 5 (5 minutes): Since you are familiar with the two tables, how can you change them into one table?	此项任务的目的在于利用“View”和“Preparing for the structure”两张表格信息生成“Developing the strategies”表格信息，并总结对同一方面信息进行分类的策略。
	Task 6 (20 minutes): Read the two texts below. Complete the form with key information from the text. Use the exact words, phrases or numbers from the texts.	此项任务属于课外练习，来源于《国际人才英语教程〈初级〉》书面任务——整理材料，其内容与任务五中“总结对同一方面信息进行分类的策略”相吻合，目的在于帮助学生将课堂所学迁移到真实的情境。
	Task 7 (10 minutes): Read the comments from the online survey and summarize those comments. Then share your summary in the class.	此项任务属于读说结合的综合任务，其目的在于一方面帮助学生归纳、总结，另一方面帮助学生进一步熟悉英语文本，为下一阶段任务做好准备。
	Task 8 (10 minutes): Expressing likes and dislikes.	需要学生完成书本中“Sharpening the skills”表格内容。
	Task 9 (10 minutes): Summary and assignment.	总结教学内容并布置作业。

续表

	具体安排	说明
课后	Individual Work： 1. Review the language points of this lecture，and prepare for the quiz of next class. 2. Complete biz practice，and hand it in before class. 3. Exercise of "Looking beyond" in Unit 3. Group Work：Presentation of "Looking beyond" in Unit 3.	夯实课堂教学内容，为下一次课堂教学作准备。

在上述案例中，英语教师将大学英语教学看作引导学生生成文化感悟的过程，采用文化体验式教学从理解的六个要素多维度地展开教学实践。在任务一中，英语教师要求学生在观看角色扮演视频后回答“陈明需要完成什么任务”和“如果你是陈明，你在完成任务前会做哪些准备”，对这两个问题的回答需要使用理解的两个要素——解释和神入。解释需要学生具备解释的能力和洞察力，能基于证据和论据进行推理并做出正确预测，当学生思考“陈明需要完成什么任务”时，就是在解释事件、展示有意义的联系、使用有效的思维模型证明自己的观点。神入指的是能置身所处情境，感受和领会对方的境况、情绪和观点，当学生思考“如果你是陈明，你在完成任务前会做哪些准备”时，他们就需要设身处地地开启假设，哪怕“陈明”的境况与学生自身天差地别，或“陈明”的思考方式荒诞不经，也需要学生理解“陈明”这个角色，将心比心地理解并解释他的个人身份、生活现状、观点看法，敏锐地寻找对方值得理解的见解和不易被人察觉的心理状态。

在任务二中，英语教师让学生总结三位受访者的采访内容，运用了理解的阐明要素，即通过英语诠释、转化和叙述受访者所述的字面含义和言外之意。教师还结合一位外国受访者谈到自己的邻居是个中国家庭，中国邻居看起来很好但不怎么和自己说话，让他不免怀疑中国邻居不喜欢自己的例子，组织学生讨论跨文化理解的重要性以及中国人的性格特征，这项教学任务使用了理解的应用和自知要素：不仅在真实的、现实的、复杂的情境中使用英语知识，还在跨文化理解和本民族人群性格特征的讨论中让学生认识到每个人都有自身的偏见和风格，这种偏见与风格使个人理解都带有主观色彩，从而意识到远离以自我为中心、民族优越感、非此即彼等刻板思维的重要性。

从任务三到任务七，英语教师反复使用了理解的洞察要素，帮助学生采用比较和对比、归纳与分析的方法从整体上对任务进行把握，不断提升学生的洞察力。最终从课堂上学生的反馈来看，Case 2 的教学设计很成功，学生热情讨论，英语语言输出量大，也在文化体验中深刻思考并产生了个性化的、鲜活的文化感悟。以下是课后的学生访谈内容。

学生 A：老师会在提问前将我们在回答问题时需要用到的单词、短语等素材都列在 PPT 上，我在回答的时候就不容易卡壳，心理负担也小一些。如果没有这些素材，很多我想到的话到嘴边就说不出来了，总是担心自己说不出或者说得不流利，现在这样的方式让我更自信，也更愿意在课堂上回答问题。

学生 B：刚才课堂上展示的几组 role-play 里就有我们小组，我很喜欢老师安排课堂前小组模仿对话并拍摄视频的方式，因为在课前模仿的时候我们时间更充裕，私下模仿的时候表演欲也更强。我们小组里有个“戏精”，他又当导演又负责拍摄，因此我们会先对着台词模仿，然后商量着再创作，拍出来的视频作品效果很好，几乎每次都能被老师选中在课堂上播放。

学生 C：上大学之前我印象中的英语课就是背新单词、翻译句子，挺没意思的，但是没想到大学的英语课挺好玩的，有很多不同场景的模拟体验，就像我们法学专业的模拟法庭一样，给我一种非常真实的感觉。在每个任务里，我会扮演不同的角色，老师甚至会鼓励我们为演好这个角色去做背景调查，当我在演一个外国人的时候，我会发现他的思维方式和文化习惯真的和中国人非常不一样。

从对学生的访谈中，我们不难看出，学生非常满意课前角色模仿、拍摄视频的教学安排，这是让学生在英语课堂教学开始前进行自我学习准备。这在深度教学所倡导的全程学习过程中被称为前置学习阶段[①]，教师以模仿的方式和视频呈现的形式引导与督促大学生开启自我学习，并为大学英语课堂教学提供目标导向、认知储备、情感积累和资源准备。在课堂中相互衔接的九项任务也得到了学生的肯定和好评，他们认为任务真实、有趣，能让自己产生探索和表达的欲望。这一阶段的课堂学习在深度教学中被称为交互学习阶段，即通过精心设置问题和任务导向多维度的大学英

① 郭元祥. 深度教学：促进学生素养发育的教学变革［M］. 福建教育出版社，2021.

语学习，引导学生对英语文化深度理解、感悟和表达。深度教学的最后一个阶段是拓展学习阶段，在上述案例中的课后作业部分也有所涉及。英语教师安排了个人作业和小组作业，个人作业的重点是帮助大学生以成果为导向反思在英语课堂上新学的内容，从而在自我叙述、自我阐释和自我监测中重建已有的个人知识结构；小组作业的重点则是在小组讨论中体验辨析与比较、论证与推理等思维过程，并在双向的表达和展示中逐步形成英语学科能力。

（二）对话教学：在平等中减少文化冲突

美国社会学家乔纳森·H. 特纳曾在其关于西方社会学理论的著作中将冲突界定为各派别之间旨在遏制对手来实现自身目的的互动①。据此，我们可以将大学英语课堂中的文化冲突表述为：英语课堂里不同文化之间或隐蔽或公开的旨在阻止对方从而实现自己目标的互动。这种互动既可能发生于师生之间、生生之间，也可能发生于学生与英语文本之间。由于冲突的内涵往往与敌对、争执、仇恨等贬义词相关，英语教师们往往谈文化冲突而色变，而大学英语本身是一门涉及英语语言及其西方文化的学科，且教授对象大多是有着深厚中国文化基础的大学生，因此在大学英语课堂中文化冲突是普遍而必然存在的正常现象。既然文化冲突无可避免，思考如何从事实出发合理定位英语课堂中的文化冲突、如何判断英语课堂中文化冲突的出现、如何减少英语课堂中具有负向功能的文化冲突，是大学英语教师在多维度文化教学中需要回答的问题。

要减少具有负向功能的文化冲突，我们要弄清楚大学英语教学中文化冲突的成因及文化冲突在英语教学中的表现形式。作为以中西方文化为主的多元文化在学校中运作的主要社会场所，大学英语课堂教授的英语语言内含规范、价值、信仰和表意象征符号等要素②，因此，大学英语教学中的文化冲突源于不同类型的文化在表意象征符号、价值体系和文化资源方面所存在的差异。

首先，作为表意象征符号，英语不仅是一种交流的工具，还能通过细微形式影响英语使用者的习惯性模式而指引使用者的感知。由于中英文属于不同的、较为固定的表意象征符号，它们一方面在各自的词汇、句法和语用中蕴藏着不同类型的文化，另一方面使用词汇和句法对各自文化进行着理解、解释与表达，因此大学英语课堂教学中的文化冲突往往表现在词

① 乔纳森·H. 特纳. 现代西方社会学理论［M］. 天津人民出版社，1988.

② 吴康宁. 课堂教学社会学［M］. 南京师范大学出版社，1999.

汇冲突、句法冲突和语用冲突上。词汇冲突指英文和中文里字面意义相同，但引申义不同甚至内涵截然相反的词汇造成的文化冲突。例如蝙蝠在中国因与“福”谐音而备受人们喜爱，中国文化认为会飞翔的蝙蝠代表从天而降的好运，连中国传统纹饰都爱用“五蝠捧寿”来彰显吉祥如意。英文中的蝙蝠却是西方人害怕的邪恶象征，在西方是代表着黑暗和神秘的文化符号。

再比如很多中国女性的名字中会取“芳”字，代表香气美好，中文古诗词里也有“芳草萋萋鹦鹉洲”“芳草连天碧”“上国每年春草芳”等美好描述，但将其音译后“Fang”的英文含义却是“犬狼的尖牙”或“毒蛇的毒牙”。英文句子主要有主谓型和主系表型，在以动词为核心，其他成分都是以限定动词来确定彼此间关系的符号使用中，英语使用者的思维大多属于焦点透视和静态透视。中文句子则不以某个动词为核心，文法结构散点铺排却“形散而神不散”。相对于显性的词汇和句法冲突，语用冲突在英文教学中更为隐性，却常常让跨文化理解陷入误区。比如中国人在面对夸奖时常回应“您过奖，愧不敢当”，若直接译为英文“You flatter me，I feel ashamed.”却非常不得体，甚至让人觉得不识好歹。再比如中国人在面对邀请时习惯先说“不，不用了”表示客气，故在中国邀请方需要三请四邀以表示诚意，而西方人一般不邀请第二次，不熟悉这样的文化内涵则往往会在多元文化理解中引起误解、误判。在这种情形下引发的文化冲突激烈程度低，属于摩擦性冲突，常表现为学生在课堂上提出问题。

其次，在文化资源方面，大学英语教科书中呈现的文字系统及其文化是经过国家权威部门筛选审定的，因而会比较规范、纯净和单一①。大学生来自全国各地，有着不同的家庭背景和人生经历，尤其是在信息庞杂的信息化时代，大学生信息来源广泛多样，信息质量却良莠不齐，加之近些年迅猛发展的非规范化的短视频向学生提供形态各异的生活方式、信仰系统和价值体系。在注意力经济的推波助澜下，这些形形色色的文化拼图常常出于流量利润考虑而集中呈现负面的、腐朽的、灰色的文化景象，因此，大学英语课堂中规范化的文化资源和学生个体储备的非规范文化资源相异时，师生间容易发生失衡性文化冲突。根据美国社会学家乔纳森·H.特纳的理论，失衡性冲突是一种文化怀疑否定另一种文化的合法性、合理性导致的冲突②。据此观点，大学英语课堂教学中失衡性冲突主要是因为

---

① 吴康宁. 课堂教学社会学［M］. 南京师范大学出版社，1999.

② 乔纳森·H. 特纳. 现代西方社会学理论［M］. 天津人民出版社，1988.

师生之间文化资源储备、资源占有不同，大学生对英语教师代表的规范文化产生怀疑，甚至不相信教师及其所代表的规范文化的合法性。

最后，中西文化价值体系的差异主要集中在个人主义和集体主义方面。集体主义倡导众擎易举而个人主义欣赏独立不群，集体主义侧重共同体而个人主义突出个人，集体主义偏好亲密无间而个人主义注重隐私，集体主义偏好人际和谐而个人主义偏重个人竞争，集体主义认为集体利益至高无上而个人主义则坚持个人利益不可侵犯。由于价值观是双方交流的假定前提，双方都是根据自己的价值观来对外界信息刺激做出反应，所以当学生持有的集体主义价值观和英语文本中体现的个人主义价值观截然不同时，大学英语课堂上所交流话题的消极性程度必然很高，在这种情况下必须坚持或反对的价值观的冲突程度越高，其交流破裂的可能性也越大，破裂程度也更深①。

这种情形下发生的文化冲突往往强度很大，对抗双方不仅不相信对方的价值规范，还常常围绕自身的核心价值观展开各执己见的激烈冲突，甚至随着情感卷入的激烈程度加重而导致对非现实性后果的盲目追求。对抗性文化冲突在大学英语教学中常在情绪状态和语言指令中有所表现，如大学生对问题感到不安，普遍性焦虑、厌烦，甚至对教学漠不关心；课堂上充斥着英语教师的指令性语言，教师在不考虑学生需要的情况下公开斥责学生，而学生则公然作对，彼此间争执埋怨等。

如果以外化的情绪和语言行为作指标将摩擦性冲突、失衡性冲突和对抗性冲突归结为大学英语教学中的显性文化冲突，那么在文化冲突外显化之前师生必然经历了仅有心理不相容的隐性文化冲突的阶段。因此，要想在大学英语教学中减少文化冲突，需要英语教师及早地在隐性文化冲突阶段采取对话教学的方式让师生之间、生生之间、师生与英语文本作品之间进行思想、情感和信息的双向交流，在显性文化冲突阶段帮助大学生在平等对话的教学实践中消退对异文化的冲突与对抗，逐步走向理解、适应、存异求同。对话的出发点是主体双方的前理解，而对话教学则是一种以语言为中介，在真诚敞开、认真倾听、彼此接纳和有效回应中同对方视域互相靠近、彼此观察、相互适应并共同创造新视域的理解性交往活动②。

对话教学中倾听是前提，言说是关键，平等性则是对话教学最重要的

① 关世杰. 跨文化交流学：提高涉外交流能力的学问［M］. 北京大学出版社，1995.

② 曹明海. 语文教学解释学［M］. 山东人民出版社，2007.

属性：以倾听为前提是因为它承担了大学英语教学中对话双方的生命意义；以言说为关键隐藏着要好好说话的含义。人是会使用语言的动物，但并非所有的言说都是有效的、可沟通的、能分享的，正如巴赫金所说的，一切都是手段，对话才是目的。平等性指出了大学英语课堂中的有效对话只发生于两个平等的主体之间，无论对方是教师、学生还是看似没有生命的英语文本作品，对话的参与者都需要将对方视作生命主体和心灵主体来开启沟通与交流，完全沉入与对方的相遇（meeting）之中，形成开放、直接、相互和在场的“我-你”关系①。

（三）关联教学：在连接中弥合文化差异

要帮助大学生突破英语语言形式的知识点障碍，在一张张由历史、社会、生命等组成的知识网中开启多维度文化理解，就需要英语教师疏通大学英语课堂教学中的内堵塞，顺应英语教学规律，在大学英语教学中实现内循环。按照梅特卡夫定律，一个网络的价值跟其所连接用户的平方数成正比（$V=K\times N^2$），在大学英语教学中 V 是英语知识网络的价值，N 是知识网络中的各个英语知识节点，而 K 指的是知识点的价值系数。这一定律在大学英语教学中的使用说明两点：①大学英语知识形成知识网络后呈非线性增长，接入的知识节点越多，增长速度越快；②各个知识节点非常重要，其价值系数越高，知识网络的增长速度越快。

无独有偶，Sperber 和 Wilson 在 1986 年分析了语言信息的编码与解码过程后提出的关联理论，也从人类认知的角度解读了跨文化理解这一复杂的认知过程中存在的关联性，且关联性是跨文化理解的基础。从人类认知事物的原则来说，人对新事物的认知总是基于已存在于自身头脑中的前理解，即那些与新事物有关联的已知信息而展开，因此当以中文为母语的大学生理解英文话语时，他们基于的是在已有认知语境下个人文化经验的推断或假设，这也导致了许多不符合英语作者交际意图的误解发生。

综上所述，无论是从梅特卡夫定律还是从关联理论来看，建立有文化价值的大学英语知识点，并不断增强知识点之间的连接性，都可以帮助传统的大学英语教学打破边界、弥合差异、提升效率。

用关联性教学增强大学英语知识节点之间的连接性，首先要打破传统英语教学中自下而上的教学模式，这种建立在符号学基础上的模式认为，英文字母、词汇等小的语言单位和英语短语、句子等大的语言单位相互连

---

① 刘杰．马丁·布伯论“东方精神”的价值［J］．文史哲，2000（6）：34-40.

接构成英语语义，英语学习过程就是学习者做出反应的单向辨识过程。这种把英语学习简单等同于英语编码符号辨认的教学方式缺乏对英语知识的正确认识，把教学重点放在英语语言形式知识的掌握和英语符号解码的技能上，既忽视了语言互动中双方的交际意图，也低估了社会文化因素在理解与表达中的作用。

关联性教学须建立有文化价值的英语知识节点，这就需要英语教师结合教学中的语境，寻找由文本信息凝聚的文化现象和文化属性，并将其提炼为具有文化敏感性和文化包容性的英语知识点。大多数经历过高考的中国大学生已经在高中阶段掌握了浅层的符号信息，如单词、短语、语法等的基本知识，因此，大学生在英语课堂上不能正确理解英语文本的原因主要在于以下三种情况：一是大学生没有具备与所学英语文本相适应的图式；二是大学生已有的认知结构中虽然具有与所学英语文本相关的图式，但文本所提供的线索不足以使大学生产生认知图式活动；三是大学生自认为读懂了英语文本，却并非理解了其真实意图，造成了误解。

根据上述三种阻塞理解的成因，我们可知，要将大学英语教学中的内堵塞变为内循环，离不开英语教师对具有文化内涵和文化意蕴的英语知识点的高度关切、探究发现、凝练组织和忠诚表达。这也在关联性上对大学英语教师提出了更高的要求：高度关切要求英语教师本身具有文化敏感性与包容性；探究发现要求英语教师妥善地处理英语知识的发生学问题，把英语知识与英语使用人群的认知发展、西方民族文化和历史背景相关联；凝练组织要求英语教师认识到任何英语知识都不可能超越社会文化背景、超越种系和个人经验、超越逻辑思维而孤立存在，只有重视知识之间的内在联系、重视新知识与学生个人经验的联系、重视逻辑思维与理解新知识的可能性之间的关系才能让英语知识点的构筑恰到好处；忠诚表达要求英语教师通过理性化的反思，将经验和直观层面的内容通过严密与规范的方式在大学英语课堂上进行表达和输出。

英语教师要在英语知识点之间不断建立连接，赋能英语知识网络、畅通大学英语教学内循环。连接不是盲目的，其目的在于帮助学生转识为智、赢得生命和智慧的生长。依据大学生在英语学习中的文化体验特点和教学中常见的文化冲突爆发点，教师在进行知识点连接时需要考虑两个方面：一是如何以情境为纽带填补信息差；二是如何以生活世界为场域帮助学生实现视域融合。大学英语教师在教学中将情境作为纽带，反映了英语教师将英语语言视为“意义之寓所”的正确认知，即不仅将英语作为准确描述事实或世界的符号工具，更将英语视作使用者在不同目的和情境下对世界进行的复杂建构——这种复杂建构使信息差的填补得以可能。大学英语教学中常常会碰到信息差（information gap），其主要原因在于英语偏向低语境文化（low-context culture）而中文偏向高语境文化（high-context culture），低语境文化的语言通常依赖于以明确的文字提供信息，倾向于分割和划分信息类型，较少考虑或意识到非语言环境的情况。高语境文化的语言则往往偏向从周围环境中寻找有用信息，重视非语言的暗示（情绪、手势、姿态等）。

很明显，截然不同的两种语境文化必然导致中国学生在英语语言的理解和表达上存在信息差。对于大学生而言，学习英语这门与母语截然不同的新语言绝非仅仅在认知结构中新增一些发音或者符号，而是需要他们在对英语文化精神的体悟中开启崭新的知觉领域。语言不是一种单纯的结果，而是一种持续不断的自我更新的过程①，将情境贯穿这个过程能以鲜明形象和高度刺激强化学生的感受，让学生在饱满的情绪中激发学习兴趣、在充分的感知体验中积极思考、在动态生成的事件里触发更有弹性的知识表征②。当大学英语教学以情境为纽带激发出大学生对英语知识的热情，进而发挥其主观能动性，以英语这种新的语言方式整理、表述和组织经验与直觉时，大学生就进入了一种认同的过程。然而由于文化存在差异，学生的认同过程难免受到阻塞，常常陷入非黑即白、非此即彼的混沌中。虽然在混沌的文化冲突中冲破阻塞并非易事，但当大学英语教学回归生活世界时一切便豁然开朗，这里的生活世界有两层含义：一是指回归英语语言文本的生活世界，二是指回归学生的生活世界。

回归英语语言文本的生活世界，意味着英语教师需要引导学生在英语文本的视域下探讨英语语言文本的生活世界里本就存在的各种关系，如人与自然的关系、人与人的关系、人与社会的关系等。回归学生的生活世界，意味着从学生自我的视野出发，将大学生既有的文化价值观、文化思维方式和文化审美方式等前见因素投放于大学英语课堂中所学的英语文本中。这种包含着自我的理解才是立体的、多维度的，这种包含着前见的理解才能保持英语学习者的内驱力，因为他们不是靠着把自身植入另一种文化处境中而获得一种新视域。恰恰相反，他们带着自我与另一种生活世界相遇，观察它、走进它、打开它、接纳它、融合它，并最终实现自我视野的无限扩充。

---

① 恩斯特·卡西尔. 人文科学的逻辑［M］. 中国人民大学出版社，2004.

② 朱志平. 什么样的问题情境能促进课堂动态资源的生成［J］. 上海教育科研，2007（3）：54-55.

参考文献

一、著作

［1］AUSTIN J L. Philosophical papers［M］. Oxford：Oxford University Press，1979.

［2］BOURDIEU P. Cultural reproduction and social reproduction［M］. Oxford：Oxford University Press，2013.

［3］FLAVELL J H. Metacognition，motivation and understanding［M］. Hillsdale，NJ：Lawrence Erlbaum，1987.

［4］GENESEE F，UPSHUR J. Classroom-based evaluation in second language education［M］. Cambridge：Cambridge University Press，1996.

［5］GRADDOL D. The future of English：a guide to forecasting the popularity of the English language in the 21st century［M］. London：British Council，1997.

［6］GROTJAHN R. Understanding research in second language learning：a teacher's guide to statistics and research design［M］. Cambridge：Cambridge University Press，1991.

［7］KOLB D A. Experiential learning：experience as the source of learning and development［M］. Upper Saddle River：Prentice-Hall，1983.

［8］PFUNDT H，DUIT R. Bibliography，students' alternative frameworks and science education［M］. Washington，D. C.：Institute of Science Education，1994.

［9］PHENIX P H. Realms of meaning：a philosophy of the curriculum for general education［M］. New York：McGraw-Hill，1964.

［10］RISAGER K. Representations of the world in language textbooks［M］. 北京：外语教学与研究出版社，2021.

［11］RICHARDS J C，RODGERS T S. Approaches and methods in language teaching：subject index［M］. Cambridge：Cambridge University Press，2001.

［12］SAVIGNON S J，STERN H H. Fundamental concepts of language teaching［M］. Oxford：Oxford University Press，1984.

［13］杜威. 民主主义与教育［M］. 陶志琼，译. 北京：中国轻工业出版社，2014.

［14］莫兰. 文化教学：实践的观念［M］. 鲁子问，译. 北京：外语教学与研究出版社，2004.

［15］巴格比. 文化：历史的投影［M］. 夏克，李天纲，陈江岚，译. 上海：上海人民出版社，1987.

［16］胡塞尔. 现象学的观念［M］. 倪梁康，译. 北京：商务印书馆，2018.

［17］胡塞尔. 欧洲科学的危机与超越论的现象学［M］. 王炳文，译. 北京：商务印书馆，2001.

［18］萨丕尔. 语言论：言语研究导论［M］. 陆卓元，译. 北京：商务印书馆，1985.

［19］爱因斯坦. 爱因斯坦文集：第一卷［M］. 许良英，范岱年，编译. 北京：商务印书馆，1976.

［20］本书修订工作组. 大学英语教学大纲［M］. 北京：高等教育出版社，1985.

［21］曹明海. 语文教学解释学［M］. 济南：山东人民出版社，2007.

［22］曾剑平. 文化认同和语言变异视角下的中国英语研究［M］. 南昌：江西高校出版社，2017.

［23］陈向明. 质的研究方法与社会科学研究［M］. 北京：教育科学出版社，2000.

［24］陈宗明. 中国语用学思想［M］. 杭州：浙江教育出版社，1997.

［25］贝尔. 后工业社会的来临［M］. 高铦，王宏周，魏章玲，译. 北京：新华出版社，1997.

［26］杜夫海纳. 美学与哲学［M］. 孙非，译. 北京：中国社会科学出版社，1985.

［27］杜威. 民主主义与教育［M］. 王承绪，译. 北京：人民教育出版社，1990.

［28］卡西尔. 人文科学的逻辑［M］. 关子尹，译. 上海：上海译文

出版社，2004.

［29］索绪尔. 普通语言学教程［M］. 高名凯，译. 北京：商务印书馆，1980.

［30］葛宝祥，王利民. E英语教程［M］. 北京：外语教学与研究出版社，2013.

［31］关世杰. 跨文化交流学：提高涉外交流能力的学问［M］. 北京：北京大学出版社，1995.

［32］郭元祥. 生活与教育：回归生活世界的基础教育论纲［M］. 武汉：华中师范大学出版社，2002.

［33］郭元祥. 深度教学：促进学生素养发育的教学变革［M］. 福州：福建教育出版社，2021.

［34］海德格尔. 存在与时间［M］. 陈嘉映，王庆节，译. 北京：生活·读书·新知三联书店，2006.

［35］伽达默尔. 真理与方法［M］. 洪汉鼎，译. 北京：商务印书馆，2007.

［36］郝德永. 课程与文化：一个后现代的检视［M］. 北京：教育科学出版社，2002.

［37］何玲梅. 文化理解：英语专业教育理据研究［M］. 长沙：中南大学出版社，2015.

［38］何自然，冉永平. 语用学概论：修订本［M］. 长沙：湖南教育出版社，2002.

［39］黑格尔. 黑格尔全集：第17卷［M］. 梁志学，李理，译. 北京：商务印书馆，2012.

［40］亨廷顿. 失衡的承诺［M］. 周端，译. 北京：东方出版社，2005.

［41］胡文仲. 文化与交际［M］. 北京：外语教学与研究出版社，1994.

［42］黄忠敬. 知识·权力·控制：基础教育课程文化研究［M］. 上海：复旦大学出版社，2003.

［43］吴晓真，季佩英，姚燕谨. 大学英语（全新版）综合教程（2）教师用书［M］. 上海：上海外语教育出版社，2002.

［44］教育部高等教育司. 大学英语课程教学要求［M］. 北京：清华大学出版社，2007.

［45］金生鈜. 理解与教育：走向哲学解释学的教育哲学导论［M］. 北

京：教育科学出版社，1997.

［46］卡西尔. 人论：人类文化哲学导引［M］. 甘阳，译. 上海：上海译文出版社，2013.

［47］科恩. 自我论：个人与个人自我意识［M］. 佟景韩，范国恩，许宏治，译. 北京：生活·读书·新知三联书店，1986.

［48］课程教材研究所. 20 世纪中国中小学课程标准·教学大纲汇编：外国语卷（英语）［M］. 北京：人民教育出版社，2001.

［49］兰德曼. 哲学人类学［M］. 阎嘉，译. 贵阳：贵州人民出版社，2006.

［50］萨默瓦，波特. 文化模式与传播方式：跨文化交流文集［M］. 麻争旗，田刚，王之延，译. 北京：北京广播学院出版社，2003.

［51］李秉德. 教育科学研究方法［M］. 北京：人民教育出版社，1986.

［52］李思国，郑树棠. 新视野大学英语听说教程［M］. 北京：外语教学与研究出版社，2003.

［53］联合国教科文组织国际教育发展委员会. 学会生存：教育世界的今天和明天［M］. 北京：教育科学出版社，1996.

［54］联合国教科文组织总部中文科. 教育：财富蕴藏其中［M］. 北京：教育科学出版社，1996.

［55］中共中央马克思恩格斯列宁斯大林著作编译局. 列宁全集：第 38 卷［M］. 北京：人民出版社，1955.

［56］中共中央马克思恩格斯列宁斯大林著作编译局. 列宁哲学笔记［M］. 北京：人民出版社，1974.

［57］凌渭民. 科技英语翻译教程［M］. 北京：高等教育出版社，1982.

［58］中共中央马克思恩格斯列宁斯大林著作编译局. 马克思恩格斯全集：第 2 卷［M］. 北京：人民出版社，1956.

［59］中共中央马克思恩格斯列宁斯大林著作编译局. 马克思恩格斯全集：第 42 卷［M］. 北京：人民出版社，1979.

［60］苗力田. 亚里士多德全集：第一卷［M］. 北京：中国人民大学出版社，1990.

［61］巴赫金. 巴赫金全集 ：第四卷［M］. 钱中文，译. 石家庄：河北教育出版社，2009.

［62］卢梭. 论科学与艺术［M］. 何兆武，译. 上海：上海人民出版

社，2023.

[63] 沙夫. 语义学引论 [M]. 罗兰，周易，译. 北京：商务印书馆，1979.

[64] 申小龙. 中国文化语言学 [M]. 长春：吉林教育出版社，1990.

[65] 申小龙. 文化语言学论纲 [M]. 南宁：广西教育出版社，1996.

[66] 申小龙. 语言与文化的现代思考 [M]. 开封：河南人民出版社，2000.

[67] 申小龙. 汉语与中国文化 [M]. 上海：复旦大学出版社，2003.

[68] 沈铭贤，王淼洋. 科学哲学导论 [M]. 上海：上海教育出版社，1991.

[69] 斯特恩. 语言教学的基本概念 [M]. 刘振前，宋青，庄会彬，译. 北京：商务印书馆，2018.

[70] 霍克斯. 结构主义和符号学 [M]. 瞿铁鹏，译. 上海：上海译文出版社，1987.

[71] 田汝康，金重远. 现代西方史学流派文选 [M]. 上海：上海人民出版社，1982.

[72] 王宗炎. 外国语与外国文化 [M]. 长沙：湖南教育出版社，1993.

[73] 洪堡特. 论人类语言结构的差异及其对人类精神发展的影响 [M]. 姚小平，译. 北京：商务印书馆，2009.

[74] 布列钦卡. 教育科学的基本概念：分析、批判和建议 [M]. 胡劲松，译. 上海：华东师范大学出版社，2001.

[75] 吴铎，罗国振. 道德教育展望 [M]. 上海：华东师范大学出版社，2002.

[76] 吴康宁. 课堂教学社会学 [M]. 南京：南京师范大学出版社，1999.

[77] 多尔. 后现代课程观 [M]. 王红宇，译. 北京：教育科学出版社，2000.

[78] 亚里士多德. 政治学 [M]. 颜一，秦典华，译. 北京：中国人民大学出版社，2003.

[79] 颜治强. 世界英语概论 [M]. 北京：外语教学与研究出版社，2002.

[80] 杨钦芬. 教学的超越：教学意义的深度达成 [M]. 福州：福建教育出版社，2019.

［81］殷鼎. 理解的命运：解释学初论［M］. 北京：生活·读书·新知三联书店，1988.

［82］应惠兰. 新编大学英语：教师用书2［M］. 北京：外语教学与研究出版社，1999.

［83］俞天民. 科技英语写作［M］. 北京：高等教育出版社，1983.

［84］俞吾金. 寻找新的价值坐标：世纪之交的哲学文化反思［M］. 上海：复旦大学出版社，1995.

［85］杜威. 我们如何思维［M］. 伍中友，译. 北京：新华出版社，2010.

［86］张国扬，朱亚夫. 外语教育语言学［M］. 南宁：广西教育出版社，1996.

［87］张能为. 理解的实践［M］. 北京：人民出版社，2002.

［88］张世英. 张世英文集：第6卷［M］. 北京：北京大学出版社，2016.

［89］克莱格. 中国的全球战略：走向一个多极世界［M］. 葛雪蕾，洪漫，李莎，译. 北京：新华出版社，2010.

［90］郑金洲. 教育文化学［M］. 北京：人民教育出版社，2000.

［91］中共中央马克思恩格斯列宁斯大林著作编译局. 马克思恩格斯选集：第一卷［M］. 北京：人民出版社，2012.

［92］周恩来. 关于知识分子问题的报告［M］. 北京：人民出版社，1956.

二、学术期刊

［1］ABRAHAM R J，VANN A，RAHIMI A，et al. Relationship between Iranian EFL learners' beliefs about language learning，their language learning strategy use and their language proficiency［J］. Social and behavioral sciences，2011（28）：1029-1033.

［2］AGAR M. The intercultural frame［J］. International journal of intercultural relations，1994，18（2）：221-237.

［3］BLOT R. Doing the ethnography of schooling：educational anthropology in action by George Spindler［J］. American anthropologist，1983，85（1）：186-187.

［4］COTTERALL S. Readiness for autonomy：investigating learner beliefs［J］. System，1995（5）：195-205.

[5] HALABI Y. The expansion of global governance into the third world: altruism, realism, or constructivism? [J]. International studies review, 2010, 6 (1): 21-48.

[6] HOSENFELD C. A preliminary investigation of the reading strategies of successful and nonsuccessful second language learners [J]. System, 1977, 5 (2): 110-123.

[7] OXFORD R L. Employing a questionnaire to assess the use of language learning strategies [J]. Applied language learning, 1996 (3): 25-45.

[8] RUBIN J. What the good language learners can teach us [J]. TESOL quarterly, 1975 (9): 45-51.

[9] WEN Q, JOHNSON R K. L2 learner variables and English achievement: a study of tertiary-level English majors in China [J]. Applied linguistics, 1997 (1): 27-48.

[10] WHORF B L. Language, thought, and reality [J]. Hastings center report, 2012 (5): 44-45.

[11] PHILIP H W. Complementary methods for research in education [J]. Teaching teacher education, 1989 (4): 355-357.

[12] 葛兰西. 狱中札记 [J]. 史学月刊, 2017 (1): 138.

[13] 蔡基刚. 当前大学英语教学面临的压力 [J]. 外语教学与研究, 2002, 34 (3): 228-230.

[14] 曾晓舸. 文化多样性视域下对外汉语教育的价值取向 [J]. 西华师范大学学报（哲学社会科学版）, 2009 (6): 52-55.

[15] 范连义. 维特根斯坦的语言生活形式观 [J]. 外语学刊, 2007 (2): 11-15.

[16] 冯燕, 刘鸿. 大学英语教学最优策略是语言教学与知识教学合一 [J]. 现代大学教育, 2014 (5): 100-106.

[17] 付安权. 英语文化教学策略研究 [J]. 湖南师范大学教育科学学报, 2006 (5): 117-119.

[18] 顾曰国. 礼貌、语用与文化 [J]. 外语教学与研究, 1992 (4): 10-17.

[19] 郭元祥. 课堂教学改革的基础与方向: 兼论深度教学 [J]. 教育研究与实验, 2015 (6): 1-6.

[20] 郭元祥. 知识的属性及其价值实现 [J]. 湖南教育（D版）, 2018

（6）：4-6.

［21］郭元祥. 论学科育人的逻辑起点、内在条件与实践诉求［J］. 教育研究，2020（4）：4-15.

［22］何小微. 对话教学探析［J］. 上饶师范学院学报，2006（2）：57-61.

［23］姜亚军. 疯狂的英语［J］. 书屋，2002（8）：17-21.

［24］靳玉乐. 普通高中课程改革的文化转向［J］. 全球教育展望，2003（8）：12-13.

［25］靳玉乐，陈妙娥. 新课程改革的文化哲学探讨［J］. 教育研究，2003（3）：67-71.

［26］凯德洛夫，周义澄. 论直觉：凯德洛夫答《科学与宗教》杂志问［J］. 哲学译丛，1980（6）：32-36.

［27］康建琴. 对话教学：内涵、特征与原则［J］. 山西财经大学学报（教育版），2004（3）：46-48.

［28］李红恩. 英语课程资源开发的价值、基础与原则［J］. 新课程研究，2008（8）：7-9.

［29］李全生. 布迪厄场域理论简析［J］. 烟台大学学报（哲学社会科学版），2002（2）：146-150.

［30］刘杰. 马丁·布伯论"东方精神"的价值［J］. 文史哲，2000（6）：34-40.

［31］鲁苓. 语义等同性与深层语义学：读 Leech《语义学》［J］. 解放军外国语学院学报，1999（4）：26-28.

［32］彭建玲. 汉语国际教育人才培养模式研究综述［J］. 昆明理工大学学报（社会科学版），2014（3）：86-92.

［33］彭启福. 理解的应用性与伽达默尔的"实践哲学走向"［J］. 哲学动态，2005（9）：18-25.

［34］彭启福. 中国传统文化精神性保存的诠释学忧思［J］. 安徽师范大学学报（人文社会科学版），2009（6）：660-665.

［35］彭启福. 孟子经典诠释方法再思考［J］. 江海学刊，2010（6）：48-54.

［36］沙凯. 符号与存在意义阐释：苏珊·朗格符号论哲学思想解读［J］. 外语与外语教学，2013（1）：18-21.

［37］申小龙. 维柯：人类语言文化视界的开启者：论维柯的符号学-文化语言学思想［J］. 复旦学报（社会科学版），1989（4）：52-57.

［38］孙向晨. 马丁·布伯的“关系本体论”［J］. 复旦大学学报（社会科学版），1998（4）：91-97.

［39］汪胤. 从确定的知识到作为分析具体关系的实践：杜威有关哲学改造思想及其意义［J］. 上海交通大学学报（哲学社会科学版），2010（3）：68-74.

［40］伍远岳，郭元祥. 论知识的个性化意义及其实现［J］. 湖南师范大学教育科学学报，2011（1）：56-59.

［41］许国璋. Culturally loaded words and English language teaching［J］. 现代外语，1980（4）：21-27.

［42］杨洁篪. 新时期中国与世界的互动：写在《国际问题研究》改版之际［J］. 国际问题研究，2011（5）：1-6.

［43］杨明全. 论课程知识的文化本质：基于东西方文化的诠释与比较［J］. 全球教育展望，2013（12）：11-19.

［44］张莫，朱德全. 基于文化视角论的课程开发、设计与资源整合：评《地域文化·课程开发》［J］. 中国教育学刊，2016（1）：110.

［45］张天宝. 试论理解的教育过程观［J］. 陕西师范大学学报（哲学社会科学版），2001（4）：160-164.

［46］张增田，靳玉乐. 论解释学视域中的课程实施［J］. 比较教育研究，2004（6）：1-5.

［47］郑金洲. 文化与教育：两者关系的探讨［J］. 上饶师范学院学报，1996（1）：1-7.

［48］朱志平. 什么样的问题情境能促进课堂动态资源的生成［J］. 上海教育科研，2007（3）：54-55.

三、学位论文

［1］陈桂琴. 大学英语跨文化教学中的问题与对策［D］. 上海：上海外国语大学，2014.

［2］邓兆红. 高中英语课程标准视野下学生跨文化交际能力实证研究［D］. 武汉：华中师范大学，2007.

［3］郭宝仙. 英语课程组织的研究［D］. 上海：华东师范大学，2004.

［4］胡俊杰. 小学英语教师课程资源开发的研究：以上海地区为例［D］. 上海：上海师范大学，2008.

［5］雷晓. 知识的形成、传递与习得：伯恩斯坦教育论述理论研究［D］. 沈阳：东北师范大学，2013.

［6］王中文. 基于《高中英语课程标准》的文化意识培养［D］. 长沙：湖南师范大学，2005.

［7］魏斌. 小学英语课程标准的文化哲学研究［D］. 广州：华南师范大学，2002.

［8］伍远岳. 知识获得及其标准研究［D］. 武汉：华中师范大学，2015.

［9］易斌. 改革开放 30 年中国基础教育英语课程变革研究（1978～2008）［D］. 长沙：湖南师范大学，2010.

［10］余娟. 从语言学习到文化理解：论外语课程教学的文化立场［D］. 武汉：华中师范大学，2011.

［11］宗菲. 我国中学英语教学跨文化课程的可行性分析［D］. 上海：华东师范大学，2008.